最新の動向と実務がわかる

自治体の情報システムとセキュリティ

AI、RPA、ブロックチェーン、マイキープラットフォームから
情報システム強靱性向上モデルまで

猿渡知之［著］

学陽書房

はじめに

　銀行等の業態において、情報処理システムの果たす役割が大きくなり、装置産業化していると指摘され始めて久しい。その間、他の業態の企業や自治体等においても、情報処理のためのシステムの果たす役割は大きくなっている。さらに、情報通信の進化が社会全体のIT化を伴うようになってきた（以下、本書では特定の情報処理のために連携して働くコンピュータ及びその周辺機器等を総称して「情報システム」という）。

　情報システムを日常業務に使うのはITの専門家ではない社員や職員である。また、コンピュータは業務の流れの中で、可能なところから次々と手作業をコンピュータ処理に置き換えてきたものであり、業務の効率化・生産性の向上等を目的とする。このため、組織におけるITの導入は業務や組織全体の企画の立場から推進される。

　さらに、自治体でも庁内LANを伴うクライアント・サーバ方式の普及以降、いわば全職員等が端末と向かい合う状況も生じており、組織の業務遂行とIT導入の在り方は組織全体の問題となってきている。

　一方、ともすれば、従来からの業務システムを前提に様々なカスタマイズを加え、当該組織固有のシステムとなりがちであった。しかし、インターネットの普及等を背景としたクラウド・コンピューティングの発達等によって、汎用的な新しい機能を低コストで導入したいとする要請などに対応して、既存のシステムでの現行業務フローを調整する必要も生じるようになっている。

　ITの専門家でない自治体や企業などの発注者側が、具体的なプログラムの構築まで指示することは適切ではないが、システム開発作業等を受け持つベンダー側としても、組織として統一された発注者側の指示がなければ、新たな機能の追加等に踏み出すわけにはいかない。

　したがって、発注者側としては、組織全体の効率化や生産性向上等を目指すためには、情報システム部門だけでなく業務企画担当とコンピュータを用いて業務を遂行する現場担当が一緒に進めていく必要があることからも、一定程度のITに関する知識と理解が全ての職員等に求められているのではなかろうか。

このような現状認識の下で、本書は、これまでの情報システムの導入の歴史を振り返りながら、今後、益々求められていくであろう、業務の効率化や生産性の向上などの要請に対応するため、発注者側として求められる視点や知識はどんなものであるかを、ベンダー側との役割分担を踏まえながら、僭越ながら私見として考察したものである。

　しかしながら、著者の経験と主観が基盤とならざるを得ないため、自治体システムに係る経験等を背景とした記述となること、過去に書き留めてきた文章によるところも多いため、現在において、必ずしも適切な表現ではない場合があること等をお許しいただきたい。

　なお、特に、著者が発注者側としてシステム開発に携わった際留意したのは、画面や帳票の作成（設計）であった。画面等の流れは業務フローそのものであるし、全体を見通すことにより、同一データの複数回入力の防止や、必要なデータをどこからどのようにして取り込むかといった基本的な業務設計に直結するからである。画面等の作成については、ベンダー任せにすることなく、発注者側の特に業務企画の責任者が主体的に関与すべきではないか、と考えている。そして、このことは、『データ中心アプローチによる情報システムの構築』（椿正明著）をはじめ各参考文献（別掲）との出会いで改めて確信することとなった。

◎　この点に着目したのが、第１部である。

　まず、自治体における情報システム活用の歴史を踏まえ、今、ITを活用した業務改革が求められる背景等を探る。また、業務改革の視点から、ITの専門家ではない業務企画担当の職員等が設計段階において果たすべき役割と求められる知識を整理する。その際、プロセスごとに構築された多くの類似システムを整理・合理化し、現代の要請に対応できるように、データ中心モデルでの考察を提案する。その上で、組織を超えたデータ中心モデルの検討イメージや新たなテクノロジーの活用等にも触れる。（第１章）

　次に、手作業をコンピュータに置き換える形で始まったIT活用の歴史を俯瞰し、メインフレームの活用から、クライアント・サーバ方式の登場、サーバ等の共同化の動き等を整理する。（第２章）

　さらに、通信回線の高度化、インターネットや暗号技術並びに仮想化技術進化等を踏まえ、ネットワーク越しに、ハードウェア（サーバ等）、ソフト

ウェア（アプリケーション等）の共同利用が進み、クラウド・コンピューティングというサービス形態の普及等により、個々の業務組織を超えて進む社会全体のIT化の動き等を整理する。（第3章）

その上で、高度化を続けるネットワークを介して、様々な資源を相互利用することにより、より高度なサービスを初期投資リスクの低減等を伴いながら、より高度なサービスの導入を図る取組を整理しつつ、社会全体の進化発展へ寄与するものとして、今後の展望を模索する。（第4章）

◎　第2部では、実用化しつつある新たな技術について、地域の諸問題の解決につながる新たなデータ中心モデルとしての活用可能性をまとめてみた。

まず、究極のデータ中心モデルとも思える、分散型台帳技術を活用したブロックチェーンを紹介する。（第5章）

次に、従来、コンピュータ処理ができなかった非構造化データを活用して、高度な画像認識等の能力を獲得する可能性を示しているAIの仕組みの概略を敷衍しながら、今後の活用可能性を探る。（第6章）

また、既に金融機関等で導入が進められているRPAについて、その概略を整理し、業務改革を伴う導入の可能性を探る。（第7章）

◎　第3部では、情報セキュリティを確保するシステムモデルの取組例を取り上げた。

まず、自治体などにおけるセキュリティポリシーの策定を例にとり、情報セキュリティの基本的な考え方を整理した上で（第8章）、自治体情報セキュリティについて、抜本的な強化対策を講じる契機となった、日本年金機構の不正アクセス事案の概要と課題について、検証報告書や原因究明調査結果の記述に基づいて振り返るとともに、長野県上田市での標的型サイバー攻撃事案や大阪府堺市の個人情報流出事案についても、その概要を整理する。（第9章）

次に、新たな自治体情報セキュリティ対策の抜本的強化の構築に至る議論等を振り返るとともに、運用体制やインシデント対応等に係る対策を掲げる。（第10章）

◎　第4部では、自治体情報システム強靭性向上モデルについて取り上げた。

まず、新たな自治体情報セキュリティ対策の抜本的強化のうち、システムやネットワークの再構築による対応を図る強靭性向上モデルについて、その主な構成要素の概要を整理する。（第11章）

次に、強靭性向上モデルを構築するため、それまでのネットワーク、サーバ、端末について、接続ルールの現状を把握し、強靭性モデル構築のために必要な追加機器の洗い出し等、標準的な手順を振り返ることにより、今後の更なる対策のために整理する。（第12章）

　最後に、インターネットセキュリティについては、原則、都道府県単位で、自治体情報セキュリティクラウドを構築することとされた。その典型モデルを振り返り、更なる広域化、あるいは向上等、今後の対策のために整理する。（第13章）

◎　第5部では、地域活性化プラットフォームとしての利用が期待できるマイキープラットフォームを紹介した上（第14章）、キャッシュレス化の進展の中で、地域経済活性化のツールとしてのクラウドによる自治体ポイントの管理の今後の可能性を探る（第15章）。さらに、キャッシュレス化の第一人者である宮居雅宣氏（みやいまさのり、決済サービスコンサルティング株式会社代表取締役）に、「キャッシュレスの動向と地域経済」と題して、特別寄稿をいただいた。

　また、住民の負担になっている医療・介護や日常生活での決済を総合的に支援するサービスの検討モデルを基に、キャッシュレス決済サービスの活用により、生活の質を高め、地域経済の活性化に直結する可能性を探る。（第16章）

最新の動向と実務がわかる
自治体の情報システムとセキュリティ

〜AI、RPA、ブロックチェーン、マイキープラットフォームから情報システム強靱性向上モデルまで〜

目　次

はじめに ……………………………………………………………………… 2

第1部　情報システムモデルの流れと展望

第1章　情報システムモデルと業務改革

1　自治体情報システム活用の歴史と自治体側の役割の変化………… 18
　⑴　手作業をコンピュータに……………………………………… 18
　⑵　進むOA化……………………………………………………… 18
　⑶　社会のIT化とネットワークの活用………………………… 19
　⑷　ITを活用した業務改革の要請……………………………… 20
2　設計段階での業務改革の視点
　（パッケージソフトウェアに対しては評価の視点）………… 23
　⑴　プロセス中心からデータ中心へ…………………………… 23
　⑵　業務の流れを整理する（画面・帳票のモデルを作る）… 27
　⑶　業務に必要なデータ項目を整理する（データ入力等に重複が
　　　ないように体系化）………………………………………… 29
　⑷　アプリケーションに求める機能を整理する……………… 31
　⑸　テクノロジーの進化を取り込む（情報セキュリティを確保する
　　　システム）…………………………………………………… 32
　⑹　システム開発経費の見積りとの関係……………………… 33
3　組織を超えたデータ中心モデルの検討イメージ……………… 36
4　データを取り巻く新たなテクノロジー
　（RPA、AI、ブロックチェーン）……………………………… 38

第2章 既存業務のOA化の歴史（手作業をコンピュータに）

1 民間の大型コンピュータの共同利用 ……………………… 41
 (1) コンピュータの機能と情報システム ………………… 41
 (2) コンピュータ（情報システム）の役割 ……………… 42
2 ホストコンピュータの単独利用 ………………………… 43
3 ネットワークとクライアント・サーバ方式の活用 ……… 44
 (1) パソコンの登場 …………………………………… 44
 (2) ネットワークの活用 ……………………………… 45
 (3) クライアント・サーバ方式の導入 ………………… 45
 (4) 機能別にコンピュータが分離 …………………… 46
4 共同アウトソーシングの導入 …………………………… 47

第3章 社会のIT化とネットワークを活用した情報処理

1 ネットワークの進化（通信回線の共同利用） ………… 50
 (1) インターネットの登場 …………………………… 50
 (2) 暗号技術の活用 …………………………………… 52
2 仮想化技術とハードウェアの進化（サーバ等の共同利用） …… 55
 (1) 仮想化の登場 ……………………………………… 55
 (2) 仮想化のメリット ………………………………… 56
3 ソフトウェアの進化（アプリケーションの共同利用） …… 58
4 クラウド・コンピューティングの登場 ………………… 62
5 クラウド・コンピューティングサービスの形態 ……… 63

第4章 ネットワーク上の資源を互いに活用して社会の進化発展に寄与

1 リソース系データ等の相互利用 ………………………… 66
2 アプリケーションの相互利用 …………………………… 68
3 プラットフォームによる情報セキュリティの確保 …… 72
4 端末の仮想化と業務の多様化 …………………………… 73

第2部　地域の諸問題を解決する 新たなデータ中心モデル

第5章　ブロックチェーンとデータ中心モデル

1　分散型台帳技術を活用した究極のデータ中心モデル …………… 78
2　ブロックチェーンを支える技術 ………………………………… 79
　(1)　ハッシュ関数 ………………………………………………… 79
　(2)　電子署名 ……………………………………………………… 80
　(3)　P2Pネットワーク …………………………………………… 82
　(4)　合意形成の手法（コンセンサス・アルゴリズム）………… 83
3　ブロックチェーン導入の効果 ………………………………… 84
　(1)　高可用性 ……………………………………………………… 84
　(2)　低コスト ……………………………………………………… 84
　(3)　改ざん困難性 ………………………………………………… 85
4　ブロックチェーンの運用形態 ………………………………… 87
5　ブロックチェーンの課題 ……………………………………… 88
　(1)　拡張性 ………………………………………………………… 88
　(2)　処理速度 ……………………………………………………… 88
　(3)　情報の透明性 ………………………………………………… 88
6　ブロックチェーンの活用可能性 ……………………………… 88
　(1)　ネットワーク上の分散型台帳の活用 ……………………… 88
　(2)　スマート・コントラクト …………………………………… 89
　(3)　その他の期待されるユースケースの概要 ………………… 90

第6章　データから課題解決ルールを構築する プログラム（AIの活用）

1　ビッグデータとクラウドAIモデル …………………………… 94
2　トイ・プログラムの時代（推論・探索の時代）……………… 96
3　エキスパートシステムの時代（知識の時代）………………… 97
4　機械学習とディープラーニングの時代 ……………………… 98

(1)	機械学習の活用分野	98
(2)	教師あり学習	99
(3)	教師なし学習	100
(4)	強化学習	101
(5)	レコメンデーション	102
(6)	ディープラーニング（深層学習）	103

5 質の高いデータを大量に確保する 107
- (1) 学習に係る評価の方法 107
- (2) 質の高いデータの確保 108
- (3) 大量のデータの確保 109

6 AI導入のプロセス 110
- (1) AI活用に必要な資源 110
- (2) 導入までのフェーズ 110
- (3) 導入に係る手順 111

7 AIの活用可能性 113
- (1) 構造化データと非構造化データ 113
- (2) AIに期待される活用分野 114
- (3) AIの具体的な活用手法 115

第7章 手入力とデータ連携を補う RPAの機能と可能性

1 RPAの仕組みと機能 117
- (1) RPAの仕組み 117
- (2) RPAの機能 117

2 RPAに適した業務 119
- (1) バックオフィス部門 119
- (2) フロントオフィス部門 119
- (3) 業界別のRPAへの期待例 120

3 RPAの活用に適した作業 121
- (1) データ入力作業 121
- (2) システム間のデータ連携 122
- (3) 業務システムからの必要データ出力 122
- (4) 情報収集ツール 122

4　RPA導入のプロセス ································ 123
　⑴　デスクトップ型かサーバ型か ························ 123
　⑵　オンプレミス型かクラウド型か ······················ 123
　⑶　記録型か構築型か ································ 123
　⑷　概念実証について ································ 124
5　RPA導入に併せた業務改革 ····················· 124

第3部　情報セキュリティを確保する　　　 システムモデル

第8章　情報セキュリティの基本的な考え方

1　情報セキュリティと対象とする脅威 ················· 128
2　自治体における情報セキュリティの位置づけ ·············· 129
3　中小企業における情報セキュリティの位置づけ ············· 130
　⑴　情報セキュリティ対策を怠ることで企業が被る不利益 ········· 130
　⑵　経営者が負う責任 ································ 131
　⑶　経営者がやらなければならないこと ················· 132
4　情報セキュリティポリシーの策定作業の骨格 ·············· 133
　⑴　情報資産の洗い出しと重要度の判定と対策の方針の決定など ··· 133
　⑵　具体的な対策の手段例 ···························· 136
5　クラウドサービスに係る情報セキュリティ ··············· 138
　⑴　技術的対策 ································ 138
　⑵　契約によるコントロールの限界 ····················· 140
　⑶　クラウドサービスの利用者による事前確認 ·············· 141

第9章　自治体情報セキュリティ対策の抜本的強化の契機となった主な事案について

1　日本年金機構における不正アクセスによる情報流出事案 ········ 143
　⑴　システム設計について ···························· 143

10

（2） システムの運用上の問題について……………………………… 143
（3） インシデント対応上の問題について…………………………… 144
（4） 情報流出の要因（「検証報告書」より）……………………… 148
（5） 今回のサイバー攻撃の特徴と対策（「原因究明調査結果」より）… 151
2 長野県上田市における標的型サイバー攻撃事案…………… 155
（1） 攻撃発見の経緯等………………………………………………… 155
（2） 攻撃の概要………………………………………………………… 156
（3） 攻撃による影響等………………………………………………… 157
3 大阪府堺市個人情報流出事案………………………………… 158
（1） 事案の概要………………………………………………………… 158
（2） 初動調査…………………………………………………………… 158
（3） 流出発覚以降の市の対応・調査………………………………… 160
（4） 再発防止策………………………………………………………… 161

第10章 新たな自治体情報セキュリティ対策の抜本的強化について

1 自治体情報セキュリティ対策検討チームについて…………… 163
2 自治体情報セキュリティ対策検討チーム中間報告について … 164
3 組織体制の再検討、職員の訓練等の徹底について……………… 165
（1） CISO・CSIRTの設置等について……………………………… 165
（2） インシデント連絡ルートの再構築（多重化）について………… 166
（3） 緊急時対応計画と緊急時対応訓練について…………………… 167
（4） 特に標的型攻撃に対する対策の徹底について………………… 168
（5） ネット遮断を実施できるための事前準備について…………… 170
4 インシデント即応体制の整備について………………………… 172
（1） インシデント連絡に伴う都道府県による支援体制の再確認
について……………………………………………………………… 173
（2） 不正通信の監視機能の強化について…………………………… 173
（3） 自治体情報セキュリティ支援プラットフォームの設置につ
いて………………………………………………………………… 173
5 自治体情報セキュリティ対策検討チーム報告について
（インターネットのリスクへの対応）…………………………… 173
（1） 安全性の確認…………………………………………………… 174

目次 11

(2) システム全体の強靱性の向上‥‥‥‥‥‥‥‥‥‥‥‥‥‥ 174

(3) 自治体情報セキュリティクラウドの検討‥‥‥‥‥‥‥‥ 174

第4部 自治体情報システム強靱性 向上モデルについて

第11章 強靱性向上の要素について

1 三つのセグメントとシステム分離について ‥‥‥‥‥‥‥ 178

2 三層の構えによる防御について ‥‥‥‥‥‥‥‥‥‥‥‥ 180

3 無害化通信について ‥‥‥‥‥‥‥‥‥‥‥‥‥‥‥‥‥ 182

(1) 検討チームの報告‥‥‥‥‥‥‥‥‥‥‥‥‥‥‥‥‥‥ 182

(2) インターネットメールの無害化‥‥‥‥‥‥‥‥‥‥‥‥ 184

(3) ファイルの無害化‥‥‥‥‥‥‥‥‥‥‥‥‥‥‥‥‥‥ 184

(4) 仮想サーバの活用‥‥‥‥‥‥‥‥‥‥‥‥‥‥‥‥‥‥ 185

(5) 仮想サーバの更なる活用‥‥‥‥‥‥‥‥‥‥‥‥‥‥‥ 186

4 持ち出し不可設定と二要素認証について ‥‥‥‥‥‥‥‥ 187

(1) 持ち出し不可設定‥‥‥‥‥‥‥‥‥‥‥‥‥‥‥‥‥‥ 187

(2) 二要素認証‥‥‥‥‥‥‥‥‥‥‥‥‥‥‥‥‥‥‥‥‥ 187

5 特定通信について ‥‥‥‥‥‥‥‥‥‥‥‥‥‥‥‥‥‥ 189

第12章 自治体情報システム強靱性向上モデル の構築手順について

1 【手順1】ネットワーク接続ルールの確認 ‥‥‥‥‥‥‥ 190

(1) 現有サーバが保持する情報の性質に応じて外部との接続関
係を整理すること‥‥‥‥‥‥‥‥‥‥‥‥‥‥‥‥‥‥ 190

(2) 必要な外部接続条件を整理一覧化すること‥‥‥‥‥‥‥ 191

2 【手順2】サーバ間接続ルールの確認 ‥‥‥‥‥‥‥‥‥ 192

(1) 接続先サーバを確認すること‥‥‥‥‥‥‥‥‥‥‥‥‥ 192

(2) サーバ間接続ルールを確認すること‥‥‥‥‥‥‥‥‥‥ 193

(3) サーバ間接続情報を整理一覧化すること ……………………… 193

3 【手順3】端末接続ルールの確認 …………………………… 193

(1) 各端末が接続するサーバを確認すること ……………………… 193

(2) 端末接続ルールを確認すること ………………………………… 193

(3) 端末接続情報を整理一覧化すること …………………………… 194

4 【手順4】追加整備が必要なネットワーク機器の洗い出し ……… 194

(1) ネットワーク機器を整理一覧化すること ……………………… 194

5 【手順5】必要な経費の算出上の留意点 …………………… 194

(1) LGWANとインターネットのセグメント分割 ……………… 194

(2) 無害化メール通信の設定の一例 ………………………………… 195

6 【手順6】マイナンバー利用事務系における対策 …………… 196

(1) マイナンバー利用事務に係る端末に二要素認証を導入する
こと ………………………………………………………………… 196

(2) マイナンバー利用事務に係る端末に外部媒体による情報持
ち出し禁止を設定すること …………………………………… 197

7 【手順7】要件シートのその他各項目の検討 ……………… 197

第13章 自治体情報セキュリティクラウドについて

1 監視対象 ……………………………………………………… 208

(1) Webサーバ（ホームページ公開用）…………………………… 208

(2) メールリレーサーバ ……………………………………………… 208

(3) プロキシサーバ（インターネット閲覧用）…………………… 208

(4) 外部DNSサーバ ………………………………………………… 208

(5) LGWAN接続ファイアウォール（LGWAN接続セグメント用）… 208

2 セキュリティ対策のツール例 ……………………………… 209

(1) ファイアウォール ………………………………………………… 209

(2) IDS／IPS ………………………………………………………… 209

(3) 振る舞い検知機器 ………………………………………………… 209

(4) スパム対策機器 …………………………………………………… 209

(5) URLフィルタ機器 ……………………………………………… 210

(6) ログ分析システム（収集・分析）…………………………… 210

(7) コンテンツ改竄検知ツール……………………………………… 210

⑻ イベント監視ツール	210

⑼ WAF（Web Application Firewall） ･･････････････ 210

3　移行の際の留意点 ････････････････････････････ 211

⑴ Webサーバ（ホームページ公開用）････････････････ 211

⑵ メールリレーサーバ ････････････････････････････ 212

⑶ プロキシサーバ（インターネット閲覧用）･･････････ 212

⑷ 外部DNSサーバ ･･････････････････････････････ 212

⑸ LGWAN接続ファイアウォール ･･････････････････ 212

⑹ セキュリティクラウド接続回線･･････････････････ 212

⑺ 各市区町村のインターネット接続ファイアウォール（既存）･･･ 212

第5部　地域活性化に資する情報システムモデル
──マイキープラットフォームとキャッシュレス

第14章　ID活用により1枚のカードで便利な暮らし（マイキープラットフォーム構想）

1　マイキープラットフォーム構想とは何か ･････････････ 216

2　マイキープラットフォームの構造 ･･････････････････ 217

3　マイキー IDとは何か ･･･････････････････････････ 218

4　利用者カードの機能について ････････････････････ 219

5　マイナンバーカードを利用者カードとして活用する方法と利点 ･･･ 220

6　マイキープラットフォーム等の稼働開始 ･･････････ 222

⑴ マイキープラットフォーム ･･････････････････････ 222

⑵ 自治体ポイント管理クラウド･･････････････････････ 223

7　マイキー IDの実際の活用 ･･･････････････････････ 224

⑴ 自治体ポイントの付与 ･･････････････････････････ 224

⑵ 利用者カードとしての活用 ･･････････････････････ 225

⑶ ID連携機能の活用 ････････････････････････････ 225

第15章 クラウドによる自治体ポイントの管理

1 いわゆる行政ポイントとしての自治体ポイントとは何か……… 226
2 自治体ポイント管理クラウドとは何か ……………………… 228
3 いわゆる行政ポイントとして自治体ポイントを付与する業務
  の支援機能 ……………………………………………………… 229
4 地域経済応援ポイントを自治体ポイントへ加算 ……………… 230
  (1) ポイントについて…………………………………………… 230
  (2) 地域経済応援ポイントについて………………………… 231
5 自治体ポイントの魅力向上への取組 ………………………… 233
  (1) 身近な需要の顕在化……………………………………… 233
  (2) 大都市等の需要の取り込み……………………………… 234

特別寄稿 キャッシュレスの動向と地域経済

宮居雅宣

1 日本のキャッシュレス化の概況 ……………………………… 235
2 決済サービスの仕組みと特徴 ………………………………… 237
3 キャッシュレスのメリット …………………………………… 238
4 キャッシュレス社会の展望と地域経済 ……………………… 240

第16章 キャッシュレス決済サービスによる地域経済政策の可能性

1 地域経済好循環拡大の必要性 ………………………………… 243
2 自治体ポイントを地域経済政策に活用 ……………………… 245
  (1) 様々な政策資金を地域の消費拡大の原資としても有効活用…… 245
  (2) 自治体等への支払い手段として活用…………………… 246
  (3) ビジネスカードとしてのマイナンバーカードの活用…… 246
  (4) 地域のキャッシュレス決済インフラとしての活用……… 246
3 地域総合決済サービスの可能性 ……………………………… 247
  (1) 高齢世帯の医療・介護等の決済に係る課題…………… 247
  (2) 地域総合決済サービスの担い手………………………… 249

主な参考文献……………………………………………………… 252

目 次　15

第1部

情報システムモデルの流れと展望

第1章 情報システムモデルと業務改革

1 自治体情報システム活用の歴史と自治体側の役割の変化

(1) 手作業をコンピュータに

　自治体においても、計算・帳票作成・印刷等の大量反復業務について、人間の手作業からコンピュータに置き換える取組は早くから行われてきた。従来の業務の枠組みの中で、コンピュータ処理に委ねられる部分にはIT技術を取り込んで効率化を図ろうとするものである。

　当初は、民間の情報処理会社に必要なデータを紙ベースで持ち込んで作業を委託する形態が一般的であったと思われるが、やがてホストコンピュータとも呼ばれるメインフレームを自ら購入し、庁舎内で管理し、作業に活用するようになってきた。ソフトウェアはハードウェアの付属物であり、コンピュータを導入することは、ハードウェアを購入するという意識であった。

　メインフレームは高価であったので、関係各課の業務処理を集中して行う形態がとられた。メインフレーム時代には、主にバッチ処理により、情報システム部門（電算所管課）において基幹業務の計算をはじめ業務全般がサポートされた。情報システム部門の職員を中心にベンダーの職員等が協力してプログラム開発を行う過程で、ベンダー側にも業務ノウハウが蓄積されていく。やがてリモートバッチジョブシステムの導入などを経て、ネットワークを活用して画面でコンピュータと対話できるオンラインのシステムとなり、各業務所管課（いわゆる「担当課」）の職員（エンドユーザ）が自ら端末を利用して入力し、結果を画面や帳票で確認できるようになっていった。

(2) 進むOA化

　一方、処理能力にも限界がある中で、あらゆる計算をメインフレームの集中処理で行おうとすると、順番待ちなどの多くの制約がみられるようになった。そのような中で、比較的低価格のオフィスコンピュータが出現すると、比較的処理量の少ない業務のパッケージソフトウェアも登場し、各業務所管組織単位でコンピュータ処理が行えるように担当課での自己導入が進むよう

18　第1部　情報システムモデルの流れと展望

になった。オフィス・オートメーション（OA）として、コピー機やFAX機等の機器のように、オフィスコンピュータが各担当課に導入されるようになった。

　1990年代の半ばにもなると、自治体にもクライアント・サーバ方式が本格的に導入される。端末であるクライアントが要求メッセージを送信しサーバが応答するだけでなく、端末側でも多くの分散処理が可能なため、組織全体として豊富な処理能力を有するようになった。このため、コンピュータやネットワークの技術を活用して、業務プロセスそのもののシステム化という視点が出てきた。

　また、ソフト・ハード一体で一塊の製品であったコンピュータが、ハードウェアやOS等の基盤ソフトウェア、それに各業務用のアプリケーションソフトウェア等に分離されるようになってきた。ハードウェアとOS等の基盤ソフトウェアはプラットフォームとも呼ばれ、技術革新が速い分野であり、かつ、汎用的であったので、価格も随時低下し、一人一台パソコンをはじめ汎用品を導入するオープン化の取組などが進んだ。

　クライアント・サーバ方式を導入するには、クライアントとサーバ間を結ぶネットワークが必要で、LANの技術が登場し、庁内LANが構築されるようになった。また、支所等において、本庁舎のサーバを活用するような場合には、通信事業者の通信回線を利用するWANも活用された。

(3)　社会のIT化とネットワークの活用

　この間、通信回線技術も大幅に進んだ。メインフレームと端末は回線を完全占用する専用線であったが、LANやWANなどのネットワークも、当初は組織内の関係者間の専用線であった。その後、1990年代に入り、情報をパケットに分割して送信するシステムがインターネットとして普及するとネットワーク回線が効率的に活用されることで低コスト化してきた（通信回線の共同利用）。すると、元来、汎用的なプラットフォーム部分等は、各自治体が独自に保有する必要はないことから、低コスト化した通信回線を介してオンラインで情報処理サービスを利用するクラウドサービスの形態が普及してきた。さらに、単一のハードウェア上で複数のOSやアプリケーションを作動させる仮想化技術等も進歩し、サーバ等の共同利用も進展している。

　各パソコンにソフトウェアをインストールするのではなく、ブラウザを利

第1章　情報システムモデルと業務改革　　19

用したWebシステムが活用されるようになると、各自治体では情報システム部門を中心に情報システムのプログラムを構築するのではなく、各担当課において直接外注される場合も増えていった。ベンダー側からも、蓄積された業務ノウハウを基に業務用パッケージソフトウェアが提供されるようになってきた。その結果、各自治体の職員側では専らエンドユーザとしてシステムを利用するという立場になりがちとの指摘がある。さらに、各担当課単位で導入されたシステムを横断的に見渡してみると、同じデータが複数の場所で入力されていたり、同様のデータ処理をする情報システムが乱立しているとの指摘もある。重複する業務と情報システムの群れが残り、全体として運用コストが増大する傾向にあるとの指摘もある。

⑷ ITを活用した業務改革の要請

そのような中で、最新のIT技術を活用して業務改革や効率化を実現することが改めて求められるようになってきた。この場合指摘されることは、インターネットやクラウド・コンピューティングなどのITを導入する際には、権限の調整、組織の改編、職員の訓練などへの取組も忘れてはならないということである。したがって、各自治体においても、情報システム部門と業務企画部門が共同して、業務全般を見直し、全体最適を目指した情報システムを再構築していくことが必要となっている。ここで大切なことは、情報システムは業務の仕組みの一部にすぎないのであって、最適な業務の流れを構築するという視点から、どのような情報システムが相応しいのか、という手順で検討することである。例えば、利用者の業務にとって必要なデータを必要なタイミングで業務上求められる正確さをもって提供できているのかなどという観点からの既存の情報システムの検証である。(資料1 - 1)

翻って考えてみると、日進月歩の著しいプラットフォームのテクノロジー部分は、クラウド利用を含め、ベンダーからの情報収集が重要になってくる。一方、業務のビジネスモデルや必要なデータは、業態が大きく変わらない限り、扱うべきデータ項目等は安定的であるので、プラットフォーム等のIT技術とは独立して、業務としてあるべき姿を追求すべきである（実装独立）。

住民や職員などのエンドユーザにとって重要なのは、実際に目にする画面や帳票等であって、これらは本来あるべき業務の検討によって決定されてくる。画面や帳票等には、各種のデータが部品として連なっており、データ部

品の組み合わせを明確化するデータ構造やコード設計などの構築も、本来、業務企画部門の重要な職務であろうと思われる。その上で、業務上、どんな機能や性能を有するシステムを求めているのかを明確にしてベンダー側に伝える必要がある。すなわち、業務のビジネスモデルをより効果的に運用するためのテクノロジーを理解し、どのようなプラットフォームを採用するのか、そのプラットフォームと画面やデータをつなぐアプリケーションをどう構築するのかは、情報システム部門が中心となって業務企画部門やベンダーとの共同作業として推進されるべきであろう。

　なお、例えば、利用者が画面上で見るデータA，B，C，Dは、実際はf_1ファイルやf_2ファイルに保存されている。利用者の見るデータと物理的に保存されているデータの関連はテーブルとして管理される。利用者にはデータ項目の存在と性質は見えるが、物理的な所在は見えないわけである。実装が独立しているので、データの保存場所の変更等は自由に行えることになる。資料1－2のように、利用者の業務モデルに影響がなければ、陳腐化したソフトウェアを取り替えたり、進化したハードウェアを導入することは比較的容易に行えるというわけである。

資料1－1　現状の業務の改善ポイントを明らかにする

第1章　情報システムモデルと業務改革　　21

資料1－2　業務モデルとソフトウェアの分離

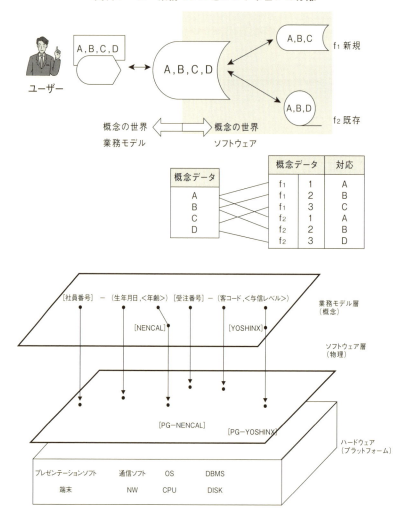

出所：椿正明『データ中心アプローチによる情報システムの構築』（2000年、オーム社）
　　　図Cを基に作成

2 設計段階での業務改革の視点 （パッケージソフトウェアに対しては評価の視点）

(1) プロセス中心からデータ中心へ

① 情報システム開発の成果物（画面や帳票）

　紙の台帳もデータベースであり、紙の指示書、報告書はメッセージ／トランザクションに相当する。これらの台帳や指示書等は情報システムの一種であり、画面・帳票そのものである。すなわち、情報システムは、データ項目という部品を組み合わせて、複数の画面や帳票を成果物として提供するものといえる。

　コンピュータ活用においても同様である。利用者は、データや指示内容等をインプットし、コンピュータは、結果をアウトプットする。結果は画面や帳票によって表されるので、これらが情報システムの成果物である。ただ、成果物を構成するために必要な部品は予めコンピュータ内に保存されていなければならず、これらの部品がデータ項目となる。

　例えば、顧客情報や受注登録などに係るインプットプログラムの仕事は、部品を購入し、検査し、倉庫の棚に収納する仕事と同様である。給与のような加工データは、当初はデータベースに存在しない。給与は基本給、残業時間、手当などから算出されるが、これは購入部品から作られる中間部品に相当する。入力データと加工データを合わせて、利用者の求めるデータをデータベース上に揃えるようにする。

　情報システムの成果物が画面や帳票であることから、システム開発の議論も、画面や帳票の在り方からスタートすることがわかりやすいのではないか。どのような画面や帳票が必要かについては、その操作性も含め、実務を担当する職員ごとに、好みも違うことから、その標準化については、組織的な意思決定プロセスにおいて、合目的的に、どう手戻りなく決定していくことができるかが重要で、これはシステム構築作業というより組織のトップを含めた経営の問題と捉えるべきであろう。（資料1－3）

② 情報システムの部品（データ項目）

　画面等が決定されると、その画面等を構成する部品に当たるデータ項目を整理する。その際、どのようなデータ項目が必要であるのかとともに、それ

第1章　情報システムモデルと業務改革　23

資料1-3　四つの階層に分けて整理・分析する

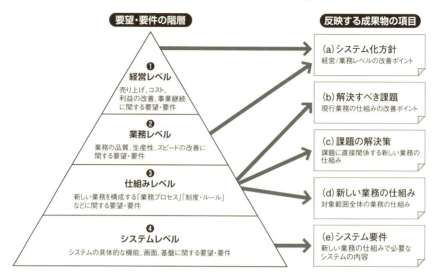

注）要件定義工程で作成する主な成果物には、このほかに「実行計画」がある

出所：水田哲郎、秋田隆夫『「なぜ」で始める要件定義』（2015年、日経BP社）

らのデータの入手方法を整理する。担当者が入力する場合は、住民等の申請書等の内容を転記入力する等の方法がある（オンライン申請であれば、担当者による手入力は不要となる）。別の組織からデータを入手する場合は、デジタル形式なのか、書類等なのか。書類の場合は、担当者の入力作業が同様に発生する。デジタル形式の場合は、オンラインなのか、バッチ処理なのか、外部媒体を介するのか。いずれにせよ、データの形式、構造などが共有されていることが必要である（変換処理を活用する場合もある）。部品であるデータ項目については、同じ部品を取り扱う他の組織等ともデータ構造等を共有することが望ましいので、どのような組織間でデータ項目を連携し合うのかを整理しておかなければならない。この場合は、ファイル連携、データベース連携、API連携、メッセージ連携といった連携の方法の検討も重要である。

　このように情報システムの開発を業務上の必要性から整理していくと、どのようなアプリケーションを導入するのか、という議論よりも、どのようなデータ項目を取り扱い、どのようにして入手し、どのような組織に提供・共

有するのか、というデータ中心の業務設計の議論がまず必要になる。

③　正しいデータをデジタルに

　そこで、業務とデータの流れをしっかりと整理しておくことが求められてくる。特にリソース系データについては、誰が正しいデータをデジタル化するのかが重要であり、正しいと思われるデジタルデータの再利用については、人力を介して再入力されるのではなく、デジタルデータのまま再利用される方が一般にミスがなく合理的である。この視点からは、各システムはできるだけ、つなぐことが求められる。通信回線のコスト等が大幅に低下していることも、オンラインでのデータ連携を後押しする。ただ、その場合、データの構造やコード設計、形式などにも配慮された、関係システムが構築されていることが必要である。

　一方、情報セキュリティの確保のため、正しい通信相手先とだけやり取りできることが保証される確実な認証が求められ、許された者以外がデータを盗み見ることがないような暗号化等が求められることは言うまでもない。

④　主なデータ連携の方式

　i　ファイル連携

　　連携元システムからファイルを出力し、そのファイルを連携先システムで読み込む方法である。

　　・連携元システムからデータを抽出し、ファイルに出力

　　・ファイルを転送し、連携先システムが読み取れる領域にファイルを格納

　　・連携先システムがファイルを読み込み、データを格納

　　なお、上記の連携元システムのデータベースからデータを抽出する方法も次のようなものがあるとされる。

　　・対象テーブルから全情報を抜き出し、ファイルに書き出す

　　・対象テーブルの更新日時から更新された情報のみを抜き出し、ファイルに書き出す

　　・トリガーで更新された情報を中間テーブルに保存し、連携するタイミングにおいて中間テーブルからデータを抽出する

第1章　情報システムモデルと業務改革　　25

ⅱ　データベースによる連携

　連携元のデータベースを連携先システムで参照する方法、又は連携先のデータベースを連携元システムで更新するといった方法がある。

ⅲ　APIの提供による連携

　連携元システムが連携用のAPI（Application Programming Interface）を提供して連携する方法である。（資料1－4）

ⅳ　メッセージによる連携

　連携の情報をXMLなどにより記述されたメッセージとして表現し、メッセージ連携基盤を使って連携する方法で、APIに近い連携方法とされる。メッセージキューをベースとした非同期の連携を実現できる。APIは通常、連携先が動作していないと連携できないので、非同期のメッセージ連携基盤を利用することで連携先が動作していなくても連携できるメリットがある。ただし、この場合は、更新機能に限るので、参照するデータがある場合にはAPI連携と併用するなどの対応が必要となる。（資料1－5）

資料1－4　ＡＰＩによる連携

出所：高安厚思『システム設計の謎を解く〈改訂版〉』（2017年、ＳＢクリエイティブ）2-3を基に作成

⑤　社会全体の業務負担の軽減へ

　このようなデータインフラが整備され、情報セキュリティの確保も可能となってくれば、仕事や組織の在り方にも大きな変化が出てくる。様々な組織や個人が信頼できるリソース系データを活用できることになれば、規模の利益を有する大組織でなくとも、必要なリソース系データを低コストで入手して、個々の業務に特化して取り組むことが可能となり、経済の活性化にも資することが期待される。個々のオフィスのOA化として捉えるのではなく、社会全体のIT化の中で、望ましい業務及び業務支援システムの在り方を検討するという視点も求められている。なお、この場合、データ提供に伴う本人同意の取り方等、個人情報の保護が前提となっていることは言うまでもない。

⑵　業務の流れを整理する（画面・帳票のモデルを作る）

　成果物としての具体的な画面や帳票の内容は、自治体や企業の業務の内容によって決定される。まず、業務の流れを整理し、望ましい仕事のプロセス

資料１－５　メッセージ連絡基盤を使った連携

出所：高安厚思『システム設計の謎を解く〈改訂版〉』（2017年、ＳＢクリエイティブ）
　　　2-4を基に作成

第1章　情報システムモデルと業務改革　　27

を描くことが求められる。また、システム開発作業におけるはじめの段階で
データ項目はほぼ全て明らかにしておくことが必要であろう。これらの作業
は、コンピュータ、すなわち、ITとは無関係に行うことが適切である（実
装独立）。既存の情報システムの構成に捉われないためである。特に、現在
の業務担当者にとって馴染みのある画面や帳票の仕様だからといって、望ま
しい業務の流れの中で相応しいものとは限らないことに留意すべきである。
特に、例外処理などでは効果に比して過大な作り込みが行われていることが
あり注意を要する。望ましい業務の流れの中で、部分最適ではなく、全体と
して整合性のとれた要件を固めてから、ITの実装を考慮することが望まし
いであろう。

　一般的に、業務上の要請は、指図や報告のための画面・帳票に一致する。
望ましい仕事のプロセスに沿って、利用者とのインターフェースである画面
や帳票を整理していく。とにかく走り書きでもよいので、業務の流れに沿っ
て、画面を書き出していく。同じデータは2度目の入力が発生しないように
考える。様々な可能性を考え漏れがないように画面イメージを作っていく。
当該組織が取得する一次データについても、できれば入力作業が発生しない
ような工夫を考え、入力の正誤チェックの機能も正確で手間のかからないも
のを考えていく。もちろん、そのような機能には、技術面・コスト面での限
界がある。人海戦術で乗り越えることを余儀なくされるものもあるかもしれ
ない。情報システム部門と業務企画部門とベンダーとの知恵の出し合い作業
である。最終的には、これらの画面や帳票で職員や住民など、システムを利
用する方々に利用をお願いしていくとの業務企画部門の腹のくくりが求めら
れる。そして、このような画面・帳票を作るための仕掛けとして情報システ
ムを捉えるべきであろう。

　併せて、現状の業務フローを確認して、問題点と改善すべき点を洗い出
す。この場合、細かいバリエーションや例外処理も見落とさないようにしつ
つ、実際の現場での具体的な課題を抽出していく作業が重要となる。その
際、コスト削減だけを求めるのではなく、これまで実現できなかった業務に
ついてITを活用することで実現し、業務の付加価値を高めるという視点を
忘れてはならない。次に、ここで抽出された課題が新しい情報システムを活
用する業務フローで解決されるのかを突き合わせて仮説検証を行う作業が求
められる。もちろん、関係者の理解を得ることが必要であることは言うまで

28　第1部　情報システムモデルの流れと展望

もない。

　端末の画面を利用する利用者にとっては、画面上のデータがデータベース上にどのように所在しているのかは見えないし、関係ないともいえるだろう。情報システムの運用は、一般にベンダーへ委託することになるが、その自治体や企業の業務の流れの整理や仕事のプロセスの構築は丸投げ委託されるものではないはずである。具体的な情報システムの基本的な構造（＝基本設計）は、業務フローチャート、画面・帳票イラスト、業務データ関連図等によって記述されるが、これは自治体や企業側が主体的に対応すべきものであろう。なお、性能などの非機能要件やコスト要件等は専らIT技術に関わるものであるので、ベンダーの提案を受け、セキュリティ、可用性（想定利用時間、冗長化等）、性能（同時アクセス数、目標レスポンス数等）、運用管理、拡張性などを検証することになろう。

(3) 業務に必要なデータ項目を整理する（データ入力等に重複がないように体系化）

① 同じデータは1回入力

　次に、データ部品の組み合わせを明確化するデータ構造などの構築作業になる。この場合、概念的なデータベースは画面や帳票から決まってくる。情報システムの製品とも言える画面や帳票が決まれば、これを分解することによって部品であるデータ項目が決まるからである。その際、利用者の要求する情報の構成部品であるデータ項目を洗い出し、相互関係や仕様を明らかにし、整合性を確保する作業が重要である。特に、既存の業務処理をする情報システムを横断的に見直すことは、重複するデータを一元化し、データベースの正規化につながるものとなり、業務と情報システムの全体最適に直結するという視点も重要である。

　画面・帳票の種類が沢山あれば多くのデータ項目が共通部品であることが明らかになるであろう。同じデータが複数回入力されるような業務の流れは改善される必要がある。同じデータ項目が複数の業務で活用されている場合には、データベースを統合し、保有するデータの一元化を図る方法がある。また、データ連携する方法もある。さらに、組織を超えて必要なデータの所在が確認できることが望ましいだろう。その場合には、各データ項目において、どのデータベースに入力されたものを真正なものとして扱うのかを明確

第1章　情報システムモデルと業務改革　　29

にしなければならない。

データベースの統合やデータ連携をどのように組み合わせていくのかは、業務プロセス上の複数の職務で取り扱う同じデータについて即時の同期が望ましいのか、一定のタイムラグが許されるのか等を考慮して無理のない合理的な構成を検討することが大切である。なお、データの作成・更新・削除といったライフサイクルも、その正当な権限者とともに、確認しておかなければならない。

② リソース系データとイベント系データ

画面には、入出力項目とイベントが存在し、帳票では出力項目と出力項目の計算処理内容が表示される。その際必要となるデータは適切な形でデータベースに格納されるわけであるが、全組織共用のリソース系データと各業務のイベント系データを分けて管理するという視点も重要である。例えば、社員番号、組織コード、顧客コード、業種コード、品番、勘定科目などのリソース系データは、受注・出荷、入金・支払等の各イベントの中で随時何回でも使われる。そのリソースとイベントの関係は、単語が文章の中で使われるのと同様である。リソース系データは更新が少なく、安定的で、共用性が高い。したがって、リソース系データベースの作成は単語辞書の作成に相当する。辞書は多くの人に活用されてこそ、価値が高まる。事業者Aが別の事業者Bの情報を活用するためには、その情報に係る約束事、すなわち、形式・意味・所在について共通認識をもつ必要がある。この共通認識をもつシステム間で、情報は流通する。たとえ、同一の企業や自治体内においても、標準化がない限り、開発者が違えば、データの約束事が違い、情報が流通しないことに留意する必要がある。コードや番号の桁数が合わないとか、コードや番号の示す管理対象の範囲が違うということなどがトラブルの原因となる。これらのコードや番号の位置づけ、意味をしっかり共用データとして定義しておくことが重要となる。

一方、イベント系データは、業務ごとのレコードとして随時発生して記録される。リソース系データが単語であれば、イベント系データは文章に相当する。さらに、例えば、「受注においては受注番号、顧客コード、品番などのデータ項目が扱われる」というデータの構造や相互関係についての規定も必要で、これらはデータのデータという意味でメタデータと呼ばれるが、業

30　第1部　情報システムモデルの流れと展望

務のルールを客観的に表すものに他ならない。したがって、メタデータもリソース系データと同様に共用されることが重要となる。どのようなデータベースやデータベース管理システム（DBMS）を利用するのかということとの関係性をある程度考慮する必要はあるだろうが、イベント系データの構造の構築もできるだけ、ITと独立して行われることが望ましい。利用者には、データ項目の存在と性質は見えているが、実際にどのようにテーブルとして管理されて格納されているのかは見えない。利用者側としては、データベース側で、プラットフォーム等の技術向上に伴い、データの所在場所の変更等が行われバージョンアップが図られたとしても、業務上の影響はできるだけない状態が望ましい。

　情報システムの基本的なデータの構造は、ベンダーと相談しながらも、自治体や企業の情報システム部門を中心として企画等の業務担当と連携して行うことが重要である。組織の業務遂行の在り方そのものであるからである。

⑷　アプリケーションに求める機能を整理する

　次に、アプリケーションモデルを構築し、データを更新し、参照するプロセスを明確化する作業になる。アプリケーションソフトウェアといっても、様々な目的のために作られるものがあるが、ここでは、インプットとデータベース、アウトプットとデータベースをつなぐ処理の機能を考える。OSやDBMSなどの基本ソフトウェアの他に、どのようなプログラムが必要であるのか、である。プログラムはコンピュータに対する作業指示書であり、アプリケーションプログラムには、入力プログラム、加工プログラム、出力プログラムがある。これらのプログラムをいかにシンプルにするのかが、安定的なシステム構築の視点から問われてくる。アプリケーションプログラムの中味については、一般的に自治体や企業の側からは見えない部分であり、その部分ができるだけ少なくなればブラックボックスも小さくなる、といえる。

　また、従来、定型的な大量処理がバラバラにコンピュータ処理化されることで、コンピュータにとっての用語といえるコードや番号がそれぞれのプログラムによって違うことが多かった。このため、相互のデータ交換には、交換処理などが必要となり、しかもオンライン処理ではなく、バッチ主体で最低限行われるということも多い。これでは、同一組織内でも支障を生じることになる。すなわち、アプリケーションの開発に当たっても、まず、そこで

第1章　情報システムモデルと業務改革　　31

使用するデータの仕様を固め、それを土台としてプログラムを考えることが重要となる。

まず、出力プログラムは、データベースに格納されているデータを検索して画面や帳票上にレイアウトするもので、出力の過程で作る加工データ等が事前に用意されていれば、特別のプログラムは必要がないとも言える。

次に、入力プログラムは、顧客登録や受注登録などであり、組み立て工業で例えると部品を購入し、検査し、倉庫の棚に収納することに相当する。この場合、利用者とのやり取りや種々のチェック等が必要で、複雑なプログラムが作られている。しかしながら、やり取りがパターン化できれば、インプット・アウトプットデータ仕様として記述できる。チェックは、データをデータベースに受け入れる際の条件として、データ項目定義として記述できるものがある。処理順序も一定であれば、シンプルに設定できる。

加工プログラムは加工データの仕様記述がデータ定義によって、どこまでデータベースで対応できるかの問題であるといわれる。「出荷金額の月別合計から得られる月別売上金額」といった要約データ、「入庫数量、出庫数量から計算される在庫数量」のような在庫データなど、定型の加工データはパターンが決まっているので、加工データの種別を「要約」「在庫」等として指定する等々の工夫によってデータ定義を行い、データベースで対応できるようになれば、アプリケーションプログラムとして作成すべき部分が少なくなってくる。

特に近年、ブロックチェーンに代表される分散型台帳技術への期待が高まってきており、スマート・コントラクト等についても、データベースの連携機能によって対応できるようになるのではないか、との議論を踏まえ、データ構造の在り方とその標準化の検討が進むのではないかと思われる。また、AIによるビッグデータの活用はメタデータ管理ができていてこそ有効なのであり、メタデータ整備をはじめとする自治体や企業の情報資源管理は、ITの進化と共に益々重要なものになっている。

⑸ テクノロジーの進化を取り込む（情報セキュリティを確保するシステム）

最後に、情報システムを構築運用するテクノロジーモデルをどうするか、ということになる。アプリケーションソフトウェアは、ハードウェアと基本ソフトウェアからなるプラットフォーム上で稼働するが、このプラットフォ

ームの在り方である。インフラとも呼ばれ、CPU、ディスク（記憶装置）、端末、ネットワークなどからなる。サーバの決定、OSの決定、ネットワーク構成の決定、ミドルウェア構成の決定などを行い、非機能要件に対応する。ネットワークには、LAN、WAN、インターネット等がある。ハードウェアを動かす基本ソフトウェアとしては、OS、言語プロセッサ、DBMS、端末ソフトウェア、ファームウェア、BIOS（Basic Input/Output System）等がある。なお、DBMS（データベース管理システム）などはミドルウェアとして区別されることもある。

　プラットフォームのテクノロジーは、日進月歩の激しい分野であり、自治体や企業側としては、求める機能と許された予算の中で、最適なものをベンダー側から提案を受けることになるであろう。また、クラウドサービスの進展により、プラットフォームの構築の分野は益々ベンダー側の領域が拡大してきている。もちろん、画面設計を含む業務アプリケーションの仕組みは、プラットフォームのテクノロジーを前提に構築される。したがって、プラットフォームのテクノロジーの進化を活用することで、業務アプリケーションの性能が向上し、併せて画面設計にも影響があるという方向性の検討も必要であることを忘れてはならない。

　ただ、インターネットの普及と様々な個人情報のデジタル化が進んだ今日、情報セキュリティを確保するシステムモデルをどう構築するかについて、プラットフォーム構築の段階でも十分な対応を検討すべきである。後述する「自治体情報システム強靭性向上モデル」もそのような考え方を基本としている。

⑹　システム開発経費の見積りとの関係

　システム開発においては、人件費がコストの大半を占めるので、SEの作業量の予測が経費見積り作業の根幹となる。

　他にも、ミドルウェアのライセンス料、ハードウェアやネットワークの施工料金など、SEの作業量と関係のない経費もあるが、これらは、比較的把握しやすいといえるだろう。

　企業や自治体などのシステムへの要望から要件定義が行われ、作業量の予測へと進む。（資料1－6）

　もちろん、クラウドによる汎用サービスなどは基準となるサービスの対価

資料1−6　システム開発における見積りの位置付け

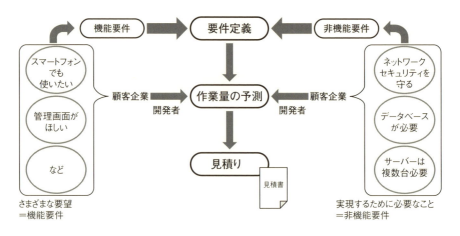

が存在し、改めて作業量の見積りが大きな要素にならない場合もある。しかし、一般的には、システム開発の見積りに関しては、価格根拠が不明確で、建築などと違い目に見える完成品がなく、素材の単価のような原価がないことなどから、非常にわかりにくいとの指摘がある。

　一方、近年では、開発ツールの発達やフレームワークの登場、クラウド化やテストの自動化などの取組により、プログラミングが開発コストに占める割合は低下し続けているといわれる。

　その結果、データベース項目や画面項目の数などを見積りに活用する方法も増加しているようであり、今後、経費の明確化のためにも、データ中心モデルが有効であるといえるのではないか。（資料1−7）

資料1-7 要件の粒度と全体図

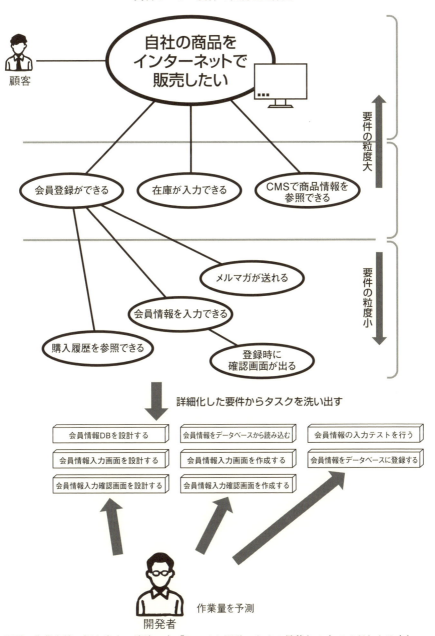

出所：佐藤大輔、畑中貴之、渡邉一夫『システム開発のための見積りのすべてがわかる本』
　　　（2018年、翔泳社）P.33を基に作成

第1章　情報システムモデルと業務改革　35

3　組織を超えたデータ中心モデルの検討イメージ

　例えば、企業の場合には、社員が入社すれば、事実確認の上、人事給与システムに氏名、生年月日、性別、住所、資格取得年月日、標準報酬月額、事業所番号などの本人関係のデータが保存される（「社員データ」という）。さらに、医療費支払い等のために、会社が属する健康保険組合のシステムにも社員データが登録される（健康保険の被保険者資格取得届）。また、同じ社員データが日本年金機構にも登録される（厚生年金の被保険者資格取得届）。このデータは基礎年金（国民年金）にも活用される。また、企業年金基金を有する企業においては、企業年金システムにも社員データが登録される（加入者資格取得届）。さらに、ハローワークにも登録される（雇用保険被保険者資格取得届）。

　このように同じ社員データが、企業の人事給与システム、健康保険組合のシステム、日本年金機構のシステム、企業年金システム等に登録される。

　このように複数の組織やシステムで実は同じデータを保有しているというデータ保存パターンは様々な分野で存在するものと思われる。一般的には、各業務システムは、その沿革上、別々に構築されている場合が多い。

　ただ、それらの場合でも、各システムごとに改めて一次的な事実確認を行った上、当該データを入力するという方法は取られていない場合が多い。1次データを保有するシステムから何らかの方法でデータ移行を行っているわけである。

　新たに業務システムを構築する場合には、画面設計を含め、はじめからデータ中心で設計を行うことができる。しかしながら、多くの業務には既に業務処理用の情報システムが採用されているであろう。ただ、クラウドなどの技術も活用し、何らかのデータ連携を実現すれば、既存の業務フローはそのままでエンドユーザの利用者の業務効率が向上するという場合も多いと思われ、その検討作業も重要であろう。

　複数のシステム間でデータを移行する方法には、例えば次のように様々なものがある。

①　紙ベースに出力して送付し、再度手入力する方法（RPAの活用等もある）

36　第1部　情報システムモデルの流れと展望

② USB等の外部媒体を介してデータ移行する方法
③ 担当者の端末にダウンロードし、さらにアップロードする方法
④ バッチ処理でデータをコピーする方法
⑤ オンラインでデータ連携する方法
⑥ 共同データベースを構築する方法

などが考えられる。

データを移行する場合は、それぞれのデータベースのデータ構造が異なると、変換する必要がある。これは、②〜⑤のどの場合でも求められる。その都度変換することもありだが、標準化が期待されるところである。

①〜③の方法は個人データが人手を介して拡散するおそれもあり、そのような視点からのセキュリティにも十分な配慮が必要である。④の方法は手間とコストがかかる。また、①〜④にはデータ移行にタイムラグがあり即時性に課題が生じる。いずれにせよ、莫大な手作業などが発生するプロセスには、そのあり方を検討する必要があるだろう。

⑤のオンラインでのデータ連携を意識し、関連する諸システムのデータの構造等のあり方を検討しておけば、⑥の共同データベースの構築作業にもつながっていくものと思われる。

複数の組織を跨いでデータ連携等を推進する場合にも、まず、入力データの一次的で正当な事実確認はどこで行われているのかを確認する。その1次データはできるだけ人の手を介さずに他の組織でも活用できることが望ましい。このため、データ連携を考える。その場合、各システムでのデータの保存形式であるデータ構造の標準化を考える。その上で、入力された1次データを安全にそのまま他の組織も活用できることが望ましい。

なお、データの物理的な所在場所という観点からは、スタンドアローン、クライアント・サーバ、クラウドというようにエンドユーザーの端末から、どんどん遠いところで保存されるようになってきた。このことにより、データ構造の標準化の効果がより大きくなり、また、標準化もやりやすくなっていると思われる。一方、データを分析して結果を得るのに、毎回インターネットを介するのでは、それなりの処理時間を要することから、端末の近くにサーバやデータを配置するエッジコンピューティングという考え方も着目されている。さらには、エンドユーザーの元でデータを管理する方法にも回帰する可能性がある（「セルフ・コンピューティング」と呼ばれる場合もあ

第1章 情報システムモデルと業務改革　37

資料1-8 データの場所によるシステムの変遷

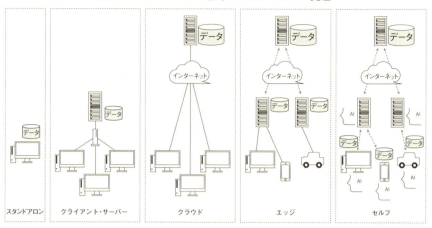

る）。もちろん、端末側で全てを処理するのではなく、クラウドやエッジサーバと連携しながら最適化が図られていくであろう（資料1-8）。ただ、データの再分散化の前にデータ構造の標準化の作業が望ましいことは言うまでもないであろう。

4 データを取り巻く新たなテクノロジー（RPA、AI、ブロックチェーン）

近年、情報システムに対する新たな期待に対応するため、データの移行や保存、あるいはデータ処理等に関し、RPA（Robotic Process Automation）、AI、ブロックチェーンという新しい技術の実用化が図られており、データの重要性について改めて着目されている。（資料1-9）

RPAは、人間が設定した手順通りに操作する端末操作ソフトウェアであり、これまで人間が行っていた操作について、今ある仕事の流れの変更や既存システムの改修をせずに自動化することができる。したがって、前記 3 の例で考えると、紙ベースからのデータ入力やデータ連携にも大きな効果が期待される。また、②～④の方法のデータ移行についても、活用することができる。特に、システム改修が必要ないので、データ移行の必要量との兼ね合いでシステム改修するほどでもないと判断される場合や、⑤や⑥の方法のためのシステム改修までの移行期間におけるデータ移行ツールとして活用する

ことも期待できる。

　正規化された大量のデジタルデータを処理するのは、従来のいわゆるコンピュータ処理の得意とするところであるが、例えば、手書き文字認識機能について、AIを活用することで、その認識機能が高まり、AIと連携させることでRPAを非構造化データについても活用するといった取組も始まっている。

　また、分散型台帳技術を用いたブロックチェーンを活用すれば、高い可用性と耐改ざん性を確保しながら、透明性の高いデータベースを比較的低コストで運用することも期待できる。

　なお、企業や自治体などのシステムが大規模で複雑化した現在では、情報システムに関する仕事は、情報システム部門、エンドユーザー（業務企画部門）、ITベンダーの各々のあるべき役割分担に基づく連携作業が重要であるという指摘がある。

　アプリケーション開発、アプリケーション保守、インフラ管理、運用管理の4領域に分類した場合の役割分担としては、特に、情報システム部門について、システムのライフサイクル全般にわたって、業務上の要求を受け止め、これをITによる解決の可能性と照合し、価値ある新たな業務システムをデザインするという仕事が期待されている。

　今後の情報システム部門の仕事内容は、システムの企画・設計を主体とし、業務設計の面ではエンドユーザー部門と、実装技術の面ではITベンダーとの協力が必要となる。業務上の責任分担をはっきりさせる必要はあるが、互いの仕事を理解するために、ある程度の役割のオーバーラップが必要とされる。

資料1－9　システム化のニーズの主な変遷

～1960年	1970年	1980年	1990年	2000年	2010年～
コスト削減		新サービスの提供		ユーザーサービスの改善	
処理の自動化	データ送信	複雑な計算		ビッグデータの活用	
処理の正確性	データの電子化	統計処理		統計分析、機械学習の活用	
処理の安定化	セルフサービス			仲介構造の簡素化	
大量処理				インターフェースの改善	
				FinTech対応	

出所：大和総研フロンティアテクノロジー本部『エンジニアが学ぶ金融システムの「知識」と「技術」』（2019年、翔泳社）P.18

なお、特にインフラ設計領域では、クラウドサービスの台頭によりベンダーの領域が拡大傾向にあるとされる。（資料1－10）

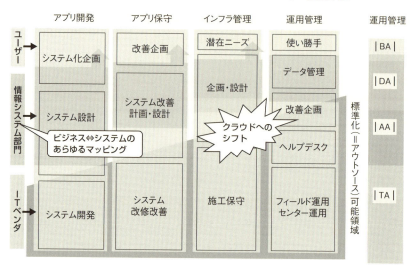

資料1－10　情報システム部門のパートナーとの役割分担

出所：中山嘉之『ITアーキテクチャのセオリー』（2018年、リックテレコム）図46を基に作成

第2章 既存業務のOA化の歴史（手作業をコンピュータに）

1 民間の大型コンピュータの共同利用

(1) コンピュータの機能と情報システム

　コンピュータには主に5つの機能があるとされる。①プログラムやデータの入力、②処理された結果の出力、③プログラムやデータの記憶、④記憶されているプログラムやデータに対して様々な演算を行うこと、⑤プログラムに書かれている命令に従って、他の機能を抑制すること、である。それぞれの機能に対応した装置（ハードウェア）がある。制御装置は記憶装置にある情報（プログラムやデータ）を読み取り、プログラムの中の一つ一つの命令を解読し、命令の内容に応じて、入力・出力・記憶・演算の各装置に動作の指令を出す。情報は記憶装置を介してやり取りされる。コンピュータの中では、各装置をコントロールする信号（制御の流れ）と、数値やプログラムなどのデータの受け渡しをする信号（情報の流れ）がやり取りされる。コンピュータは、5つの機能を互いに連携させながら、人間の指示を忠実に実行する仕組みである。（資料2-1）

　情報システムとは、金融機関の勘定系システムやスーパーマーケットなど小売業のPOSシステムなどのように、特定の目的で情報サービスを提供する

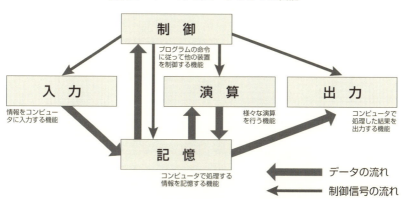

資料2-1　コンピュータの5つの機能

資料2−2　情報システムのイメージ

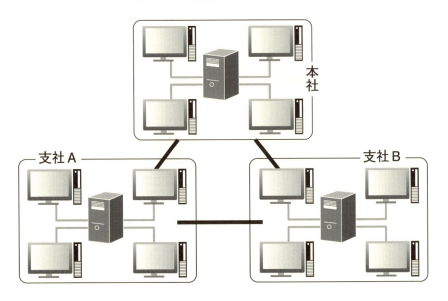

もので、関連する情報を適切に保存・管理・流通するために、コンピュータや周辺機器などのハードウェア、ハードウェアを接続するためのネットワーク、そしてそれらを制御するソフトウェアなどの多様な要素が相互に密接に連携し合って動作している。(資料2−2)

(2) **コンピュータ（情報システム）の役割**

　コンピュータは、大量に反復して行うような、計算・帳票作成・印刷等に極めて大きな効果を発揮する。自治体では、財務会計や給与計算はもちろんのこと、住民基本台帳や税など、業務上様々な帳票が必要である。さらには、税、国民健康保険、介護保険などでは、大量に計算・印刷を行わなくてはならない。しかも、納税通知書などは、一定の期間に誤りなく大量に送付することが求められる。

　自治体の情報化としては、1960年頃、大阪市における電子計算機の導入が嚆矢とされる。その後、他の自治体でも活用が始まるが、当初は、給与計算や税業務の大量バッチ処理など、基本的には庁内業務の省力化に用いられたようである。1964年には最初のメインフレーム、あるいは汎用コンピュータ

と呼ばれる大型コンピュータとして、System/360が発売されている。メインフレームの特徴は、大量のデータ処理能力を有し、全ての処理をサーバ側で行う集中システムで、ハードウェア、OS、ミドルウェアなどベンダー独自のものがまとめて提供された。大規模自治体では自己導入も行われたが、一般的には、民間の情報処理会社に委託して処理するという方法で、その活用が広まったようだ。すなわち、大量反復情報処理を一括して外部に委託し、情報処理会社の規定に従って、必要なデータを紙ベースで持ち込み、処理を依頼するという業態であった。

　したがって、セキュリティインシデントとしては、電算処理業務のための入力原票の紛失や名簿業者への違法な販売等、紙ベースの情報の漏えいが主に想定された。特に業務の委託先の情報セキュリティ対策まで十分配慮することが求められた。

　なお、メインフレームは非常に高価であり、かつ、当時は低速回線なのに通信回線の使用料も高かった。したがって、全ての機能をメインフレームに集中させることが効率的であり、接続する端末側は、ダム端末と呼ばれ、数字で指示を出すだけであった。このように集中処理を行うことから、メインフレームはホストコンピュータとも呼ばれる（これらの全体の構成は、ホスト端末システムとも呼ばれる）。データを一括して処理することをバッチ処理といい、一度処理内容を設定すれば、完了まで人手がかからず、人的ミスの防止につながった。ただ、限られた技術者しかプログラムの全体を把握していない場合が多く、ブラックボックス化しやすいとされた。

2　ホストコンピュータの単独利用

　1970年代になると、基本的にはホストコンピュータとしてメインフレームと同じ事務処理機能を有するものの、小型で比較的廉価なものとしてオフィスコンピュータ（オフコン）も登場してきた。1980年頃には、自治体でも庁舎内にオフコンを設置する自己導入の方法が広がった。運用や管理は、一貫して外部の事業者が受託したが、業務の処理内容について、個々の自治体ごとに専用のアプリケーションソフトを開発して組み込まれたものが導入された。

第2章　既存業務のOA化の歴史　43

しかしながら高価ではあったので全庁の各部門は、限られたコンピュータを共有する場合が多かった。この場合、各業務の情報処理を同時に行うことはできなかったので、いつ、どの業務の処理を行うかの日程管理が重要となった。そこで、タイムシェアリングシステム（Time Sharing System, TSS）が活用された。ある業務処理で次のデータ待ちなどが発生し、空き時間ができると、別の業務処理に当該コンピュータの能力を割り当てるものである。その結果、コンピュータのハードウェア（CPU）そのものの稼働率は高くなる。

　1985年頃になると、人事や給与などの内部管理業務に広くオフコンが使われるようになった。毎年の制度改正への対応が求められ、しかも自治体ごとに制度内容に微妙な違いが存在することなどから、職員によるシステム改修が行われるようになった。いわゆる職員プログラマも増加し、コンピュータの運用管理も、情報システム部門の職員によって行われるようになった。守秘義務を負う職員による業務処理はセキュリティレベルが向上すると考えられる。一方、事務処理の効率化のために逐次、担当者により自作された業務アプリケーションソフトについては、業務引継ぎを受けた職員の理解不足等により処理を誤るリスクは大きくなった。また、同一業務についても、業務支援ソフトの内容に違いが生じてくることになった。

　なお、コンピュータは、ホストコンピュータとしてソフト・ハード一体で各自治体に導入され、庁舎内のコンピュータ室にまとめて保管され一括処理する形態であった。

3　ネットワークとクライアント・サーバ方式の活用

(1)　パソコンの登場

　ホスト端末システム（前記 **2** 参照）の欠点は、多数の端末を接続すればするほどホストコンピュータの負荷が大きくなることであった。情報化社会の進展に伴い端末数の増加が予想され、ホストコンピュータの性能アップと負荷軽減は大きな課題であった。負荷の集中を避けるためには、分散処理が求められたこともあり、1980年代には、パーソナルコンピュータ（パソコン）の普及が始まった。ホストコンピュータが各種業務を集中して中央処理する

44　第1部　情報システムモデルの流れと展望

方式から、各職員が各々の情報処理をパソコンで分散処理できるようになってきた（EUC＝エンドユーザコンピューティング）。

⑵　ネットワークの活用

　分散処理するためには、コンピュータ間でデータを送受信することが必要になるので、ネットワークが活用される。

　学校や会社や自治体などの限られた範囲での情報通信ネットワークをLAN（Local Area Network）という。LANの中のコンピュータには、ファイル管理や印刷処理など、特定の役割を担うものがある。これらのコンピュータはサーバと呼ばれ、その他のクライアントと呼ばれるコンピュータからの要求に応じて、特定の処理を専門的に行う。サービスを提供するサーバと、サービスを要求して結果を受け取るクライアントで構成されるネットワークの仕組みはクライアント・サーバ方式と呼ばれる。例えば、パソコンなどの複数のコンピュータを使って、画面から項目の入力を行い即時計算やチェックを行うクライアントと、それらのデータをネットワークを介して格納したり提供したりするデータベースを管理するコンピュータがサーバとなる。

　LAN同士を結んだものがWAN（Wide Area Network）である。銀行の情報システムや小売業のPOSシステムは専用線方式のWANを採用しているとされるが、インターネットは一般にパケット交換方式（共有回線を使用しデータを小さな塊にして送信するもの）のWANである。（資料2－3）

⑶　クライアント・サーバ方式の導入

　1990年代半ばになると、自治体にもクライアント・サーバ方式が本格的に導入されるようになった。かつてのホスト端末システムでは、ホストコンピュータに接続されたダム端末は、データ入力のキーボードと表示するディスプレイしかなく、あらゆる計算がホストコンピュータによって集中処理された。ただし、ホストコンピュータの処理能力は希少であり、処理にも順番待ちなどの制約があった。一方、クライアント・サーバ方式では、組織全体として極めて豊富な処理能力を有する。端末であるクライアントが要求メッセージを送信し、それにサーバが応答するだけでなく、端末側でも多くの分散処理を行うものであった。そのため、クライアントとサーバ間を結ぶネット

資料2-3　LANとWANのイメージ

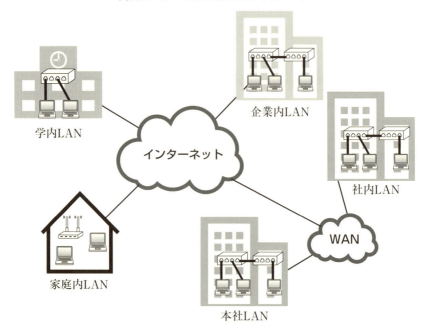

　ワークの重要性が増す。そこで、LANが登場する。この技術によって、庁舎内でのネットワークを容易に構築できるようになる（庁内LAN）。また、サーバの場所が遠隔地である場合には、通信事業者の通信回線を利用するWANも普及するようになった。
　このように情報処理のシステムが高度になり、かつ、大きなシステムになると、多くの投資と複雑な管理運営が必要になった。システムへの依存度が高まると、安定性や安全性といった信頼性の向上が求められ、庁内に設置されたコンピュータ群の総合管理を民間事業者に委託する方法が一般的となってきた。

(4)　機能別にコンピュータが分離
　この頃になると、ソフト・ハード一体で一塊の製品であったコンピュータの各機能が、ハードウェアや基盤ソフトウェア（OSやミドルウェア）等に分離され、それぞれの部分が製品化され飛躍的に小型化・低価格化が進行した。ハードウェアや基盤ソフトウェア等は、汎用品化され、大幅なコスト削

減が実現した（システムのオープン化）。汎用品だと製品1つ当たりの開発・製造コストが大幅に低下する効果が発生するからである。

　システムのオープン化に伴い、アプリケーションにも汎用品としてのパッケージソフトウェアが登場した。しかしながら、ホストコンピュータの時代に、各自治体独自の作り込みが行われていたこと（前記 **2** 参照）を受けて、パッケージソフトウェアをそのまま活用するのではなく、各自治体ごとに入力様式や出力様式（印刷画面）等について、スクラッチ開発と同様の作業によってカスタマイズが加えられることが一般的であった。したがって、アプリケーションソフトについては、オープン化によるコストの割り勘効果を十分に享受できなかった。自治体ごとに設置されていたホストのソフトウェアだけが独立して、自治体ごとに異なる業務支援アプリケーションとして残る結果となった。

　また、サーバハードウェアが安価になったため、各自治体の個別業務ごとにサーバが用意され、当該業務のサービスの停止が生じないよう業務処理のピーク時に合わせて能力設定が行われた。その結果、通年での各サーバの平均稼働率が著しく低くなるという結果を招いた例もあったようである。

4　共同アウトソーシングの導入

　庁内LANが整備され、クライアント・サーバ方式が普及してくると、例えば、大都市の多数の出先庁舎において、それぞれサーバを確保するのではなく、本庁内の電算室にサーバ類を集約する形態が現れた。さらに、電算室部分を外部のデータセンターに外部委託、すなわちアウトソーシングする自治体も現れた。すると、特に、ハードウェアや基盤ソフトウェア等には汎用品が導入される傾向もあり、複数の自治体が共同でアウトソーシングするところも出てくる。その際、参加自治体の業務の標準化を伴えば、業務アプリケーションも共同で活用できるようになることで、更に割り勘効果が働き、コスト面でも大きな効果が期待された。

　特に、電子自治体化を図る上で、大きな負担となる情報システムの初期開発費用に大きな削減効果が期待され、小規模な自治体においては、特に削減効果が大きいと見られていた。さらに、各パソコンにソフトウェアをインス

トールするのではなく、ブラウザを利用したWebシステムが活用されるようになると、再びサーバに処理が集中するようになり、サーバ等の共同アウトソーシングの割り勘効果は大きくなっていく。

　そのような中、総務省では2002年5月に、複数の自治体の業務を標準化・共同化した上で、アウトソーシング等で民間企業のノウハウ・システム等を有効活用することにより、住民サービスの向上、自治体の業務改革、IT関連地場産業振興等により地域経済の活性化を図る「共同アウトソーシング・電子自治体推進戦略」を発表し、同年6月の「経済財政運営と構造改革に関する基本方針2002」（経済財政諮問会議）（閣議決定）に盛り込まれた。（資料2－4）

　これらの施策は、クラウド・コンピューティングの登場に伴い、自治体クラウド事業として推進されている。

　なお、クラウド・コンピューティングは、ハードウェアやソフトウェアなど、必要なリソースを所有するのではなく、これらの情報資源をシェアし、インターネットを介してサービスとして利用するという考え方である。利用するリソースはインターネットの雲（クラウド）の中にあり、どこにあるかは問題にされないことから、クラウド・コンピューティングと呼ばれる。（資料2－5）

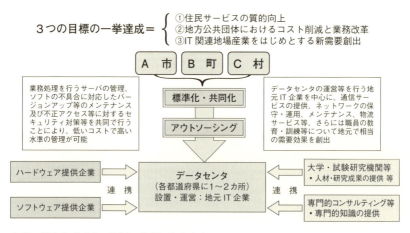

資料2－4　自治体におけるIT事業者へのアウトソーシング

出所：総務省「平成15年版　情報通信白書」

資料2-5　クラウドコンピューティングのイメージ

第3章 社会のIT化とネットワークを活用した情報処理

1 ネットワークの進化（通信回線の共同利用）

(1) インターネットの登場

　コンピュータのネットワークでは、コンピュータ間でデータを送受信することができる。データ通信路には電線や光ファイバーなどのケーブル、電波や赤外線など様々なものが利用され、データ通信路の素材として何を用いるかによって、データの伝送速度や伝送可能距離が変わってくる。

　送受信されるデータは「0」と「1」の二種類の信号で構成され、その内容は、文書、画像、音声、Webページ、電子メールなど何でも可能である。送信されたデータは、受け手のコンピュータによって内容が解釈されて、人間が理解できる情報に変換される。

　LANやWANなどのネットワークは、あくまでも特定の関係者間をつなぐものであった。例えば、金融業界では、支店を含む広域ネットワークでは通信会社（キャリア）が提供する高価な専用線が利用され、外部への接続ではISDN（Integrated Service Digital Network＝サービス総合ディジタル網）やフレームリレーなどによるパケット網サービスを利用し、1日当たり数回など接続頻度が低いサービスでは、利用ごとに回線交換サービスに接続する方法（ダイヤルアップ）が一般的であったといわれる。（資料3-1）

　また、セキュリティの高い企業などの特定ユーザー向けデータ通信サービスについては、1960年代にアナログ専用サービスが開始され、モデムを使ったデータ通信に利用された。1980年代に入ると、より高品質な高速デジタル専用サービスが登場し、徐々にアナログ専用サービスから置き換わっていった。1990年代には、150Mbps程度までの高速通信が可能なATM専用サービス（Asynchronous Transfer Mode＝非同期転送モード）が登場していた。

　1990年代に入ると、情報をパケットに分割して送信するシステムがインターネットとして普及してきた。アメリカの国防総省が開発していたARPANET（Advanced Research Projects Agency Network）というパケット通信技術を基盤とするネットワークが民間にも開放された。これが「イ

資料3-1　金融機関の1970年代から80年代のネットワーク構成例

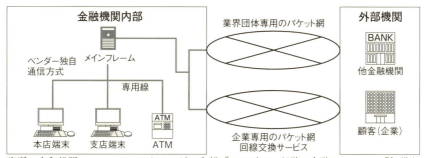

出所：大和総研フロンティアテクノロジー本部『エンジニアが学ぶ金融システムの「知識」と「技術」』（2019年、翔泳社）P.25を基に作成

ンターネット」である（1992年）。

　これはTCP/IPという通信規格を採用している。パケットというデータのまとまりをバケツリレー方式でコンピュータからコンピュータへと運ぶ規格である。送信するデータを細分化することによりネットワーク回線を長い時間占有しないことや、データの一部が欠落したり雑音により正しいデータとして送信されない場合でも、データの全ての再送を必要としないことから、宛先のアドレスや分割されたデータの復元情報の方式が確立されることで、ネットワーク回線が効果的に活用されることとなった。

　従来のネットワークは、専用線に代表されるようにネットワーク自体が信頼性を保証しようとするものであった。TCP/IPは通信規格の差異を超えて相互接続できるようにする一方、ネットワークに接続されたサーバが信頼性を保証するようにした。パケット化されたデータの内容や重要性等もサーバ側の処理に委ねられた。

　1990年代にはアナログ電話回線の通信への活用としてダイヤルアップによるインターネット接続が始まった。ただ、この場合、通信速度は最大でも下り56Kbps程度であり、インターネットプロバイダのアクセスポイントへの接続が3分10円だとしても、常時接続料金は月に14万円程になる。一方、2010年頃には、最大100Mbpsの光ファイバーのブロードバンドサービス（高速大容量通信）が月額5千円程度になっていた。通信速度一単位当たりの経済性という観点でみると、10年で実に約4万倍以上の効率化を達成したことになる。数万分の一のコストになった通信回線を効果的に利用しな

第3章　社会のIT化とネットワークを活用した情報処理

手はないといえるだろう。

　光技術は、中継回線、加入者回線ともに、高速・大容量化が急速に進み、中継回線では、光増幅器や波長多重技術（WDM）等の導入により40Gbps×40波長（最大1.6Tbps）が、加入者回線でも１Gbpsが実用化されていた。

　従来はWANで使われてきた技術であるGigabit Ethernetを応用し、電話局から家庭までEthernetのフレームをそのまま送受信するGE‐PONの導入により、双方向１Gbpsのサービス提供が可能となった。さらに、１本のファイバを最大32ユーザーで共有することにより、比較的低料金で光回線サービスが提供できるようになっていた。

　また、光ファイバは、接続が困難で、折り曲げられないといった取り扱い上の困難さが指摘されていたが、これらの点を克服する技術開発も実用段階に至っている。これにより、配線工事が飛躍的に容易になっていた。

　なお、現在でも、一般的な有線LANの通信速度は１Gbps程度であるといわれているが、第５世代（５G）の移動通信システムは、現行の４Gと比べてもはるかに性能が上がるといわれている。現行の通信速度の１Gbpsに対して、10倍から20倍になるとされるほか、通信における遅延は現行の10ミリ秒程度が、１ミリ秒から数ミリ秒になるといわれている。重い画像などのデータは、既存のインターネットのメールで送るよりも、５Gで送信した方がはるかに早く到着することになるともいわれており、このようなネットワークの進化は、スマートフォン等の携帯デバイスの更なる進化と共に、イノベーションの種となる技術革新であることは間違いないであろう。

⑵　暗号技術の活用

　インターネットに接続しているコンピュータはパケットをバケツリレー方式で受け渡す。その際、データを見たり、コピーしたり、改変することも技術的には可能となるので、例えば、本社と支社の間で行うインターネット上の通信には暗号技術が活用されることになる。通信途上における情報保護と、オンライン上での本人確認の必要性である。なお、暗号技術を活用するのは、ネットワーク側のTCP/IPではなく、インターネットを利用するコンピュータ側（サーバ）の機能である。

　2000年代に入ると、多くの利用者が共同利用する通信回線を使った上で、認証や暗号化等の技術を活用してデータの安全性を確保するサービスが登場

する。VPN（Virtual Private Network 仮想専用線）と呼ばれるものがそれである。VPNが登場する前は、外部との安全な通信には通信事業者が特定の利用者のためだけに貸し出す通信回線である専用線が必要であった。専用線は、安全に帯域が保証されるものの、距離や回線の通信速度によりコストが上昇するとともに、1対1接続のため接続相手先数の増加はそのままコスト増に跳ね返った。

　VPNには、インターネットを用いたインターネットVPNと、通信事業者が所有する閉域網の中に仮想の専用線を設定するIP‐VPNサービスや広域イーサネットサービスがあり、いずれも独自に専用線を用意する必要がないので、距離に応じてコストが増加することなく、多くの相手先との接続が容易である。

　よりコストが優位なのはインターネットVPNである。ただし、インターネット・インフラは、ベストエフォート型でありネットワークのトラフィックの増大による通信の遅延や一定時間内に通信を完了できないタイムアウトエラーになる可能性がある（厳密には、IP‐VPNや広域イーサネットも通信事業者内の共用回線を使っているので、厳格な帯域保証は困難である）。

　また、VPNでは通信相手の認証が必要となるが、インターネットで使用される通信ルールであるIP（Internet Protocol）は通信相手を認証する機能を有しない。そこで、VPNを支える技術の1つがトンネリングである。すなわち、例えば、元々のパケットにインターネットで使えるIPアドレス（グローバルIPアドレス）を追加して送信することでインターネットでルーティングができるようになる。受信側は追加されたIPアドレスを外して元々の送信先のIPアドレス（プライベートIPアドレス）と通信ができるようにする。このようにパケットにアドレス等を追加する事をカプセル化といい、カプセル化により2地点間接続を実現することを、仮想的に相手ネットワークと直結するトンネルを作るような技術なのでトンネリングという。トンネリングによる直結後は内部ネットワークと同等のため、プライベートIPアドレスとドメイン名を対応させているDNS（Domain Name System）を利用して通信ができる。

　インターネットを活用する際は、通信途中（バケツリレー）でのデータの盗聴や改ざんのリスクは高くなる。そこで、安定性と信頼性を高めるため、認証と併せて、盗聴等を防ぐため、暗号化も行われる。トンネリングでデー

第3章　社会のIT化とネットワークを活用した情報処理　　53

タを暗号化する際には、共通鍵暗号方式が使われるが、認証や共通鍵の受け渡しには公開鍵暗号方式が使われる。

　なお、インターネット接続サービスでは、利用者側のIPアドレスは動的に決まるものが多いようだが、固定IPアドレスが割り当てられるサービスもある。常に特定のIPアドレスが割り当てられれば、IPパケットフィルタの設定をはじめ厳重に相手先を特定する要件を加えることにより、特定の通信に係るセキュリティの水準を高めることもできる。

　一方、一般的なインターネットのアクセス回線とは別に通信事業者内の閉じられたIPネットワークを活用して、より安心できるVPN接続環境を提供しようとするものがIP－VPNである。通信の混雑時も一定の帯域が確保される等のサービスが可能で、通信事業者の閉じられたネットワークを活用するので、高いセキュリティ水準を期待できる。もっとも、これらの安全性や信頼性のためコストは増加するので、利用場面に応じて、インターネットVPNとの使い分けの検討が求められる。

　なお、専用線では、IP以外の通信も利用可能であるのが一般的だが、IP－VPNは、IPの通信にしか利用できない。その弱点を補う形で利用できるのが、広域イーサネットである。IP－VPNは、レイヤー３で通信を行うが、広

資料３－２　金融機関の2000年代以降のネットワーク構成例

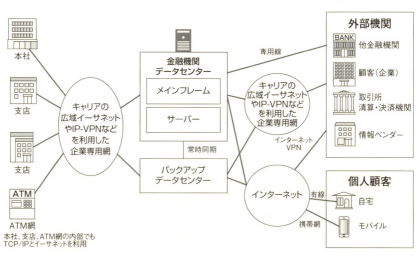

出所：大和総研フロンティアテクノロジー本部『エンジニアが学ぶ金融システムの「知識」と「技術」』（2019年、翔泳社）P.27を基に作成

域イーサネットは、一段下のレイヤー2のレベルで、VPN（Virtual Private Network）を構成することにより、様々な通信、いわゆる「マルチプロトコル」での通信を実現している。ただし、インターネット技術が浸透した現在、ほとんどがIPプロトコルさえ利用できれば十分と考えられる。実質的に、IP‐VPNと広域イーサネットのメリットはほぼ同じと思われる。（資料3‐2）

2 仮想化技術とハードウェアの進化（サーバ等の共同利用）

⑴ 仮想化の登場

　従来、アプリケーションや基盤ソフトは、ハードウェア依存の要素が大きく、来歴や管理者の異なる様々なアプリケーションを単一のサーバハードウェア（物理サーバ）上で動かすことは容易でなかった。その結果、1サーバ1システムとなり、非常に低い稼働率となった。例えば、住民税や固定資産税などの業務アプリケーションごとに専用のコンピュータマシンを設置する場合、それぞれの専用マシンは、それぞれの業務の繁忙期の最大負荷の理論値以上の容量を有するものの、マシン同士でCPU等の共用化がなされていなかった。その結果、マシン全体の設備稼働率は非常に低いものにならざるを得なかったのである。

　そこで、ハードウェア上で直接動作する仮想化ソフトウェアを設定し、アプリケーションや基盤ソフトからハードウェアへのアクセスを代行する方式が構築されている。様々なアプリケーション等が行う入出力や割り込み、メモリ管理等のコントロールを仮想化ソフトウェアがハードウェア相手に忠実に再現するのである。仮想化ソフトウェアがハードウェアへの入出力を翻訳して行うことにより、単一のサーバハードウェア上に複数のサーバ機能を実現し、様々なアプリケーションや基盤ソフトを単一のサーバハードウェア上で動作させることが可能となっている。

　例えば、あるストレージサービスはドライバソフトをインストールしてIDとパスワードを設定しておくだけで、ハードディスクの中の特定の領域にあるファイルを、インターネットを介してデータセンター内のサーバのある領域に自動的にバックアップしたり、その領域を経由して同じドライバソ

第3章　社会のIT化とネットワークを活用した情報処理　55

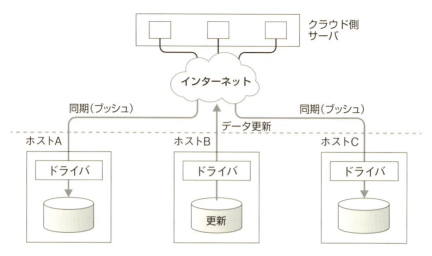

資料3－3　クラウドによるストレージサービスの例

フトをインストールした他のパソコンへ自動的に同期したりする。ドライバソフトとサーバ間では、FTPやHTTPなどのプロトコルによってデータのやり取りが行われているだろうが、利用者は気にする必要もなく、また、サーバを他の利用者と共同で利用しているという意識もないであろう。（資料3－3）

このように、個々の業務アプリケーションごとに別々にマシンを用意する必要がなくなる。その結果、サーバ等のコンピュータマシンの設備稼働率の大幅向上を可能にし、稼働台数の大幅削減が見込まれる。その結果、電気代をはじめ運用コストの圧縮も可能となる。

(2)　仮想化のメリット

さらに、この技術に大規模分散処理技術が付加されることにより、高価な大型コンピュータを導入しなくとも、多数の一般マシンが協調動作することによって、利用者側のニーズに応じて効率的に対応できるようになっている。また、データセンター内に十分な数のハードウェアが提供されており、自動的にソフトウェアの機能を移管する仕組みが整備されていれば、あるハードウェアが故障したとしても、直ちに担当サーバを変更し、システム全体としては機能の停止につながらないという構成も可能となってくる。

資料3−4 仮想化のメリット

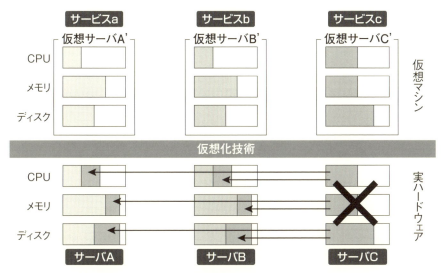

もしサーバCに問題が生じても、サーバA、サーバBの未使用部分でサービスcを継続できる。

出所：岡本敏雄　監修『改訂新版 よくわかる情報リテラシー』(2017年、技術評論社)図2−15を基に作成

　また、ストレージの技術と高速ネットワーク技術を駆使して、筐体内外の複数の物理ストレージを論理的に別の単位でアクセス可能とし、それらの集中的な管理運用を可能にする。さらに、ネットワークの仮想化もある。従来はネットワークの伝送経路を変更したい場合、ハードウェアの設定変更が必須であった。これをソフトウェア的に実装することによって、IPアドレス・MACアドレス・ポート番号等を設定し、伝送経路を可視化することによりネットワーク全体のコントロールを可能とする。その結果、トランザクションやトラフィック量に応じて伝送経路をすばやく変更できるため、サーバやストレージの仮想化との相乗効果により、データセンターに集中化されたコンピュータリソースを、ネットワークを通して効果的に利用できることが期待される。(資料3−4)

3 ソフトウェアの進化 （アプリケーションの共同利用）

インターネット上に構築されたワールド・ワイド・ウェブ（WWW）が急速に普及し、文書、音楽、写真、動画など様々なデータやコンテンツが自宅やオフィスで入手できるようになり、パソコンでの作業には、Webブラウザと呼ばれるソフトウェアがあれば良いことになった。ブラウザは必要なソフトウェアをネットワークの向こう側にあるサーバから呼び出して各パソコンの画面上で見たり操作したりすることができるというものである。さらに、ブラウザは、Unixでも、Windowsでも、MacintoshでもどのOSでも動くことで、インターネットが情報交換のツールとして基本的なものとなっていった。

インターネットを利用してWebページを閲覧する場合、まず、Webブラウザを起動させる。この場合、ブラウザのアイコンのクリック等の操作をするが、これは、利用者がOSに「Webブラウザを利用したい」と伝えていることになる（動作①）。（資料3-5）

その後、OSは補助記憶装置に記録されているWebブラウザのプログラムを主記憶装置に読み込む（動作②）。そして、CPUがその内容を解釈してOSに報告する（動作③）。OSはパソコンのディスプレイ上にWebブラウザのウィンドウを表示させる（動作④）。

次に、利用者は自分が見たいWebページをキーボードなどを使って指定する。今度はブラウザからOSに対して閲覧希望ページが伝えられ、OSからネットワークに接続するための機器を介して、インターネット（Webサーバ）に問い合わせが行われ、Webページの情報はネットワークに接続するための機器からOSに伝えられ、利用者には閲覧を希望したWebページの情報が示さることとなる。

なお、パソコンから同じWebページを2回目以降閲覧する場合、プロキシサーバを活用すれば、Webサーバ本体でなくプロキシサーバに蓄積された情報からWebページを得られるので通信速度が向上する。また、Webサーバは、各パソコンとではなくプロキシサーバと通信するのでセキュリティが向上する。

2000年頃になると、一人一台パソコンも普及し、様々な情報処理システム

58　第1部　情報システムモデルの流れと展望

資料3−5　Ｗｅｂブラウザを起動するまでの処理

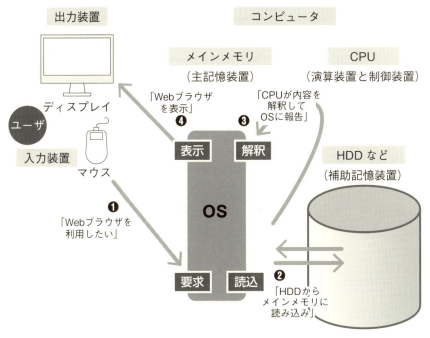

出所：岡本敏雄　監修『改訂新版 よくわかる情報リテラシー』(2017年、技術評論社) 図1−10を基に作成

が導入されてくる中で、自治体にもSI（System Integration）という概念が求められるようになってきた。SIとは、業務の内容を分析し、最も相応しいITの導入方法を検討しながら、情報システムの企画・構築・運用などを一括してコントロールしようとするものである。その結果、情報システムの在り方が、組織や定数、行政コストの内容を左右しうるものとなってきた。

2005年頃になると、自治体にもWebシステムが本格導入されるようになってきた。Webシステムとは、サーバ側で全てのアプリケーションを保有し、集中して業務処理を行うものであり、その限りでは、ホストコンピュータの業態に近い。制度改正等による修正は、サーバ内のシステム改修で完結し、大量の端末ソフトの改修を行う必要がなくなる。さらに、端末の環境を配慮することなく組織再編（事務所の場所の移動を含む）が可能となるなどの効率化が進んだ。

データセンター内のサーバにインストールされたアプリケーションソフト

資料３－６　マルチテナント対応アプリケーションの機能イメージ

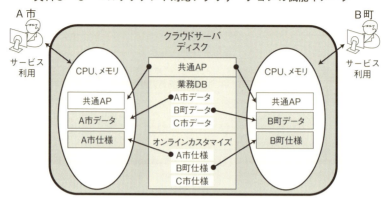

- 共　通　Ａ　Ｐ　：各自治体の業務に対応する基本的な共通アプリケーション
- 業　務　Ｄ　Ｂ　：個別の自治体ごとに業務に必要なデータを格納するストレージ
- オンラインカスタマイズ：個別の自治体ごとに特別の帳票や計算方式等を必要とする場合に、あらかじめ、それらの内容を登録しておくことにより、当該業務を実行する際に業務DB内の必要なデータとともに繰り出されて共通APにより処理するもの。ただし、オンラインカスタマイズの登録項目が増えるほど、法改正への対応などの運用コストが増加することになるので、オンラインカスタマイズの項目は必要最小限にすることが必要。

出所：岡村久道　編『クラウド・コンピューティングの法律』（2012年、民事法研究会）

資料３－７　オンラインカスタマイズの仕組み

（１）inputファイル内のデータ項目を利用したレイアウト（画面・帳票）の変更は自由。
※但し、inputファイル内のデータ項目の追加は出来ない。

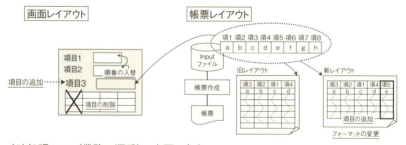

（２）処理フロー（業務の順番）の変更は自由。

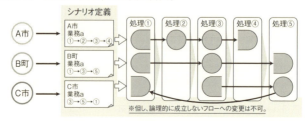

出所：岡村久道　編『クラウド・コンピューティングの法律』（2012年、民事法研究会）

60　第１部　情報システムモデルの流れと展望

を多数の自治体に利用させること（このことを一般的にASPサービスという）が可能になり、低コストでサービスを提供できるようになった。

　また、同じ頃、業務システムでもASPサービスを提供するベンダーが現われてきた。この場合、カスタマイズできなければ業務上に支障が生じるとの不安もある。ただ、税、国民健康保険、介護保険、国民年金等の業務は法定受託事務なので、必要なデータ項目等には大きな違いはない。カスタマイズの内容をみても「あれば便利だ」という程度のものとなっていないか検証する必要があるだろう。

　また、予め設定されたデータ項目の追加はできないが、それらのデータを活用したレイアウト（画面・帳票）の変更や処理フロー（業務の順序）の変更は、自由に行えるというオンラインカスタマイズ機能が実装されたアプリケーションが実用化されており、以下の①②などのような解決方法が期待される。（資料3－6、3－7）

① 　入出力のデータ量の差異（地方自治体の人口規模の差異）

　扱うデータ量の多い自治体については、別途バッチ処理サーバを準備して、入出力情報を整理する必要があるだろう。入力に関しては、データの一括チェック機能やデータ確認用のリスト出力などの機能が求められる。出力に関しては、出力項目や抽出条件、印刷周期などは、オンラインでの設定が求められ、印刷を外部委託する場合のファイル作成機能や大量データの一括計算機能なども必要となろう。

② 　組織や業務分担の差異

　組織機構の違いは、業務処理フローの変更の問題等としてかなりの程度、対応できるようになるであろう。例えば、複数の業務をワンストップで一つの窓口で対応したい場合は、複数の業務に係るデータを参照できるような共通のデータベースが存在すれば、可能となる。また、個々の職員の業務分担の差異は、業務を基本単位まで細分化すると、後は、それらの基本業務単位の組み合わせの違いになるので、業務処理フローをオンラインカスタマイズ機能で個々に設定すれば対応可能である。

　また、アプリケーションソフトのバージョンアップやセキュリティ対策等はデータセンター側のサーバで集中的に行われる。これらもコスト圧縮要因

第3章　社会のIT化とネットワークを活用した情報処理　　61

である。さらに、いわゆる統合パッケージを活用すれば、更なる効果も期待
できる。

4 クラウド・コンピューティングの登場

　Webシステムをサーバ側からみると、インターネットの向こう側のパソ
コンを持った利用者の数は変動し、膨大になる可能性もある。このため、既
製品の価格の安いサーバを活用しながら大量の業務処理を可能とする仮想化
技術や分散処理技術などが発達した。仮想化技術により、手持ちのハードウ
ェア類のCPUやメモリ等のコンピュータのリソースを、柔軟にできるだけ
高い稼働率で効率的に使うことが可能になる（機能としては、ホストコンピ
ュータのタイムシェアリングと同じ考えである）。また、分散処理技術によ
り、各サーバの稼働状況に応じて、平準化のために処理の振り分けを行い、
安定稼働とハードウェアの有効活用が目指されている。併せて、アプリケー
ションも、マルチテナント対応として、一つのシステムで複数の利用者（例
えば、複数の自治体）の業務処理を行えるものも登場している。このことを
利用者側からみると、インターネットの向こう側で、大量のサーバと大容量
回線を備えたデータセンターに存在するアプリケーションやOS等の基盤ソ
フト、それに、サーバハードウェア類を全て汎用サービス化し、全利用者で
の割り勘効果を期待できることを意味する。さらに、システムの運用もデー
タセンターの中で共同で行われる。これらの諸技術がクラウドコンピューテ
ィング技術と呼ばれるものである。クラウドの普及の背景には、ブロードバ
ンドによるインターネットの接続環境が整備されて低コスト化したことがあ
る。

　利用する側は、いちいちソフトをインストールしたり、更新したりする手
間がない上に、低料金で利用できるようになる（固定費の変動費化とトータ
ルコストの大幅な削減）。また、ネットワークに接続さえできれば、職場で
も、出先でも、自宅でも、同一のソフトとデータを使うことができるし、携
帯デバイスなどで活用することもできる。さらに、自然災害によってデータ
が失われるなどのリスクを回避する可能性も高いと考えられる。

　一方、データセンターに預けたデータには、業務上の重要事項や個人情報

62　第1部　情報システムモデルの流れと展望

もある。仮想化されたデータサーバには、他の自治体や企業等のデータも共存する可能性もある。これらの情報の漏えいや安全性の確保には最新のセキュリティ技術と管理が求められる。また、データセンターの建物や電源等に対する災害や通信妨害のリスクもある。さらに、法人としてのデータセンターの経営状況により、サービスの大幅な変更や停止等が発生するかどうかという事業継続性のリスク等も考慮しなければならない。

5 クラウド・コンピューティングサービスの形態

クラウドサービスの提供プラットフォームの形態としては、一つの組織のために単独で運用されるⒶプライベートクラウド、複数の組織により共有され、ミッション・セキュリティ要件・ポリシー・コンプライアンス等の関心事を共有する特定のコミュニティをサポートするⒷコミュニティクラウド、不特定多数又は大規模な業界団体等に提供されるⒸパブリッククラウド、といったものがある。

また、サービス提供の形態としては、一般に次の三つがある。

ⅰ　SaaS（Software as a Service）

クラウド事業者のアプリケーションの使用権が提供される形態。利用者はWebブラウザ等を通して、パソコンやスマートフォンなど、様々なデバイスからアクセスできる。利用者自身は、ネットワーク、サーバ、OS、ストレージ及び各アプリケーションの管理や制御を行う必要がない。利用者が自前のシステムを自ら構築する場合と比べると、構築や保守管理のために多大の手間と費用をかける必要もない。その点で利用者の利便性は高い。しかし事前に用意された定型的なアプリケーションを使用するものなので、主としてパラメータ設定によるカスタマイズの余地を除けば、利用者の自由度は低い。

ⅱ　PaaS（Platform as a Service）

クラウド事業者が認めるプログラミング言語やツールを活用して、利用者が独自に作成した、あるいは取得したアプリケーションを利用することができる。このため、例えば、地域特有のものなど特定のニーズに対応するアプリケーションを独自に低コストで構築することも可能にな

ってくる。利用者は、ネットワーク、サーバ、OS、ストレージ等の管理や制御は行う必要はないが、アプリケーションの制御は自ら行うことになる。

　法定業務のように、比較的に全国的な標準化に馴染むものには、SaaSの導入が可能となるが、当該自治体の独自のニーズへの対応や、新たなサービスを開始しようとする場合には、どうすればよいか。当該自治体だけでシステム構築しようとしても、財源やノウハウの確保が非常に困難であるという問題がある。

　そこで期待されるのが、PaaS（Platform as a Service）である。これは、アプリケーションの開発環境やアプリケーションソフトが稼動するためのハードウェアやOSなどの基盤をクラウドサービスとして提供するものである。従来、自治体が業務用のシステムを構築する際には、アプリケーションソフトだけでなく、運用のためのハードウェアやOS、ミドルウェアなどを独自に入手し、これらを組み合わせてシステムを構築・維持する必要があった。PaaSは、アプリケーション以外の開発基盤一式をデータセンターに用意していることから、比較的容易に低コストで、当該自治体固有のアプリケーションソフトを開発できる。また、稼働後のトラフィックやディスク容量の増大への対応、OSのセキュリティパッチ当て、アプリケーションのアップデート等のシステム管理に加え、ハードウェアのメンテナンスや障害対応なども全て事業者に任せることができるので、運用も容易であることなどが期待されている。

　このPaaSを上手に活用すれば、各自治体（企業も同様）は流動的な新規ニーズに対しても、試験的にアプリケーションソフトを作成して対応したり、あるいは、複数の自治体間で共有のアプリケーションを構築し、既存のシステムと連携したり、といったことが自由にできるようになる。各自治体の裁量権が実質的に拡大する効果も期待できる。

　また、住民ニーズにきめ細かに対応するアプリケーションの開発や機能向上などは、各地域に根ざしたソフトウェア事業者やSEの得意とするところであろう。このようにして構築されたシステムが全国的に普及することによって新ビジネスが発生していくことも期待される。

iii　IaaS（Infrastructure as a Service）

　利用者がOSとアプリケーションを含む任意のソフトウェアを適用し

稼働させることができるように、プロセッサ、ストレージ、ネットワーク等の基本的なコンピュータリソースを提供する仮想マシンとしての形態である。

利用者が自己の用途に合ったソフトウェアプログラムを調達して、それをクラウドサーバにインストールして使うものなので、最も自由度が高い。

なお、クラウド・コンピューティングでは、一般的に「仮想化」技術が用いられ、物理的には１台のハードウェアを仮想化用のソフトウェアによって、あたかも複数台のハードウェアであるかのように機能させている。仮想化マシン上にはホストOSと仮想化ソフトがインストールされているが、IaaSでは、各利用者がさらに別のゲストOSをインストールして使用する。

第4章 ネットワーク上の資源を互いに活用して社会の進化発展に寄与

1 リソース系データ等の相互利用

　利用者の情報システムに対するニーズが、適切な業務遂行のための画面や帳票であり、その画面や帳票の部品がデータ項目であるので、ニーズ中心で情報システムを考える場合、どうしてもプロセス中心からデータ中心になってくる。このデータも、リソース系データのように、正当な担当者が確認した正しいデータとしてより多くの利用者によって共同利用されることが望まれるものだと、多数の利用者によるデータ連携が可能なように、データインフラをどう構築するのかが重要になってくる。一方、初期のメインフレームではファイル単位でデータを管理していたが、RDB（Relational Database）の活用が広がり、どのOSやアプリケーションの上でも動作する汎用性の高いものとなってきている。各利用者の情報システムに係る部分最適を追求するだけでなく、関連する利用者、今後、想定される利用者等を踏まえた全体最適への配慮が可能となってきているのである。

　従来、各利用者の情報システムは、当該利用者向けのローカルリソースデータベース及び各種イベントデータを保存するデータベースと、それらに係るプログラムというものが一般的であろう。この場合、それぞれの利用者に係る組織ごとにデータとトランザクションを保有することになる。いわゆる「サイロ化」という現象である。異なる組織間では互いに協定したCSV形式などでデータが送付されて取り込むことはできる。わかりやすい構成だが、関係組織の数が増えて行くと協定形式の数もどんどん増えていかざるを得ない。

　そこで、総合データベースやデータベース間の連携とともに、いわゆるデータHUBを経由してデータ連携を行うことも検討に値するのではないか。この場合、近年ネットワークやハードウェア等が低コストで非常に高い能力を有するようになっていることを考慮すれば、関係各組織共有のデータベースを構築し、この共有データベースがHUB型の通信場とすることが考えられる。データベースの構造を示すメタデータと共用のリソース系データについては、関係組織間で協定しておく。その上で、データ更新の権限を有する

66　第1部　情報システムモデルの流れと展望

資料4-1　リソース系データ等の相互利用の1つのイメージ（参考）

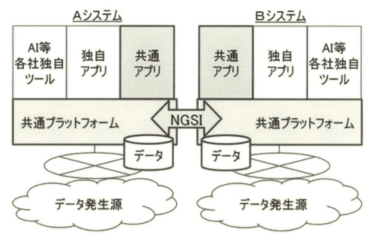

出所：一般社団法人官民データ活用共通プラットフォーム協議会
　　　→経緯と概要　http://dpc-japan.org/about/

　各組織が発生したデータを標準データとして共有データベースに書き込み、必要な情報はプル型で各組織（システム）が必要に応じて（書き込むタイミングと読むタイミングが非同期で可能）、参照するというモデルである（全共有データベースモデル）。また、各組織が標準データで業務を行う場合には自前のデータベースを持つ必要もない。

　ただ、組織が大きかったり、既に存在する複数の組織が新たにデータ連携を図ったりする場合等においては、全共有データベースモデルだと、新たに一から構築しなければならないことになる。そこで、組織間で通信するデータに限ったHUBを用意して、組織間通信データだけを共用するモデル等も検討に値する（通信データ共有モデル）。

　その他、リアルタイム処理が求められるイベント系データなどに、あるシステムから別のシステムにデータを転送する機能を提供するHUBもある。

　いずれにせよ、インターネットをはじめとする情報通信の進化・低コスト化と、データベース等のハードウェアの能力の飛躍的向上という環境を活かし、正当なプロセスを経た組織によってデジタル化された正当なデータはできる限り活用されることが望ましい。このためには、ITの実装の在り方を検討する前に、当該組織がデジタル化するに相応しいデータは何か、他の組

織がデジタル化したものを取り込む方が適切であるデータは何か、をまず検討することが重要ではないかと思われる。すなわち、データ中心の情報システムモデルを構築する場合には、誰がデータをデジタル化してデータベースに書き込むのが適切であるか、という検討が極めて重要である。そして、そのデジタルデータをどのようにして関係者が活用できるのかを考える場合に、情報セキュリティの確保が前提であることは言うまでもない。

　日本全体で考えれば、同じ顧客のアドレスや電話番号などは、多くの会社で冗長に入力されている。大企業はその負担をさほど感じないかもしれないが、中小企業には結構な負担になり、システム化の障害にもなっているともいわれている。これらが、クラウド・コンピューティングやデータHUBなどの技術を活用し、安全に低コストで利用できれば、国全体としては大きな効果があるはずであろう。ハードウェア、特にネットワークやデータベースについては、関心も高く、進歩も早いが、コンテンツの整備や保守については、遅れがちである。速く、低コストで、高品質の情報提供を図るためには、コンテンツの整備、保守の向上に取り組む必要があろう。

2　アプリケーションの相互利用

　特に、ソフトウェアはコピー可能なので、従来より、再利用できるものは再利用されてきた。例えば、新たにソフトウェアを開発する場合には、どの部分の新規開発が必要であり、どれだけを既存のソフトウェア部品の手直しや再利用で対応できるかが検討される。

　しかし、ソフトウェアは、コピー＆ペーストされた瞬間から、似て非なるものが生み出され、メンテナンスが大変になりがちである。そこで、一つのソフトウェアをできるだけ多くの業務で利用できるかを考えた方がよい。例えば、新たにWebサービスを構築する場合には、新たにソフトウェアを開発するのではなく、現在利用可能なサービス、あるいは、サービスの一部が存在すれば、その機能を呼び出して使うという方法を検討できないか。業務処理で必要とされる各種の機能をサービスとして定義し、これらをネットワーク上で連携させることで、全体としてまとまったアプリケーションシステムを構成するのである。このように、業務システムの構成要素をサービスとし

て部品化し、各サービスに標準化されたインターフェースを設定し、外部から呼び出せるようにした上で、これらのサービスを組み合わせて業務上必要なアプリケーションを構築する考え方をSOA（Service-Oriented Architecture）という。既に稼働しているオンラインサービス（Webサービス）を別のシステムが呼び出す技術には、SOAP（Simple Object Access Protocol）などがある。

　このようにWebサービスの一部は、業務の一定の単位として意味のある大きさにアプリケーションを一体化したもので、外部から呼び出せるようになっている。サービス利用者は、このインターフェイスを適切に設定すれば、もともとのサービスシステムの内容を意識することなくサービスを利用し、自らのプログラムに必要なデータや機能を取り込むことができる。

　例えば、税の滞納管理システムは、期限内納付の延滞を認知し、督促状を作成・交付し、催告を行う等の機能の束である。すると延滞認知、督促状や催告といった機能は、税だけでなく、給食費や上下水道費等の徴収にも利用可能だと推察できる。

　延滞認知・督促・催告等の機能を有する滞納管理システムを、税務電算の一部として閉じたものとするのではなく、延滞認知機能、督促機能、催告機能が連携したシステムとして構築し、水道管理システムからの要求があれば、催告機能を水道管理業務にも利用するのである。SOAとは、要は、督促や催告といった個々の機能をサービスと捉え、まず、一つのシステムとして構築する（部品化）、そして、それらの機能を連携させれば（疎結合）、税の滞納管理システムにもなるが、一機能を独立して水道費の管理など別の業務にも使えるようにしようとする手法である。（資料4－2）

　しかし、個々のサービス機能を様々な分野に活用するためには、例えば、水道費の滞納者のデータを催告システムに渡す必要があり、安全なデータ連携が必要である。そもそもサービスを実現するには必ずデータベースが存在するので、マスタやトランザクションといった共通データの一元管理が必要となる。このためには、データの送信・処理・保存等について、予め連携方式が定められている必要があるとともに、業務の枠を越えて、データ構造が標準化されていることが求められるのである。

　SOAは、大量のデータをやり取りするには処理時間を要するため、将来的に業務のやり方を変更する可能性がない場合などには、処理時間が長いま

資料4－2　ＳＯＡ（Service-Oriented Architecture）のイメージ例

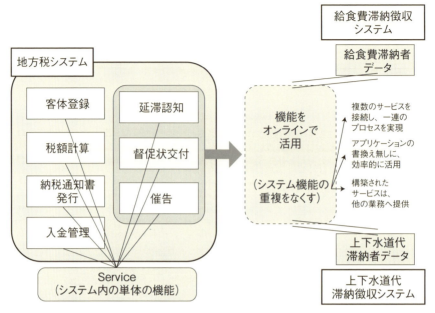

出所：岡村久道　編『クラウド・コンピューティングの法律』（2012年、民事法研究会）図18を基に作成

まになり導入することが不適切な場合もある。しかし、類似のシステム（部品）を複数の業務で新たに開発するという事態を避けることができるし、低コストで住民ニーズへの迅速な対応が期待できるので、十分に研究する必要がある。

次世代電子行政サービス基盤等検討プロジェクトチームがまとめた「次世代電子行政サービス（eワンストップ）の実現に向けたグランドデザイン」（平成20年6月4日）では、「国・地方の枠を超えた電子行政窓口サービスの展開を念頭に置き、フロントオフィスとバックオフィス、及びバックオフィス相互間の連携や民間手続との連携等を図ることにより、様々な行政手続を基本的にワンストップで簡便に行える」ことが、「次世代の電子行政サービス基盤」であると述べられている。

この次世代電子行政サービス基盤は、これまで地域情報プラットフォーム推進事業（総務省）等による連携の取組をさらに進め、高度なワンストップサービス実現の前提となる複数の自治体クラウド間のデータ連携を可能にす

るものである。さらに、様々な自治体クラウドが互いの自律性を維持しながら、例えばSOAに基づいて構築され、ESB（Enterprise Service Bus ＝公共サービス情報連携基盤）を活用してデータ変換連携等が可能となることにより、政府、公共サービス部門、自治体の連携によるさらに高度なサービスの展開が期待される。（資料4－3）

　さらに利用者視点でのサービス提供の観点から、データ連携ができれば、複数機関において同様な業務が存在する場合での標準化・共同利用化等による行政の大きな効率化が可能となってこよう。

　クラウドサービスを活用したデータ連携が実現すれば、各自治体や企業においても、プル型情報提供機能（ホームページによる情報提供等）、カスタマイズ機能（情報やレイアウト等を自由に設定する機能）、インテリジェント検索機能（複雑な行政手続きや書類名などの情報でも容易に検索できる機能）、プッシュ型情報提供機能（希望する利用者に情報を発信する機能）、エージェント型情報提供機能（利用者に関係する情報を収集）の実装等への道筋も明確になってくるのではないか。

資料4－3　システムの重複のないアプリケーションモデルの構築と
集中的なセキュリティ対策の実証（案）

出所：総務省「自治体クラウド推進に向けた主な取組（案）」（2011年）

第4章　ネットワーク上の資源を互いに活用して社会の進化発展に寄与　　71

3 プラットフォームによる情報セキュリティの確保

　適切な組織・担当者がデータをデジタル化するデータ中心の情報システムモデルが構築される場合、全共有データベースモデルであっても、通信データ共有モデルであっても、共有のデータベースが構築されるので、そのデータベース周りの徹底した情報セキュリティが求められるのは当然である。

　情報セキュリティのうち、データにアクセスする権限のある者がデータを改ざんしたり、盗んだりすること、あるいは、サーバ等の能力不足やプログラムのバグ等によって、データが破壊されたり、情報へのアクセスが中断されたりするような事案があってはならないことは当然である。ただ、権限者による改ざん等は紙ベースの情報でも起こりうることであり、一方、サーバやプログラムの品質の問題は、第一義的には受託ベンダーの問題であるとも言える。

　ところが、インターネット等の通信セキュリティの問題は、専用機の時代では基本的に起こり得ない問題であった。一方、リソースデータやアプリケーションなどの相互利用を実現し、社会全体の進化発展を図っていくためにデータ連携が求められてくると、専用機や専用線では対応できない。

　大切なデータベースが所在するネットワークであっても、閉鎖されていればよいと言う訳にはいかない。データの入力はどうするのか。担当者の手作業だけで行うのか。担当者はおそらく申請書等の紙のデータを移すのであろうが、紙のデータのセキュリティもあるし、入力ミスもある。データの出力は印刷だけを想定すればよいのか。印刷作業を外部に委託している場合には、特別に専用線を設定するのか、あるいは外部媒体を用いるのか。いずれにせよコストや手間がかかる。印刷委託先事業者のプリンターが他のネットワークと接続されていないとしても、確実にそのプリンターのサーバとの通信を限定できるのか、等々。

　求められるのは、専用機や専用線が有している安心感、すなわち、確実に許されたサーバや端末間でのみ通信が行われ、ネットワークに所属するどのサーバや端末も乗っ取られてネットワーク内の他のサーバや端末の情報漏えい等をもたらすことがないという保証をより広域的なネットワークを利用しながらも実現することである。

72　第1部　情報システムモデルの流れと展望

言うまでもなく、今や、情報システムを業務上活用する場合には、セキュリティリスクへの対応を前提にモデルを構築することが必要なのである。この場合、暗号技術をはじめ、様々な最新技術をフォローしつつ、クラウドによりデータセンターでの集中的対応を活用するなど、プラットフォームレベルで、専門家の能力を活用し、できるだけ構造的にシステムで解決しておくという視点も重要であると思われる。

4　端末の仮想化と業務の多様化

　メインフレーム時代の端末は、文字表示とキーボード入力のみのダム端末を接続させ、メインフレームのCPUを共用していた。パソコンが登場すると、端末利用者はパソコンのCPUでデータ処理できるので、サーバでは共通処理のみを行う方式が普及した（クライアント・サーバ方式）。集中から分散化したデータ処理は通信回線の高速化・低コスト化やサーバの低コスト化、Webブラウザの高機能化などを背景に、クラウド・コンピューティングが登場し、再びデータ処理の集中化が進んでいる。

　クラウド・コンピューティングにおいては、各職員の机上の端末（パソコン）上でオンラインで提供されるアプリケーションを作動させるには、オンラインで情報を閲覧するためのブラウザがあり、画面などのユーザーインターフェイスをコントロールするだけの機能があれば良い。

　このような比較的シンプルな端末への代替は当然大幅にコストを下げる。さらに、端末側にはデータが保存されないのであれば、故障時には修理せず交換すれば良いし、端末を紛失したとしてもセキュリティ上の不安は少ない。クラウドサーバ側での高いセキュリティ保持も期待しうる。これは、端末管理の共同化ともいえる。

　端末は、ネットワーク越しにクラウドサーバ側で実行されているアプリケーションの表示だけを行い、端末での指示やデータの入力も、ネットワーク越しにクラウドサーバ上のアプリケーションやOSに伝達されるだけということになる。

　超高速ブロードバンドの普及は、それを伝送路にして、携帯電話などの無線の高速化を進めることにもなっている。パソコンは、導入当初と比べて、

第4章　ネットワーク上の資源を互いに活用して社会の進化発展に寄与　　73

小型で持ち運びやすくはなったが、多くの機能が集約されているため、起動させるのに時間がかかる。一方、携帯デバイス（端末）は、CPUが非力なため、あまり高度な業務処理はできなかった。ところが、クラウド・コンピューティングの考え方によれば、携帯デバイス側では、ブラウザ機能さえあれば、Webを通して、様々な機能がデータセンターから提供されるのである。携帯デバイスは起動が早い。

　例えば、住民が求める情報を現場で不足なく入手でき、現場での処理内容をリアルタイムで、関係者に情報共有できれば、現場に権限を付与し、ニーズに応じて即決することも可能となってくる。従来、職員が縦割りであったのも、個々の職員の保有する情報が縦割りであり、権限関係が縦割りであったことにも起因する。新しい携帯デバイスを活用すれば、これらの制約が克服される新しい手段を得ることが可能となってくる。

　また、携帯デバイスの多くにはGPS機能が付いている。人工衛星からの電波を受信して自分のいる場所を測定できる。周辺の地図を確認できるとともに、携帯デバイスを紛失した場合にも、その所在を確認することができる。また、目的地を設定すれば道案内をしてくれるナビゲーションも普及している。通信速度が速くなってきているので、高速で移動している場合にも、快適に利用できる。このような機能によって、様々な業務の在り方が可能になってくる。

　さらに、一つの無線基地局が同時に接続できる端末の数には限りがあるが、４Ｇから５Ｇ（第５世代移動通信システム）になれば、同時接続の能力が100倍程度になると見込まれており、通信速度の向上等と併せ、各種センサーなどのIoT（Internet of Things）の活用可能性を増大させるものと思われる。

　なお、新たな情報技術の登場から数年のタイムラグを経て、主流のプラットフォームや技術が入れ替わり、10数年周期で、世の中に変革をもたらしているという指摘がある。現在でも、モバイル、クラウド、ビッグデータ、IoT、AIなどイノベーションの種は目白押しで、スマートデバイスやモバイルが主流のプラットフォームであるといわれている。（資料４－４、４－５）

74　第１部　情報システムモデルの流れと展望

資料４－４　ＩＴ技術の変遷とビジネスへの影響

	年代	ビジネスへの影響	プラットフォーム（主流）	新技術（市販）
A	1980年代	情報処理の自動化によるコストダウン（人員減）	メインフレーム, ミニコン, オフコン, RDB, OLTP, PC, LAN	
B	1990年代	情報の再利用による企業活動のスピードアップ	UNIXサーバ, PC/Windows	IPネットワーク, C/S, DWH
C	2000年代	情報の質を高め経営におけるガバナンスを支援	PC/Windows,（ERPアプリ）	インターネット, Web, BI
D	2010年代	事業の競争力を支援しビジネスのROIに貢献	スマートデバイス, モバイル	クラウド, IoT, BIGデータ

1980　1990　2000　2010

A
B
C
D

出所：中山嘉之『ITアーキテクチャのセオリー』（2018年、リックテレコム）

資料４－５　５Gネットワークのイメージ

クラウド　　インターネット　　衛星　GPS

リモートセンシング　リアルタイム　動的・静的　オープンデータ

５Ｇ　ネットワーク

第４章　ネットワーク上の資源を互いに活用して社会の進化発展に寄与　　75

第2部

地域の諸問題を解決する新たなデータ中心モデル

第5章 ブロックチェーンとデータ中心モデル

1 分散型台帳技術を活用した究極のデータ中心モデル

　ビットコインなどの暗号資産（仮想通貨）のプラットフォームとして有名になったブロックチェーンは、分散型台帳技術の一つである。

　分散型台帳とは、インターネットに接続された複数の参加者のデータベースがあり、同一の台帳システムを有し、参加者同士が取引記録を共有し、参加者の相互監視により信頼性を確保する仕組みである。

　例えば、ビットコインのネットワークでは、中央管理者を置かず、参加者各個人のパソコンがサーバのような役割を果たす。取引の参加者は、第三者と取引を行う場合、その取引内容をネットワーク上の参加者全員に送信し、全員が同じ内容のデータを台帳システムに記録する（同期）。これら複数の台帳のデータを突き合せて照合すれば取引の信頼性が担保される。

　このように、特定の者が単独で管理するわけでなく、複数の参加者が互いに台帳を監視し合うことで不正が困難な仕組みとなる。また、どこか一つのコンピュータが故障したとしても、システム全体がストップすることなく、データを紛失してしまうこともない。

　ブロックチェーンの「ブロック」は一定期間の取引記録を一つの束にまとめ、時系列で全てをつなぎ合わせているため、「チェーン」と呼ばれる。

　様々なメリットと可能性を秘めたブロックチェーンだが、要は、ネットワーク上にデータベース群が存在し、同じデータを保有し合う仕組みであり、究極のデータ中心モデルだといえよう。（資料5−1）

　なお、ブロックチェーンと適合性が高いと期待されるユースケースについては、①地域通貨（自治体等が発行）、②土地の登記、③サプライチェーン、④シェアリングエコノミー、⑤スマート・コントラクトが挙げられている（「ブロックチェーン技術を利用したサービスに関する国内外動向調査」平成28年4月経済産業省。以下「動向調査」という）。

資料5－1　既存のシステムとブロックチェーンの違い

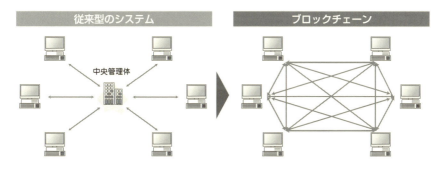

2　ブロックチェーンを支える技術

(1) ハッシュ関数

　ハッシュ関数というのは、どのような文字列を「X」に代入しても、常に同じ長さの答え「Y」が得られるような性質を持った関数である。ビットコインではSHA-256というハッシュ関数を使ってブロックが作成される。この関数は「X」にどのような文字列を代入しても、答えとなる「Y」の長さが常に英数字で64桁になるという性質がある。

　したがって、一定期間に発生した取引記録のデータ量が膨大になっても、丸ごとハッシュ関数に代入すると、64桁の英数字列になって出力される。

　しかも、代入する「X」が一文字でも違っていると、得られる「Y」が似ても似つかない英数字列に変化するという性質をハッシュ関数は有している。したがって、ネットワーク上のあるデータベースにおけるブロック化される前の取引記録（「ブロック本体」）を改ざんした者がいたとすると、そのブロックヘッダに記録されるブロック本体のハッシュ値が全く異なる英数字列となるため、他のデータベースのものと突合すればすぐにばれる。

　また、ハッシュ関数には、一方向性（不可逆性）という貴重な性質がある。これは、ハッシュ関数の「X」に文字列を代入して「Y」の64桁の英数字列を導くことは簡単だが、「Y」の64桁の英数字列から、元になった「X」がどのような文字列であったかを推測する方法はないというものである。したがって、取引記録をハッシュ関数に代入した結果の「Y」の文字列が第三

者に知られても、元の取引記録が知られたことにはならないわけである。
（資料5－2）

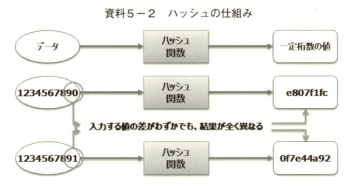

出所：経済産業省「ブロックチェーン技術を利用したサービスに関する国内外動向調査」（2016年）図表3－2

(2) 電子署名

　例えば、甲さんが乙さんに自治体ポイント1000ポイント分を送付する場合には、その取引記録をブロックチェーンネットワーク上のあるデータベース丙にオンラインで登録する。そうして登録すると、その取引記録はネットワーク上の全てのデータベースに登録されることになる。

　その場合、まず、本当の甲さんから、1000ポイントの取引記録をオンラインで登録してもらうわけだが、登録したのが本当の甲さんかどうかをオンライン上で本人確認する仕組みが電子署名である。

　当該取引記録が甲さん本人により作成されたこと、署名時点からデータの改ざんがされていないことという、本人証明と非改ざん証明の両方の仕組みとして活用される。

　ビットコインでは公開鍵暗号方式という電子署名の仕組みが使われている。これは、マイナンバーカードのチップに内蔵された電子証明書に係る公的個人認証と同じ仕組みである。

　公開鍵暗号方式では、本人だけが保有して他者に知られないようしている「秘密鍵」と、公開鍵暗号アルゴリズムにおいて秘密鍵とペアを成す「公開鍵」がある。公開鍵は解読用として他者に知らせておくものである。

　取引記録の送信者甲は自分の秘密鍵で送信データを暗号化（電子署名）

80　第2部　地域の諸問題を解決する新たなデータ中心モデル

出所：経済産業省「ブロックチェーン技術を利用したサービスに関する国内外動向調査」(2016年)図表3－4

し、それをデータベース丙に送ると、丙が甲の公開鍵で復号し、それが送信データと一致すれば確実に甲が送信したことがわかるというものである。なお、正確に言うと、公開鍵は誰でも入手可能なことから、公開鍵で復号して送信データの原文が知られてしまうと困る。そこで、一般には、送信データをハッシュ関数に代入した結果の英数字列を秘密鍵で暗号化したものを送る。受信者丙の方は、別に送信データの原文を安全に入手しておき、その原文をハッシュ関数に代入した結果の英数字列を保有する。この英数字列と甲の電子署名がなされた暗号文を甲の公開鍵で復号した結果求められる英数字列（ハッシュ関数適用後のもの）とを比較し、同じであれば、確かに甲からのデータであるとわかるという仕組みになっている。(資料5－3)

なお、確かに甲の公開鍵であるということを証明する必要がある。このため、実際に暗号通信を行う場合には必要となる相手の公開鍵は直接相手方からでなく第三者が発行する公開鍵証明書を経由して入手する仕組みがある。このような第三者は認証局と呼ばれる。

また、公開鍵暗号は暗号通信にも活用できる。甲丙間で暗号通信を行う場合、丙は自らに送信すべきデータ（平文）暗号化するための鍵を公開しておく（公開鍵）。甲はこれを用いて送信データを暗号化し丙に送信する。丙は、これを公開鍵に対応する秘密鍵を用いて復号して送信データの原文（平文）を入手するのである。公開鍵は甲以外の者も知ることができるが、平文を公開鍵で暗号化したものをその公開鍵では復号できないので、丙以外の者に平文の内容が知られることはないのである。(資料5－4)

第5章　ブロックチェーンとデータ中心モデル　81

資料5－4　公開鍵暗号の仕組み

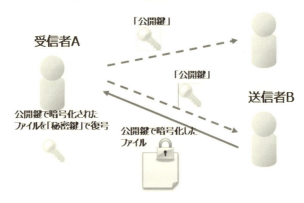

出所：経済産業省「ブロックチェーン技術を利用したサービスに関する国内外動向調査」（2016年）図表3－3

(3) P2Pネットワーク

　ネットワーク上で分散型管理台帳を運用するために、参加者の全ての取引等のデータを互いに管理できるP2P（Peer to peer）ネットワークの技術も着目されている。

　クライアントサーバ方式では、中心に位置してデータの蓄積や配信をするサーバと、データの参照や提供を要求するクライアントに役割が分かれる。サーバへの負荷集中等のリスクがあるが、絶対にシステムダウンは許されない。

　一方、P2Pでは各コンピュータ（「ノード」と呼ぶ）がサーバとクライアント双方の役割を果たし、直接やり取りをする。負荷を分散するので、利用増加に伴う負荷の集中等はない。加えて、ノードのどれかが故障しても他のノードが稼働していればシステム全体がダウンすることはない構造になっている。

　ビットコインの場合、甲が乙に1BTC（BTC＝ビットコインの通貨単位、c.f. JPY＝日本円の通貨単位）の量のビットコインを送ったとする。甲のパソコンやスマートフォンに入っているウォレット（仮想通貨の財布の役割を果たすアプリ、お財布ソフト）から、一つまたは複数のノードにその送金データが伝えられる。「甲から乙へ1BTCを送金」というデータを受け取ったノードは、自分とつながっている最大で8個のノードにこのデータを送る。

同時に複数のノードに伝達する方法なので「ブロードキャスト」と呼ぶ。次に、このデータを受け取った8個のノードがそれぞれ最大8個のノードにブロードキャストする。このような方法で、世界中に散らばっているノードが同じデータを記録して保有することになる。

(4) 合意形成の手法（コンセンサス・アルゴリズム）

　後述するブロックチェーンの運用形態（ **4** 参照）で、パブリック型とプライベート型の区別の大きな要素は合意形成の手法が大きく異なってくる点にある。合意形成とは、分散したデータベース上に多数存在する台帳情報を、ネットワーク上の全員で共有するためのプロセスである。具体的には、一定期間の取引等のデータをまとめて承認し、ブロックを生成することになる。

　このような合意形成の方法はコンセンサス・アルゴリズムと呼ばれる。

　ビットコインのようなパブリック型では、世界中の誰もが参加できる。このため、取引等のデータを改ざんして不正なブロックを作成しようとする悪意の参加者が参入する可能性がある。このような悪意のある参加者がいても、正しいデータのみが次のブロックとして記録されるようにするため、取引の承認には複雑な計算を必要とし、取引承認までには約10分を要する仕組みとなっている。パブリック型は完全に信頼できない者同士でネットワークが構成されることから、取引の承認には厳格なプロセスが求められる。

　例えば、プルーフ・オブ・ワーク（PoW）などがある。PoWの概要は次の **3** (3)で述べるが膨大な計算量が必要となる。

　一方、プライベート型では、許可された者だけが参加するので、一定の比率の合意によって取引を承認するといった、より簡易なプロセスで取引の承認を行うことが許される。

　代表的なものは、実用的ビザンチン・フォールト・トレランスである。参加するコンピュータには、取引を検証する権限を持つ「検証ノード」と、取引は行えるが検証は行わない「非検証ノード」との権限の区別が設定される。検証ノードに取引承認の権限を集中させ、検証ノードによる合議制によって取引の承認を行う。一定割合の検証ノードが合意した段階で取引が承認される。この結果、一定時間内に多くの取引処理が行え、取引の承認により決済が完了できるという利点がある（決済完了性）。

　また、プライベート型には、中央の管理者が存在するので、不適切な行為

を行う参加者を発見したら、ネットワークから分離するという方法で安全を確保することもできる。

3 ブロックチェーン導入の効果

⑴ 高可用性

データが一か所のサーバに集中するわけではないので、システムダウンが起こりにくい。

従来の集中サーバ方式は、金融インフラが代表的であるが、中央のセンターサーバで全ての取引データ等が管理されるため、侵入されることなく、かつ、絶対に停止しないように莫大なコストが投じられ、そのことが信頼の源泉でもあった。

一方、分散型台帳技術によって安価で信頼性の高いネットワークが構築できるようになったため傾向も変化している。

従来は、中央システムを信頼したのだが、分散型技術ではネットワーク自体が信頼を提供する。

中央のサーバが、バックアップサーバも含め災害等で被害を受ける場合もある。このため、地理的に離れた場所にバックアップを置き、緊急時の運用を補う形態も多い。ブロックチェーンを活用した場合には、Ｐ２Ｐネットワークのどのノードも活用できるので、被災地のサーバ（ノード）がダメージを受けた場合には、遠隔地のノードの一つを選んでサーバとして活用することができる。

⑵ 低コスト

通常、金融機関等では、取引や顧客に関する膨大なデータベースを維持しており、そのために大規模な集中管理データセンターを必要とする。セキュリティやバックアップにも巨額の費用を要する。

分散型台帳に移行すれば、データベース等のコンピュータも比較的安価なもので対応でき、ブロックチェーンの仕組みそのものが有する改ざん困難性の活用等により、関連コストも低廉で済む。また、各参加者が共通の帳簿を持つことで、これまで複数の当事者が別々に帳簿等を持っていたために行っ

ていた煩雑な帳簿の照合作業も不要となる。

(3) 改ざん困難性

複数の台帳システムに取引等のデータが記録されるので、どれか一つの台帳システムのデータが改ざんされたとしても、他に影響はなく、相互確認で正しいデータへの修復が容易になる。

また、データの改ざんも困難である。それには、ブロックチェーンの「ブロック」に秘密がある。（資料5－5）

ブロックチェーンの一例を挙げてみる。例えば、10時から10時10分までの期間に発生した取引記録を保存する「ブロック本体」（ア）がある。そして、そのブロック本体のハッシュ値と一つ前のブロックヘッダのハッシュ値からなる「ブロックヘッダ」（イ）がある。（ア）と（イ）の二つで一つのブロックが構成される。

そして、10時10分から10時20分までの取引記録からなる「ブロック本体」（ウ）とそのブロック本体のハッシュ値と一つ前のブロックヘッダ（イ）のハッシュ値からなる「ブロックヘッダ」（エ）の二つで次のブロックが構成される。

もし、10時から10時10分までの間の取引記録（ア）を改ざんして、取引記録（オ）に変えたとする。この場合、（ア）のハッシュ値と（オ）のハッシュ値は全く異なる。また、（ア）を変えると、それに対応する（イ）も変わることになり、（イ）が変わると、それに対応する（エ）も変わることになる。

したがって、どれか1つの取引記録で不正を試みて「ブロック」を改ざんしようとすると、その後の全ての関係するブロックを改ざんしなければならなくなる。改ざん可能かどうかもまずは問題であるが、改ざんそのものが大

資料5－5　ブロックチェーン

出所：経済産業省「ブロックチェーン技術を利用したサービスに関する国内外動向調査」（2016年）図表3－6

資料5-6　ブロックチェーンの仕組み（詳細）

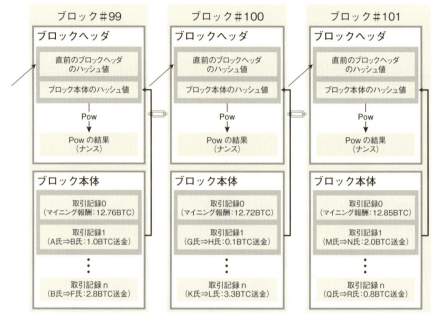

出所：大和総研　編著『FinTechと金融の未来』（2018年、日経BP社）
図表3-24

変な労力になるので、そこまでのコストを覚悟して改ざんしようとする意味があるのかを考えると、相当に堅牢な仕組みといえる。（資料5-6）

　なお、プルーフ・オブ・ワーク（PoW）の場合は、「ブロックヘッダ」（イ）については、ブロック本体（取引記録）（ア）のハッシュ値と一つ前のブロックヘッダのハッシュ値からなる「ブロックヘッダ」（イ）に加えて、「ナンス」と呼ばれる数値列が格納される。次の新しいブロックを作る際には、このナンス値が加わった「ブロックヘッダ」（イ）のハッシュ値が使われるのだが、そのハッシュ値は、先頭に一定数以上のゼロが連続して並んでいるように要件が設定されたナンス値を逆に求めて、その段階で「ブロックヘッダ」（イ）が確定して取引も確定することとされている。ところが、ハッシュ値から元のナンス値を逆算して求めることはできない。そのため、元のナンス値を求めるには、次から次へと適当な数値をナンスの値として代入してみて、（イ）のハッシュ値を要件通りにするナンス値に巡り合うまで確かめるという力技で発見しなければならない（マイニング）。これが実に膨大な計

86　第2部　地域の諸問題を解決する新たなデータ中心モデル

資料5－7　Proof of Workにおけるハッシュ計算のイメージ

出所：経済産業省「ブロックチェーン技術を利用したサービスに関する国内外動向調査」（2016年）図表3－5

算量となってしまうのである。（資料5－7）

4　ブロックチェーンの運用形態

　ブロックチェーンには、パブリック型とプライベート型がある。パブリック型はビットコインのようにオープンで誰でもアクセスできる。誰が参加するかわからないので、その中に悪意のある参加者が紛れ込んでいる可能性もある。このため、ある送金リクエストについては、記録される前に参加者の承認作業が行われ、この送金リクエストは正規のものだとネットワーク全体で合意が得られた際に取引記録としてブロックチェーンに記録されることになる。この合意形成の仕組みをコンセンサス・アルゴリズムという。ビットコインの取引の承認には約10分必要だといわれる。ただ、既述のようにプルーフ・オブ・ワークの作業量は膨大となる。

　一方、参加者を限定する場合はプライベート型である。不正のリスクが低くなるので、実用的ビザンチン・フォールト・トレランスのような柔軟なコンセンサス・アルゴリズムの設定が可能になる。この場合には、一部のノードが取引の生成や記録行う準中央管理的なシステムとなる。

　例えば、金融分野での活用では、大量の取引をリアルタイムで処理できることや、決済完了性を早期に確保することが重要だとされ、プライベート型の方が適切ではないかとされる。

第5章　ブロックチェーンとデータ中心モデル　87

5 ブロックチェーンの課題

利点との裏腹であるが、一般に次のような課題が指摘されている。

(1) 拡張性

一度に大量の取引データをどれだけ処理できるかという課題である。例えば、ビットコインのように不特定多数の参加者が取引データを検証、承認するため、1つのブロックで処理できるデータ量が制限されている。

(2) 処理速度

ブロックチェーンは一定期間の取引を「ブロック」としてまとめるため、取引データの確定に一定の時間を要する。ビットコインの場合、膨大なコンピュータ群を利用しても約10分は必要といわれている。利用サービスによって許容できる所要時間が異なってくる。

(3) 情報の透明性

台帳に記録されている情報を誰でも参照することができるとすると、透明性を確保している一方で、秘匿性の問題が生じる。

6 ブロックチェーンの活用可能性

(1) ネットワーク上の分散型台帳の活用

参加者による台帳の共有という強みを生かすには、参加者間の情報連携が必要な業務やトレーサビリティの確保が求められる業務など、台帳を共有すること自体に何らかの価値が見出せる業務に対して適用することが考えられる。特にシステムダウンのリスクが小さく可用性が高いという特色は重要だろう。一方、リアルタイムに同期が求められる業務には、データ確定まで一定のタイムラグがあることから、留意が必要である。

しかしながら、複雑な手続きで面倒だとか、関係者との情報共有を安全に確保したいとか、顧客の本人確認などを様々な業界やサービスが別々に行っ

ていて効率が悪い等、サービスの事業者にとっても利用者にとっても不便に感じていることについて、大きく改善できる可能性をブロックチェーンの仕組みは秘めている。

　そのため、金融分野では、送金・決済や貿易金融等での活用検討が始まっている。

　例えば、外国為替取引を行う場合、送金元の銀行は中央銀行やコルレス銀行と呼ばれる中継銀行を経由して、送金先の銀行に資金を送金することになる。しかし、複数のコルレス銀行を中継するため、送金の完了まで時間がかかったり、送金手数料が割高になったりする等の課題がある。一方、分散型台帳技術を利用した決済プラットフォームが実現すれば、分散型台帳技術のネットワークを通して送金元と送金先の銀行が直接やり取りを行うことになるため、取引の透明性が確保される。また、コルレス銀行を中継する必要がないため、送金手数料が安くなり、送金時間も短縮することが期待される。さらに、24時間365日取引を行うことも可能になる。

　貿易業務では、商品の輸送に時間がかかること、商品の引き渡しと代金の支払いの間に時間差が発生すること、売り手と買い手に加えて、運送会社や税関など、様々な関係者が関わることから、取引のプロセスが複雑になる。さらに、紙ベースの取引が多いことなどから、契約の進行状況や貨物位置を把握することが難しい。これらの点がコストの高さや手続き時間の長さの原因になっているといわれる。ブロックチェーンを活用した貿易のプラットフォームができれば、関係者間の情報共有を効率的に行えることが期待され、コストの低下や手続き時間の短縮も可能となり、広く中小企業も参加しやすくなることが検討されている。

⑵　スマート・コントラクト

　スマート・コントラクトとは、一般的にプログラムにより自動的に実行される契約のことを指す。最もシンプルな例としては、自動販売機がある。お金を投入してボタンを押した時点で契約成立・契約発効となり、自動的に飲料等が提供される（契約の履行）。

　スマート・コントラクトでは執行する条件と契約の内容を事前に定義した上でプログラム化しておき、執行条件に合致したイベントが発生した場合には、契約が自動的に執行されるように、契約に基づく処理を自動化しておく

第5章　ブロックチェーンとデータ中心モデル　　**89**

仕組みである。スマート・コントラクトは、分散型台帳と相性が良いものと考えられ、ブロックチェーンの活用が期待される場面である。

もちろん、スマート・コントラクトでは、契約内容や条件を事前に定義しておかなければならない。しかし、事前に全てのケースや要件を定めておくことは不可能なため、その面の限界がある。また、その定義に誤りがあったり、取引中にバグが発生したりするリスクもある。ハッキング攻撃によりプログラムの脆弱性を突かれて悪用されるリスクもある。

なお、ブロックチェーンが必要とする処理時間から、リアルタイムでの処理性能が重視される取引プロセスには向かないことにも留意が必要である。

ただ、導入には大きなメリットも想定される。

例えば、株主優待や議決権行使などの株主管理の処理を自動化することができれば、株主管理コストが低減する。これによって、少数株主の大量発生による管理コストの増大の懸念が解消され、投資金額の少ない投資家にも目を向けることができる。また、コストの低下分を活用して、株主と企業双方向のコミュニケーションを強化する等を検討することなども可能となってくる。

また、清算や決済については、受払いの差額分だけブロックチェーンで把握しておき、最終的な資金決済は、その差額を従来型の資金決済システムに通知して行う等の方法を組み入れることで、現実的な運用が可能となるものと思われる。

(3) その他の期待されるユースケースの概要

1 の「動向調査」には、以下のようなものが挙げられている。（本章末の資料5 - 8参照）

① 地域通貨

自治体等が発行する地域通貨を、ブロックチェーン上で流通・管理することが考えられる。一定の手続きを経て住民に地域通貨が付与され、それを地域内の商店や公共サービス等での支払いに利用する。住民から住民へ譲渡したり、店舗が支払いで受け取った地域通貨を利用（地域内での原材料の調達に利用したり、地域内に在住する従業員への給与として支払ったりするなど）したり、当該通貨で納税した場合には、税の優遇も認めるといった使い

方も考えられる。また、利用制限を設けたり、徐々に価値が減衰していく設定にしたりすることも技術的には可能であり、これらを総合的に組み合わせることで、地域通貨の流通量を増やすことも可能と考えられる。

　ブロックチェーンでは、地域通貨の付与（誰が発行し、いつ、誰に付与したか）、譲渡（地域通貨が誰から誰に渡ったか）、利用の履歴（いつ、どこで、何に利用されたか）が管理されるほか、地域通貨の有効期限や価値の減衰速度、地域通貨の付与条件（所得、年齢など、特定の条件を満たしたときに付与額が増える、など）も管理することができる。

　次のような類似の応用ケースがある。

・送金、証券取引、ポイントサービス、電子クーポン　等

②　土地の登記

　土地の物理的現況や権利関係の情報を、ブロックチェーン上で登録・公示・管理することが可能である。土地や建物、所有者に関する情報のほか、それらの移転や抵当権の設定なども記録、管理することも考えられ、関連する業務の効率化が図れると想定される。

　ブロックチェーンでは、土地や建物の情報、譲渡の履歴を管理できる。そのほか、現在の登記簿で管理されている土地の分割・統合（分筆・合筆）のほか、所有権や抵当権などの情報も管理する。これらの情報は、現在の登記簿と同様、誰でも閲覧可能とできる。

　次のような類似の応用ケースがある。

・特許情報、電子カルテ、文書管理（証拠等の真正性担保）、各種届出（出生、転居、結婚など）、投票　等

③　サプライチェーン

　製品の原材料からの製造過程と流通・販売までを、ブロックチェーン上で追跡可能である。

　ブロックチェーンでは、取引記録（受発注、納品予想到着日時等）、加工品の加工履歴、個品単位での識別情報（ロット番号、仕様）、純正品であることの保証情報等、工業製品の製造から流通までの過程を逐一ブロックチェーンで管理することが可能である。

　次のような類似の応用ケースがある。

第5章　ブロックチェーンとデータ中心モデル　　91

・貿易取引、貴金属・宝石類の管理、美術品等の真贋認証　等

④　シェアリングエコノミー

　資産等の利用権移転情報、提供者や利用者の評価情報をブロックチェーン上に記録することが可能である。いわゆるシェアリングエコノミー型のサービスにおいて、利用権の管理及び取引をブロックチェーン上で行う。

　シェアリング対象資産の利用権等の保有者情報と、利用権利等の移転情報、金銭授受の情報が主に管理される。さらに、提供者及び利用者の評価情報（口コミ情報）なども管理可能である。

　次のような類似の応用ケースがある。

・C2C（個人間取引）オークション、電子図書館（電子図書の閲覧権をブロックチェーンで管理）、スマートロックやスマートコンセント（鍵を解除できる権限やコンセントから電気を利用する権限等を活用したビジネスモデル）、デジタルコンテンツ、チケットサービス（転々流通可能なチケットをブロックチェーン上で正式に発効・管理）　等

⑤　スマート・コントラクト

　契約条件、履行内容、各種手続き、業務のプロセス等をブロックチェーン上に記録し、第三者を介在させずに契約を実現する。

　次のような類似の応用ケースがある。

・デリバティブ（金融派生商品）、エスクローサービス（第三者を立てずに、取引の安全を担保するサービス）、エネルギー管理、遺言、会社清算（清算時の資産や各種の権利の配分を自動的に処理）　等

資料5-8　ユースケースとブロックチェーンの機能の対応

	地域通貨	土地の登記	サプライチェーン	シェアリングエコノミー	スマートコントラクト
➤ スクリプトによりアプリケーションを実行可能			○		○
➤ 真正性の保証された取引が可能（二重支払の防止）	○	◎		○	○
➤ データのトレーサビリティが可能で、透明性の高い取引が可能（改ざんが困難）	○	○	○	◎	○
➤ サーバコスト（構築/運用）の低廉化	実証による検証が必要				
➤ 安定したシステムの構築・運用が可能（ゼロダウンシステム）	○				
➤ 中央管理者が不在でも、悪意を持つユーザがいてもエコシステムが安定維持される		○	○	○	○

出所：経済産業省「ブロックチェーン技術を利用したサービスに関する国内外動向調査」
　　　（2016年）図表5-2

第6章　データから課題解決ルールを構築するプログラム（AIの活用）

1　ビッグデータとクラウドAIモデル

　人工知能（＝AI）という言葉が生まれたのは、1956年の通称「ダートマス会議」というコンピュータに関する国際会議であった。

　AIは、Artificial Intelligenceの略で、Intelligence（知能）とは知識や経験をもとに思考し判断する能力である。AIは設計者が想定した範囲の判断と処理を繰り返すコンピュータプログラムとは異なり、学習して推測や判断の力を成長させるものである。

　まず、AIに対しては、考えうる全てのケースを探索し、最善の一手を見つけることが期待された。

　例えば、AIはオセロのゲーム盤という環境の上で、自分と相手の石が並んでいる状態があれば、オセロゲームのルールから様々な可能性を探索し、最善の次の一手を決めることができたからだ。

　しかし、現実社会では、オセロのように決められたルールとオセロ盤のような明確な環境はない。「推論と探索」の手法が機能するには予め限定的に設定された環境が必要だった。

　よって、当時AI技術は、ゲームのようなものにしか使えないということで、トイ・プログラムと呼ばれていた。

　1980年代になると、専門家の知識をルール化して実装するエキスパートシステムとして医療・会計・金融等の分野で期待が集まった。

　特定の専門分野の知識が十分にあれば、その分野の専門家に代わって何でも答えられると思われた。しかし、質問の意味を理解して答えるのではなく、質問に含まれるキーワードと関連しそうな答えを高速で引き出すという仕組みであった。

　このため、現実の様々な存在を知識としてコンピュータに保存していくのには困難があった。例えば、犬の定義はどうする、犬の特徴としてのほ乳類の定義はどうするといった感じで、膨大な概念や関係性を人間の側でコンピュータが理解できる形で定義して入力するのは現実的でなかった。

そもそも、そんな膨大なデータの中を探索しつくせるのかという問題もあり、当時AIの利用はコールセンターの自動化などに止まった。

そして、現在は第三次ブームといわれ、状況が変わってきている。

このブームは、機械学習という、データのパターンを学習して活用する技術がコアとなっている上に、コンピュータの能力増強や通信回線コストの低減等と併せ、インターネットが登場し、利用可能なデータが増加していること等が背景にある（ビッグデータ）。

まず、機械学習の手法としてディープラーニング（深層学習）が登場し、データに潜む規則性やパターン（特徴量）を人間の手を借りずデータ自体から自動的に学習することができるようになっている。

さらに、AIが能力を発揮するためには、十分なデータが必要であり、それらのデータを適切に収集し、整備していく仕組みが必要となる。これらの点に関しても、センサーや通信回線の能力増強と低コスト化が加わり、インターネットを介して膨大なデータがクラウドサーバに集約されることで、AIの精度が増していくというモデルが実用化されてきている（クラウドAIモデル）。

クラウドは、大量のデータを蓄積・管理でき、規模の利益もあり、セキュリティも堅牢なので、機械学習に適していると思われる。例えば、店舗、工場、農場等に設置された多数のセンサーが感知・収集した様々なデータをクラウドサーバにアップロードし、クラウド側でAIがデータ解析を行い、現場の無人トラクターやロボットなどにデータをダウンロードして駆動装置を動かしていくといったモデルである。

クラウドサーバの借用等も低コスト化し、企業規模の大小にかかわらずビッグデータを扱える環境も整いつつある。このようなAI投資の実現を支援するインフラの整備はベンチャー企業の育成等にも大きな力となることが期待される。

そこで、様々な産業にAIを活用していこうという動きが加速化している。

一方、無数のIoT端末から自動的に集められるデータが肥大化することも考えられる。その場合、通信料が膨大にならないか、インターネット経由で処理速度が低下しないか、インターネットの接続不安定時における業務への影響がないかなどの懸念もある。そこで、現場に近いところにエッジサーバを設置して、ローカルで処理できることはローカルで高速処理させクラウド

第6章　データから課題解決ルールを構築するプログラム　　95

と組み合わせる取組も現れている。

　なお、人工知能の取組には、人間の知能そのものを作ろうとする「強い AI」を目指すものと、人間の仕事を代替させようとする「弱い AI」を目指すものという 2 つの立場がある。現在のブーム及び本書は「弱い AI」を対象とする。したがって、ビジネス事象を理解し、解くべき問題を設定し、設定された問題を解決するためのデータの収集方法を構築することが極めて重要になってくる。

2　トイ・プログラムの時代（推論・探索の時代）

　人工知能は、何らかのタスク（仕事）を行うものである。タスクとは、ある環境の中で、ある状態にあるときに、どのような行動を取ることがいいのかを示すことである。どのような条件が成り立つとき何をすべきか、という知識を予め全て用意して推論を行わせる方法はルールベースと呼ばれる。

　タスクを達成するには、まずオセロゲームの基本ルールのような知識（ルール）を人工知能に入力しておく必要がある。

　その上で、オセロのゲーム盤という環境のデータを入力し、自分と相手の石が並んでいるという状態のデータを入力する。基本ルールとこれらのデータから、人工知能は新たな知識を推論する。例えば、自分の番では、自分がより多くの石を挟めて、相手の番では自分の石ができるだけ取られない場所に石を置くといったものだ。そして、この推論を実現するために、次にどう具体的に石を動かせば最善の結果になるのかをあらゆる石の置き方のパターンから探索し、決定して石を動かすことになる（推論・探索機能）。

　もちろん、環境、状態、行動がきちんとコンピュータに理解できる形でルールが書き表されて、既に入力されていないと、人工知能にはなり得ない。あくまでもコンピュータの推論しやすいような知識を入力するのは人間の作業であり、人間が人工知能に入力できる形で知識を書き表せない限り、人工知能はその問題の解決手段を導き出すことはできない。

　当時の AI は、思考は早いけれど、何を思考すればよいのかわからないという状態なので、ゲームのように予め明確に設定された環境下でなければ、あまり有効ではなかった。そこで、トイ・プログラムと称されることになっ

た。

　一方、目的地までのベストなルートを見つけて提示する交通案内サービスのような場合は、この推論・探索機能は非常に有効に機能する。交通網データを環境として入力し、現在地から目的地までの地点データを状態として入力すれば、一番早いルート、又は一番安いルートを具体的に検索して提示してくれるのである。

3　エキスパートシステムの時代（知識の時代）

　1970年代にスタンフォード大学でMYCIN（マイシン）と呼ばれる医療診断システムが開発された。予め医療に関する知識（ルール）を入力しておき、患者との対話によって診断結果が表示された。コンピュータも予め特定分野の知識を十分に保有しておけば、あたかもその分野の専門家のような推論（診断結果）を行うことができると思われた。このようなシステムはエキスパートシステムと呼ばれた。

　世の中の知識は「概念（モノ・コト）」及びその「関係性」で記述される。例えば、犬に関する知識の前提には、犬の概念定義と、ほ乳類という関係性の定義が必要になる。そのため、これらを厳密に標準化された様式でコンピュータに格納していくのは実は大変である。

　さらに、概念知識を増やそうとすると、それに伴って考えるべき関係性のパターンも飛躍的に増えていく。コンピュータは入力した知識以上のことはできないが、入力する知識はより実用に耐えるもの、例外にも対応できるものをつくろうとするほど、膨大になり、いつまでも書き終わらないのである。

　すなわち、増え続ける知識と多様な解釈を全て人間がルールにして予め大量に記述することは難しかったという点が挙げられる。

　また、大量に記述された知識の中から、必要な知識を取り出すことが難しい。人工知能はどの知識を使うべきかをピンポイントで抜き出すことができない。このため、自分が保有している知識を全て探索し、無関係なものを排除しつくした後に結果に辿り着くことになる。このため知識が多くなると探索すべき事項が増え、一定の時間内に答えが出せないという事態も生じる。

　すなわち、人工知能はあらゆる要素を認識し、同じ重要度で判断するの

第6章　データから課題解決ルールを構築するプログラム　　97

で、保有する知識が多くなった場合に、探索すべき範囲を予め人間が指示しておかなければ実用的でないということであり、これをフレーム問題という。

さらに、予め入力された知識のみで、人工知能は現実の状況の意味を把握できるのか、という問題もある。「馬」＋「縞模様」＝「シマウマ」という知識をデータとして入力していても、「シマウマ」という言葉の意味を概念として捉えることにならない。このため、人工知能のセンサーの前にシマウマの実物が現れたとしても、それをシマウマとは認識できない。記号（シンボル）をその意味と結びつける（グラウンドさせる）ことができないのである。これはシンボルグラウンディング問題（記号接地問題）と呼ばれる。そうだとすると、そもそも知識を大量に記述する意味がないのではとも考えられた。

しかしながら、コンピュータが知識を保有しておけば、自動で受け答えできるシステムが実現できるということはこの段階でも示されたので、コールセンターの自動化やチャットによるQ&Aシステムなどの実用化につながった。

4　機械学習とディープラーニングの時代

(1)　機械学習の活用分野

機械学習の登場以前のルールベースの手法では、人工知能が知らない問題に出くわした時、どこを探索すればよいのか判断できず、保有する知識で対応できないものは答えようがない、といった状況になり、必要なデータを人間が追加入力しなければならないことから限界に達していた。

そもそも人間も、知らない問題に対しては、過去の経験から学びルールやパターンを見つけて未来に活かそうとする。そこで、データから知識（ルールやパターン）を得るという機械学習の方法が登場した。色や形といった様々な種類の特徴をデータとして取得し、パターンを見つけ出す。発見したパターンは新たな知識として保有し、問題解決に活かす。このように機械学習には、学習処理と判定処理という二つの手順がある。

ただ、機械学習が有効に機能するには、膨大なデータと膨大なデータを高

速で処理する能力が必要となる。特に、学習データの量と質は重要である。

　そこで、人工知能（機械学習）を導入することに向いている分野とそうでない分野があることに留意すべきである。AIは処理の根拠がブラックボックス化しやすく、学習データの変化により結果が不安定になるなど、長期的に運用するためには手間がかかることを覚悟した方が良い。また、データ量が少なすぎると人が作成したルールで運用した方が高精度になることもある。

　一般的に次のような場合には導入が向いているといわれている。

① 安定的に学習できること
　　・学習データが多いこと
　　・学習データが安定していること
　　　　（データの定義や項目が長期間にわたり変わらないことやデータの表記方法が安定的で記録する人によって表現が違わないこと）
　　・例外的なケースが少なく、新しい事象の発生頻度があまり高くないこと

② 導入効果が認められやすいこと
　　・そのAIの結果を使う人が多いこと
　　・わずかな改善で大きな価値を生み出すことが期待されること（株の購買等）

③ 失敗が許容されること
　　・ダイレクトメールの送付のように、個々の結果の成否がそこまで問題にされないこと

(2)　教師あり学習

　「教師あり学習」とは、「入力」と「正しい出力（分け方）」がセットになった訓練データ（教師データ）を予め用意しておき、訓練データ以外のデータを入力した際にも正しい出力（正解）が出るようなルールを学習するものである。

　X_1というデータをあるルールに関係づけるとY_1という正解が出力されることが判明している場合、同じルールにより関係づけられている、X_2とY_2、X_3とY_3……を入力し、そのルールをAIに定義してもらうのである。

すなわち、Xを入力するとf（X）という変換処理が行われて、Yが導き出されるような関数fをAIが定義するのである。気象予測とか、ゲームソフトとか、手本になるデータが存在する様々なものに活用できるが、手本となるデータの集め方が重要となる。

例えば、「株価の変動を知る」という課題を考えた場合、この課題をもっと明確にしなければ、何が必要なデータかが定まらない。株価を明日の日経平均株価とし、変動を上がるのか下がるのか、と明確にする。すると、出力Yは、「明日の日経平均株価が上がるのか、下がるのか、又は変わらないのか」という情報に決まる。入力値Xは、株価変動の要因と思われるデータとなる。例えば、今日までの一定期間の日経平均株価、ニューヨークダウ平均株価、円ドル為替といったものになるであろう。これらはデータとして取得することは容易だと思われる。これら特徴量Xと結果であるYの関係性をパターンとしてAIが定義できれば、明日に限らず、他の日の日経平均株価の変動を予想する場合にも活用できることとなる。もちろん、一つのケースの結果が出た後、精度を高める努力が必要であろう。

機械学習には、出力値が明確に得られて、入力値データも容易に収取できるものが望ましい。そこで、最初に「株価の変動を知る」といった大きな課題であった場合には、その大きな課題を「明日の日経平均株価の変動」「明日のA社の株価の変動」といったように小さな課題に分解し、分解された課題を一つずつAIで解決していくといった方法が求められる。

なお、教師あり学習で使う代表的な統計手法に「回帰」と「分類」がある。回帰は、これまでのデータを元に傾向（関数）を導き出し今後の数値を予測するもので、売上予測、来場者数予測、電力需要予測など様々な分野での取組がある。分類は、未知のデータを自動分類するもので、花の種類や犬と猫などを見分ける画像認識、正常と不良を見分ける異常検知など、これも様々な分野で実用化されている。

⑶ 教師なし学習

「教師なし学習」とは、推定したい対象などのターゲットがなく、データ全体の傾向を学習してから分類や異常状態の推定などのモデルを作るものである。推定したい対象がないので、手本となるデータもなく、精度のような評価指標はない。入力用のデータのみを与え（説明変数）、データに内在す

る特徴のパターンやルールを抽出し、それを基に類似したグループを見つけ、それぞれのモデルを生成することになる。データや説明変数をグルーピングするものや、変数間のパターンを学習するものなどがある。

　例えば、それぞれの消費者の購入履歴がデータ（X）として存在しているが、それぞれの消費者の性格や好みといったデータ（Y）が不在の場合に、AIにデータ（X）を活用していくつかの購入パターンに分類してもらう。分けられたパターンについて、「高級品」だとか、「流行品」だとかいった意味を付与するのは人間の仕事である。

　毎回違った角度で分析する場合に用いられるので、人が毎回方針を変えて実行することが多くなる。多くの場合は、ツールを実行できる環境を用意し、人が必要に応じてツールを操作する場合が多い。

　教師なし学習では、いろいろなものの中から似たもの同士を集めてグループ化することを「クラスタリング」といい、例えば、多くの花の写真を三つのグループに分類して「赤い花」「白い花」「青い花」というようにグループ名は別途付与する。一方、教師あり学習の「分類」の場合は、それぞれの花の写真にこれは赤い花、これは白い花とラベルを付けて学習させて、赤とか白の目的変数ごとに目的に合った分類が行われる。クラスタリングは目的変数によるラベル付けはなく、全ての変数が説明変数として動くので、学習データもラベル付けも不要であるが、予想外の結果となることがある。

(4)　強化学習

　「強化学習」とは、与えられた環境で、ある状態にある時に、どのような行動をとればいいのかを学習するものである。教師あり学習の場合のように、一つの入出力ペアという正解のデータが予め存在するわけではないので、明確なパターンが示されるわけではない。ただ、AIが採用した行動について得点やスコアで評価がされるので（報酬の手法）、試行錯誤を繰り返しながら、だんだんとより良い行動を執れる様になる。その結果、最善と思われるパターン f が確立されるという方法である。

　「報酬」は「教師」より準備しやすいので、強化学習は、汎用性が高いといわれている。複雑な制御装置や製造装置の動作の最適化、特に従来は人間が見て触ってうまく装置を動かしていた部分を代替するものとして期待されており、自動運転やロボットの自立歩行など、機械が自分で動作を獲得する

第6章　データから課題解決ルールを構築するプログラム　　101

分野に応用される（運動の習熟）。

　なお、報酬の手法には、A/Bテストやバンディットアルゴリズム等がある。A/Bテストは、例えば、Web広告について、デザインAとデザインBをランダムな順で両方を表示し、どちらが利用者にクリックされるか一定期間テストして（探索）、クリックの多かった方のデザインを採用する（活用）といった方法である。ただ、この方法では、探索期間には評価の低い手段も使わざるを得ない一方、探索を短期間にすると正解でない手段を活用する危険性もある。

　そこで、バンディットアルゴリズムでは、序盤はこれまでに得た情報で活用しながら、適度に探索もし続けるという方法が採られている。

⑸　レコメンデーション

　例えば、インターネットでの通信販売の場合、その消費者の購入履歴、アクセス履歴をデータとして記録できているので、それらを活用した販売促進策を検討できないかが課題となる。どうしたら、その消費者に買ってくれそうな商品を薦められるか、という個別マーケティングをどう行うかの問題である。

　その場合、

　・購入実績のある商品を薦める

　・アクセスしたが（関心はあるが）、購入に至らなかった商品を薦める

という方法もあるが、購入実績のある商品が消耗品であれば定期的な需要があるだろうが、新たな販売増にはつながらない。関心はあるが、購入しなかった商品も、結局、買わなかったのだから、薦めても購入までに至るか疑問があるし、新たな販売増につながるとも言い難い。

　やはり、その消費者がまだ見てないかもしれないが、知ったら購入したくなるであろう商品をお薦めするというのが望ましい。

　すると、まず、教師あり学習の出番が考えられる。そこで一つの方法としては、ある消費者の購入履歴を元にその消費者へのお薦め商品のパターンが発見できないかである。購入履歴そのものは購入したという一つの正解データ（Y）であるから、これこれの場合（X）にその商品の購入結果になったというパターンのデータが欲しいが、これは難しいであろう。次に、多数の消費者の購入履歴を活用して、買った商品と買わなかった商品のデータを元

に（X）、ある商品を買いそうな消費履歴を有する消費者を割り出す（Y）という方法がありうる。ただ、この方法では、事前に定めたある商品一つしかお薦めできないことになり、多くの商品をお薦めしたい場合は、膨大な作業になるだろう。

そこで、レコメンデーション（推薦）という研究結果を活用する方法が考えられる。

例えば、複数の消費者の購買履歴を元に、購買傾向の似ている消費者の組み合わせを作る（消費者Aと消費者B）。AとBは購入傾向が似ているので、嗜好も類似しているはずだと想定する。そして、Aは購入しているが、Bは購入していない商品があれば、その商品をBに推薦するという方法である。「この商品をお買いになった人はこんな商品もお買いになっています。」というような案内をするタイプのものである（協調フィルタリング）。

購入傾向の類似度合いを知る方法として、Aが買った商品のうち、どれだけBが買っているのかを「共起」といい、AとBが買った全商品のうち、二人とも買っている商品の割合をJaccard指数という。どれくらい似ていれば推薦できるのか、については、実績等を踏まえ判断する必要がある。

レコメンデーション（協調フィルタリング）もデータを元に予測を行う機械学習の一手法である（データ・クラスタリング）。

(6) ディープラーニング（深層学習）
① ニューラルネットワークとは

人間の脳は、ニューロンという神経細胞のネットワーク構造からなっている。ニューロンから別のニューロンにシグナルを伝達する接続部位のことをシナプスといい、ニューロン同士はシナプスからの電気や化学反応のシグナルによって情報のやり取りを行う。

上記の回路網をモデルとしたニューラルネットワークは、入力層から入った信号が様々なノード（ニューロンに相当）を伝播して出力層に伝わる仕組みのことである。入力層と出力層の間に中間層があり、これが何層にも重なって深層学習を行う。この幾層もの重なりのことを「ディープ（深層）」と表現されている。

ノードとノードを結ぶ線の接続部分がシナプスに相当する。これらの線の容量は異なっている。例えば、その店に客が行くかどうか可能性を学習する

AIの場合、価格要素、距離要素（位置要素）、客層要素等について、重要度が異なる場合に、その違いは要素ごとの線の容量の違いで表される。

　この仕組みで代表的なアルゴリズムに「畳み込みニューラルネットワーク」（CNN, Convolutional Neural Network）がある。例えば、画像認識の場合、入力層からインプットされた画像データは、中間層のうち、畳み込み層で、元の画像を特徴（フィルタ）毎に比較して特徴点を凝縮する処理を行う。畳み込み層は、元の画像にフィルタをかけて少し小さなサイズの特徴マップを出力する。その場合、画像全体をフィルタがスライドするので、特徴がどこにあっても抽出できる。フィルタは自動作成され誤差逆伝播法で修正学習する。フィルタの数だけ特徴マップが出力される。（資料6－1）

　何回かこの一連の畳み込み処理が行われると、画像はサイズが小さくなってプーリング層に送られる。プーリング層では、特徴として重要な情報を残しながら元の画像を縮小する。例えば、送られた画像の畳み込み計算（元画

資料6－1　畳み込み処理とその例

出所：大和総研フロンティアテクノロジー本部『エンジニアが学ぶ
　　　金融システムの「知識」と「技術」』（2019年、翔泳社）P.123
　　　を基に作成

104　第2部　地域の諸問題を解決する新たなデータ中心モデル

像が各フィルタの特徴に一致するかの数値計算）の結果が記された特徴マップのピクセルの中から、4つのピクセルずつ抽出し、4つの中の最大値を記した1ピクセルを選び画像にセットするという作業を行えば、元画像の特徴を残しながらサイズを4分の1に凝縮することができる。このプーリング（凝縮）された画像が、次の畳み込み層の入力画像となって、前の層とは別の新たなフィルタ群と比較されることになる。（資料6-2）

このように、特徴点を抽出（畳み込み）しては圧縮（プーリング）し、という処理を繰り返し、機械学習の下流工程の計算処理を楽にしていく。なお、言語処理や音声認識など、時間によって変化する時系列のデータの扱いについては、再帰型ニューラルネットワーク（RNN）が適している。

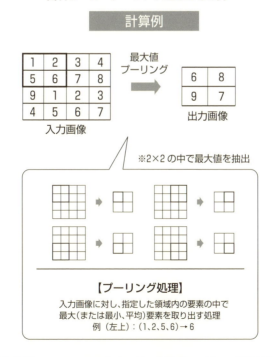

資料6-2　プーリング処理とその例

出所：大和総研フロンティアテクノロジー本部『エンジニアが学ぶ金融システムの「知識」と「技術」』（2019年、翔泳社）P.126を基に作成

② 旧来の機械学習のプロセスとの違い

　旧来の機械学習では、これは「犬」である、これは「猫」であるという大量のデータ（教師あり学習での教師データ）を入力した上で、さらに「耳で区別できるだろう」といった犬と猫の違いを示す特徴量の抽出方法を人間が考えて入力しておかなければならなかった。

　つまり、例えば、耳の形とか、尻尾の部分の色味の濃淡の具合とかなどの特徴を数式化しプログラムとして落とし込む、といった特徴量の抽出方法を人間が設計する必要がある。そして画像データを入力しながら、これは犬で、これは猫だとタグ付けすることで、人間がAIに教えることが必要であった。

　一方、コンピュータ（AI）にたくさんの例を見せて、何が入力で何が出力であるべきかを教えておけば、この特徴量の抽出方法の設計をAIが自動的に行うのが、ディープラーニングである。

　畳み込みニューラルネットワーク（CNN）で、犬・猫の画像認識をセットする場合には、犬や猫の画像データを用意し、AIにまず入力する。AIは入力された画像から、それが犬である、又は猫であるという特徴量を自動的に抽出する。さらに、もし、その特徴量によって、犬の画像に猫と出力した場合は、答え合わせで誤りに気付き、特徴量の抽出方法の修正作業にかかる。特徴量はCNNの中間層に数値として抽出されているので、出力に近い場所から後ろから順に、どこで失敗したのかを探して調整していくという、誤差逆伝播法という作業を行う。例えば、部下の情報を基に上司が判断する際、正しい場合にはその情報を上げてきた部下との関係を強め、間違った場合にはその情報を上げてきた部下との関係を弱めるという作業を繰り返すことで、組織として正しい判断をする確率が上がっていくようなものだと説明される。

　このように、ディープラーニングでは、人がプログラミングせず、入出力の正解データを大量に投入すれば、自動的に学習する。さらに、誤差逆伝播法などで修正学習を行う。ただし、精度はデータの量や質に大きく影響されることになる。

③ ディープラーニングを支える技術

　AIの進化には、コンピュータの処理能力の向上という要素が大きい。その

うち、GPUという演算処理装置の発達がある。これは、Graphics Processing Unitの略で、画像処理を行うものである。パソコンで、ネットを見たり、音楽を聴いたり、メールをしたりする場合は、これら様々な指示をCPU（Central Processing Unit）という演算処理装置が受けて順番に処理していく。

ところが、画像処理の場合は、いろいろな指示を順序良くこなしていくというよりは、同じ画像に対して同じ処理を一挙に行うことが求められる。その大規模な並列演算に特化したものがGPUである（ただし、特定の処理しかできない）。

大きく性能が向上したGPUを活用できるものに、ディープラーニングの画像処理と時系列処理がある。画像を認識することに関しては、ディープラーニングはもはや人間に勝るとも劣らない性能があるようだ。

さらに、時系列処理は、自然言語処理や音声処理に使われる。言葉も並び順が意味を持つデータであり、音波も時間軸に沿ったデータであるからだ。

人間がコミュニケーションで使用する言葉は、プログラミング言語などの人工言語に対して自然言語と呼ばれており、文章構造や解釈に曖昧さを含む。この曖昧さを含む自然言語を分析して活用（翻訳、検索、対話、質問対応等）する技術が自然言語処理である。

5 質の高いデータを大量に確保する

⑴ 学習に係る評価の方法

代表的な評価指標に正解率、再現率、精度がある。例えば、植物のバラの画像10枚とバラ以外の画像20枚の合計30枚の画像を、バラとバラ以外に分類する学習の場合を想定する。

正解率は、全データに対する正解した数の割合なので、バラの画像10枚のうち8枚が正解、バラ以外の画像20枚のうち17枚が正解とすると、25（8枚＋17枚）枚を30枚で除した結果、正解率83.3％となる。

再現率は、バラの画像10枚のうち実際にバラと認識できたのは8枚なので、再現率80％となる。

精度は、バラと認識された11枚（8枚＋3枚）のうち実際にバラの画像は8枚なので、精度72.7％となる。

画像による品質異常検査を行う場合を想定し、バラだと分類される画像を異常とする。この検査の場合、重要なのは、異常な画像を見逃さないことなので、再現率を高めるよう追加学習すべきということになる。ただし、そうすると、バラ以外の画像であってもバラだと認識する場合が増えてくる。すると今度は精度が下がる。このように、一般的に再現率と精度はトレードオフの関係にあるので、両者の平均値で評価する方法もある。

　また、特定のデータでの過学習により、未知の本番データでの誤りが多い結果のことを、汎化誤差が大きい、あるいは、バリアンス（variance＝分散）が大きいともいう。一方、学習不足で、汎化誤差が大きい結果のことを、バイアス（bias）が大きいという。汎化誤差を小さくするには、バリアンスとバイアスはトレードオフの関係にあるので、両者のバランスを取るように追加学習を行う必要がある。

　なお、汎化誤差が小さいことを汎化能力が高いという。

　本番運用しながら自然に追加学習できる仕組みを機械学習におけるアクティブラーニングという。人工知能（AI）は100％正解を出すものではないので、AIの判定結果を人間がチェックする場合も多い。その判定が誤っていた場合に、正解への修正データを活用して追加学習する手法がアクティブラーニングである。人間が全量チェックする場合と、判定結果への信頼度の低いデータのみを人間がチェックする場合がある。学習効果を高めるには質の高いデータが必要になる。

(2)　質の高いデータの確保

　質の高いデータを確保するため、データクレンジングが重要である。その際は次のような留意点がある。

ⅰ　人間でも判定に困るデータを取得させないこと

ⅱ　誤ったものを対象としていないかに注意すること
　　（顔認証のつもりで背景の時計を対象としているような場合）

ⅲ　間違ったラベルを入力しないこと
　　（間違ったことを教えると答えも間違ってくる）

ⅳ　間違われやすいデータも学習させること
　　（AやBがよくXと間違われる場合、Xのデータも十分確保する必要がある）

ⅴ　本番の未知のデータもクレンジングが必要であること

(3)　大量のデータの確保

　AIを効果的に活用するためには、大量のデジタルデータを取得することも必要となる。

　この場合、データの準備やクレンジングの手間があること、目的とデータに合ったアルゴリズムに適したものであること、トレーニングにかなり時間を要することなどを想定しなければならない。次のようなデータの活用等を考慮すべきであろう。

ⅰ　自社データ

　　過去の販売データや品質不良品のデータ等、まず既にあるデータを検討する。

ⅱ　既にある学習済みモデルの活用

　　顔認証システムやチャットボット作成サービス等、画像認識や自然言語理解などでは、既に学習済みのモデルが提供されていないかを検討する。

ⅲ　公開されているデータを利用

　　気象庁が公開している気象データ等を今後のイベント来場者の予測等に活用する。

ⅳ　インターネット上のデータの抽出

ⅴ　地道な学習データの入力

　また、デジタルデータを自動的に取得できるようにすることを検討する。データを自動的に連携するAPI（Application Programming Interface）のような仕様を活用することが効果的である。

　さらに、データのデジタル化に際しても、できれば人間が介在しない業務フローが望ましい。例えば、農場のビニールハウスの温度データを収集する際も、温度センサーで自動的にデータを取得できるようにしておく必要がある。人が温度計を見て、その都度、端末からデータをアップする方法では、質、量とも十分なデータが確保できないだろう。

　画像や音声のような非構造化データは、そのままでは処理しにくいが、ディープラーニングを活用すれば、非構造化データの構造化データへの変換を

第6章　データから課題解決ルールを構築するプログラム　　109

高速で行うことが可能となる。

6 AI導入のプロセス

⑴ AI活用に必要な資源

　AIを利用するためのアプリケーションには、AI機能を提供するプラットフォームが活用される。例えば、異常検知には画像認識機能、情報管理支援には自然言語理解機能、検索にはテキスト分析等がある。インストールして機械学習を行う仕組みが無償で提供されているライブラリ又はフレームワークと呼ばれるものがあり、これらを利用してAIプラットフォームが構築されることになる。それに伴い、チップやサーバ等のハードウェアが必要である。特に、ディープラーニングのニューラルネットワークの演算に求められる高速処理はCPUだけでなく、GPU等の高速チップが求められる。

　なお、既存のアプリケーションを利用するクラウドサービスであるSaaSや、固有のニーズを満たすアプリケーションは作りこむが、それ以外は、その機能を提供するクラウドサービスであるPaaSを利用するのが現実的ではないかと思われる。ハードウェアやライブラリ、AIプラットフォームは既存のものから選択することになる。

⑵ 導入までのフェーズ

　一般的には、次のような段階が想定される。

① アセスメント段階

　事業者が保有するデータを検証して、そのデータを活用したAIの事業化の可能性を検討する。データの品質等でAIの事業化が現実的でなければここで終わりとなる。

② ビジネスモデル検証段階

　AIを導入した場合の投資効果等を検証する。投資効果無しと判断されればここで終わりとなる。

110　第2部　地域の諸問題を解決する新たなデータ中心モデル

③ 概念実証（Proof of Concept）段階

　AI活用の前例のない新しいサービスについては、全体の仕様決定が難しいので、概念検証を繰り返しながら、対応領域を広げて行く検討が求められる。アプリケーション開発を行うかどうかを判断する。

④ 開発段階

　AIを活用した既存のアプリケーションが活用できる場合は、そのSaaSを活用すべきであり、アプリケーションの開発は不要である。

　AIアプリケーションを構築する場合も、まず、AIプラットフォームで提供されている汎用サービスが活用できるのかを検討すべきであろう。これらのサービスは既に学習済みであり追加学習もできるので効果的だと思われる（ただし、有償）。AIプラットフォームで提供される汎用サービスでカバーできない場合は、AIライブラリ（フレームワーク）を活用して学習させる必要がある。ハードウェア、ライブラリ、プラットフォーム等を適切に組み合わせて構築していくことになる。

⑤ 追加学習段階

　必要なアプリケーションがSaaSであれば、半自動で追加学習機能が提供されるので、それを活用すべきであろう。

⑶ 導入に係る手順

　SaaSを活用する場合は、既に学習したモデルがサービスとして提供されるが、PaaSの活用等において、アプリケーションを開発する場合には、独自に学習させてモデルを作ることになるので、データの取得からの作業が必要となる。

① データの取得・蓄積段階

　どんなデータを取得するのか。例えば、動物の判定をする場合には、識別したい全ての種類の動物のデータを取得・蓄積しなければ意味がない。

　この場合、データの確認作業が重要である。文字コード等のデータフォーマットを確認するとともに、データクレンジングを行い、データの欠損を補い、異常値を取り除いておく等の作業が求められる。

第6章　データから課題解決ルールを構築するプログラム　111

次に、取得・蓄積されたデータから教師データを作成する。例えば、動物の画像を集めただけでは、AIはその意味がわからないので、「この画像は犬だ」「この画像は猫だ」というタグ付けしたデータを用意しなければならない。このタグ付け作業は人間による手入力の場合が多いことと、精度が重要であることに留意しなければならない。

② 学習段階

例えば、ニューラルネットワークを活用するとしても、ネットワークの種類ごとに、実行速度や精度が異なるので、画像データの場合、テキストデータや音声データのような系列データの場合など、扱うデータの種類や目的に応じて、一般的には既存のネットワークの中から選択することになろう。

学習に際しては、手持ちのデータを学習用とテスト用に分けておく。「これは猫だ」とタグ付け入力したのに、AIが「犬」と示した場合には、誤差逆伝播法等の機械学習によって自動修正されるはずである。学習後に、テストデータで検証するが、どの程度の精度があれば実用で使えるのかを事前に確認しておく必要がある。

　i　画像データ

　　画像データから特徴を抽出することで対象を認識するパターン認識により、自動運転や顔認証などの画像認識技術が活用されている。

　ii　テキストデータ

　　自然言語処理について、意味を持つ最小単位である形態素に分解した上で文書理解や文書生成が可能となっている。

　iii　音声データ

　　音声をテキストに変換する音声認識や、テキストを音声に変換する音声合成、音声から話者の感情を推定する音声感情認識などの音声言語処理が実用化されている。

③ 本番環境への移行段階

テストが終われば、本番環境に移行させる。その際、モニタリング等、運用のために必要な仕組みも設定しておく。

実運用開始後、環境の変化等により、現状のデータが変化し、最初に学習したデータと乖離する場合も想定される。ある程度経過した段階で、データ

を取得し直す、データを蓄積し直す、学習し直すといった再学習が必要となってくる。精度が大きく落ちる場合には、モデルの切り替えなども論点になる。

7 AIの活用可能性

(1) 構造化データと非構造化データ

リレーショナルデータベース（RDB）やExcel、CSVファイルのように決まった枠の中に文字や数値が格納されている（構造の定義を持つ）のが、構造化データであり、構造の定義を持たないのが非構造化データである。非構造化データの中にも、XMLやHTMLのように規則性を有するものと、テキスト（文章）、音声、言語、画像、動画のように規則性のないものがある。

構造化データはコンピュータで高速かつ正確に処理することができる。またHTMLやXMLであれば非構造化データも規則性を有することとなり、クラウド・コンピューティングなどで処理できるようになった。

そして、現在は、これらの処理ができない規則性のない非構造化データが残り、そのデータ処理のために人工知能（AI）が活用される時代となっている。（資料6－3）

資料6－3　金融機関におけるビッグデータ

		金融データ		その他データ
		資本市場データ	顧客データ	
構造化データ	表形式	• マクロ経済指標 • 企業財務・業績 • マーケット（板、気配 etc.）	• 個人属性（年齢、性別 etc.） • 残高 • 取引履歴 • Web 行動ログ	——
非構造化データ	• テキスト • 音声 • 画像	• マクロ経済レポート • 企業財務／業績（テキスト部） • ニュース/アナリストレポート	• 営業日誌 • 会話音声	• 衛星画像 • SNS

出所：大和総研フロンティアテクノロジー本部『エンジニアが学ぶ金融システムの「知識」と「技術」』（2019年、翔泳社）P.83を基に作成

⑵ AIに期待される活用分野

　入出金明細データにおいて自動仕訳を行う際は構造化データを扱う場合なので、従来通り、コンピュータでロジック処理するほうが適切である。

　しかし、画像認識を使った異常検知・予知保全の技術を使って、例えば、癌などの病気の可能性の発見、電線や鉄塔の異常検知、トンネルや橋、道路の異常検知、農作物の生育不良や不適合物の検査、工場での不良品のチェックなどにはAIは非常に有効であろう。また、大量データの中から異質なデータを見つけ出す際に活用するのも有効で、クレジットカードの不正利用の検知、経費の不正請求、不正取引の検知などで実用化されている。さらに、同様の技術を顧客のカテゴライズ化などに使うこともできる。

　AIには人間と協力して様々な可能性を広げることが期待され、現時点でも次のようなものがある。

・単純作業を黙々とこなす

　　部屋のレイアウトを覚えて黙々と掃除するロボット掃除機やスケジュール管理やチケットの手配等を淡々と行うパーソナルアシスタントなどがある。

・24時間休みなく働く

　　膨大なインターネットの中から必要な情報を取り出してくれる検索サービス、膨大なデータを照らして最適な組み合わせを提示してくれるマッチングサービス、企業内のドキュメントをテキスト解析してナレッジを有効活用できるようにするナレッジマネジメントサービスなどがある。

・熟練者のノウハウを獲得し活用する

　　製造物検査で自動的に不具合のある製品を弾き飛ばす作業、衛星画像やドローンの映像から植物の成長状況を把握して対処が必要な箇所を指し示すといった作業がある。

・大量データから即時に必要な対応を導く

　　SNS等に書き込まれた苦情などの中から、人間による対応が必要なものを検出するとか、競合するホテルの価格をリアルタイムに検知して自動的に自社のホテルの価格を変動させるなどの取組がある。

・人間ができなかったことも可能にする

　　株の取引等ではAIの方が実績をだしつつあるともいわれている。ま

た、過去の売り上げデータをもとに天候やイベントなどの情報を加えて行う需要予測などにも能力を発揮している。

(3) AIの具体的な活用手法

多くのデータについて、貯蔵・検索・統合処理等の高速処理を可能とするデータベースに、機械学習の仕組みが組み合わされ、テキストデータや音声データ等を認識・処理することができる自然言語処理が可能となる。さらに、既存のアナログデータがデジタル化によってAIでの処理が可能となることで、次のように様々な産業での実用化が可能となっている。

① 教育分野

インターネットでの授業の動画を配信し、生徒の学習状況をモニターしながら適切なコンテンツを配信する。

② 金融分野

複数の金融機関にまたがる顧客の資産を一元的に管理し、それを運用するサービスや、消費者金融における与信業務、企業の財務・会計を処理するクラウドサービスなど、いわゆるFinTechが盛んになっている。

③ 医療分野

患者の診療記録を基にした医師に対する診断支援サービスがあるが、将来的には、それを患者個人が利用できるようになること等も想定される。

さらに、ニューラルネットワーク（深層学習）の実用化によって画像認識の機能の向上が著しい。いわばAIが「眼」の機能を有するようになってきたことにより、この機能と機械やロボット等のハードウェアの組み合わせにより、様々な産業活用が期待される。

④ 機械化・自動化の進展

農業、建設、食品加工等の分野での機械化・自動化が大きく進むと考えられ、さらには、外食産業の無人化や車の自動運転、医療用画像認識による医療診断など、応用範囲は広い。また、ロボットの動作が上達してくれば高齢

者の介護サポート等も期待できる。警備や防犯、掃除や調理といった家事支援も進むだろう。

⑤　AI機能を提供するプラットフォーム（ITインフラ）の整備

　AIが十分に能力を発揮するためには、十分なデータが必要であり、それらのデータを収集・整備し、機械学習を繰り返す体制づくりには、規模の利益を有するよう広く共同化が求められ、そのAIの成果を提供するプラットフォームが整備され、個人農家や中小企業、ベンチャー企業等に対してもAI機能が活用できる仕組みを構築し、広く産業社会の生産性の向上につながることが重要である。

　また、個々の企業等においても、特定の限られた人間がAIを活用するのではなく、プログラミングができない人でも、機械学習やディープラーニングを取り扱うことができるようなインフラを整備することも忘れてはならないだろう。

第7章 手入力とデータ連携を補う RPAの機能と可能性

1 RPAの仕組みと機能

⑴ RPAの仕組み

　RPA（Robotic Process Automation）は、人間が設定した手順通りに操作する端末操作ロボットといわれ、これまで人間が行っていた端末を用いた作業を自動化することができる。ただし、あくまでもソフトウェアであり、ロボットの形をしているわけではない。

　RPAで操作するには、まずRPAを記録モードにして端末を操作する。するとカーソルやマウスの動きと位置が忠実に記録される。次に、記録された操作手順を画面表示で確認し、必要に応じて条件分岐を加えたり、エラー発生時の処理を加えたりして処理フローを作成する等の準備が必要である。

　準備が終われば、既存のソフトウェアを変更することなく、設定した処理フローに従ってキーボードやマウスの自動操作等が実行される。RPAは事務作業をデジタル上で代行するので、Digital Laborとも呼ばれる。このように、既存の業務プロセスの一部をRPAに代行させるものなので、今ある仕事の流れを大きく変える必要はない。なお、単純に記録した処理を繰り返すだけでは同じファイルを何度も入力してしまうので、処理フローの作成時にFor Loop的な処理等となるよう留意する必要がある。

⑵ RPAの機能

　RPAで自動化する作業としては、情報の検索や収集、データの入力や突き合わせ、システムの定型的な操作などの一連の作業が想定されるが、予め判断基準が明確な作業の集まりであることが求められる。

　RPAを導入するための道具としてRPAツールがあり、対象とする業務の記録と記録した業務の実行を担う。具体的には、設定・開発、実行運用、管理調整の機能がある。RPAは人間の操作を黙々となぞるものなので、まず、その操作手順を記憶させる設定機能が重要となる。「どのような条件の時に」「どういった手順で」「何を実行するのか」といったルールを明確にして

第7章　手入力とデータ連携を補うRPAの機能と可能性　　117

設定するのである。

① 自動化の対象作業を特定しデータを取得する機能

まず、RPAツールが操作対象とするアプリケーションの画面がどのような要素で構成されているかを解析する構造解析技術がある。メニューや入力エリア、ボタン、選択項目等である。入力項目や操作ボタンが画面上のどこに位置するかについては、画面上の位置情報（座標）が記録される。また、操作ボタン近くの画像情報（画像認識技術）や操作対象のソースコード等の情報を併せ持ち、認識精度を高めている。また、Excelのファイル名やシート名、セルで対象データを特定したり、CSVのファイル名や行番号、カンマ区切りの何番目で特定するかなど、ファイル構造の認識機能も有する。

複数の認識技術を活用することで、例えば、ウィルス対策ソフトやチャットボットの通知ポップアップ形式や表形式でデータ表示されている場合にも対応できるようになる。

さらに、入力データが紙の伝票等の場合には、OCRで読み取って入力したり、手書き文字認識AIを活用したりするものもあるようだ。

② 業務手順やルールに従って作業を推進する機能

RPAツールには、作業に係る一連の処理フローを設計・実行するワークフロー機能がある。例えば、受信メールから入力データを取得し、入力データをチェックし、そのデータをシステムに入力し、処理結果をメールで報告するといったものである。この場合、メールの添付ファイルを入力データとしたり、RPAがメールを送るといった既存のメールやビジネスチャット等との連携機能や自動操作のためのスケジュール設定機能もある。

なお、RPAは決められたことを忠実に再現できるが、想定外の通知メッセージが画面に表示されたり、想定外の処理データが混ざっていたりすると、エラーとなり、処理を続けることができなくなる。予め、全ての想定を設定できることが望ましいが、それは難しいのでエラー発生の度に、少しずつ例外処理対応を付け加える作業が求められるだろう。

また、業務ルールに従って作業を進めるために業務ルールを実行させる機能もある（ルールエンジン）。例えば、処理対象の商品によって割引率を変えるような業務上のルールである。

③ アプリケーションに対するデータの入出力等の実行機能

　あたかも人間がマウスやキーボードを使って操作しているように模倣する。Windows環境で実行する場合は、Windows APIが提供するインターフェイスを活用する。また、Excelの行や列の追加・削除等の定型操作を容易に実現するためのライブラリ（ソフト部品）が用意されている。

2　RPAに適した業務

　RPAに適していると考えられている業務は、従来、BPO（ビジネス・プロセス・アウトソーシング）の対象領域をはじめ、データ入力、データ検索、データ照合など、基本的には、業務判断の要素が容易で、なおかつ大量に処理する必要のある業務である。対象が既にデジタルデータ化され正規化されていれば、よりRPAによる効果が期待できる。また、手書き認識AIなどと組み合わせることによって、今後、RPAの適用領域を拡大していくことも想定しうる。

(1)　バックオフィス部門

　人事、経理等のバックオフィス部門での活用は、給与台帳の作成、出退勤データを用いた過重労働管理等や、入金・支払いに応じた、消込・基幹システムへの反映等の処理の自動化に適している。交通費申請に際し、役職に応じた交通手段や移動区間の価格の妥当性をWebサイト等で確認する作業の自動化等もある。また、生産管理システムの在庫情報を定期的にチェックし、在庫数が閾値以下の場合はメールを使って仕入れ先に自動発注するといった処理も実用化されている。

(2)　フロントオフィス部門

　各種の申込書類のデータ化や証票書類等のマッチングやデータチェックの作業について、RPAを活用した自動化の導入は様々な業界で推進されている。

　また、臨機応変の処理等が必要な場合はRPAでは対応しにくいが、契約内容や注文内容に応じた変更処理等の場合に、多くの画面を確認しながら修

第7章　手入力とデータ連携を補うRPAの機能と可能性　　119

正処理を行うといった作業を定型化し、自動処理化すること等が検討される。例えば、電話で顧客に対応するコンタクトセンターでは、顧客との通話中にアクセスするCRMシステム画面をきっかけにしてソフトウェアロボットを起動させ、顧客IDなどをキーにして該当するCRM（Customer Relationship Management ＝顧客管理システム）や他のデータベースなどから必要な情報を収集し、連絡用フォームに回答のデータをセットするところまでRPAで行い、オペレーターは最後に内容を確認して送信ボタンを押すだけで処理が完了するような設定もできる。

⑶　業界別のRPAへの期待例

　金融・保険業界では、各種の申込書類のデータ化や証票書類などのマッチングやデータチェック等の作業や、契約者からの保険金請求書の証券記号番号を読み取って、契約情報を管理するシステムなどから必要なデータを検索・参照・抽出する処理などに活用されている。

　小売業界では、取扱商品の情報を取引メーカーのWebサイトからRPAで

資料7－1　国内企業におけるＲＰＡ導入事例

No.	業　種	導入業務例	効　果
1	銀行	バックオフィス業務における顧客情報のシステム入力	口座開設業務で作業の70%を削減
2	銀行	住宅ローンにおける団体信用生命保険の確認業務	確認業務にかかる時間が1年当たり約2,500時間削減（RPA製品だけでなく、後述のOCR製品も利用）
3	生命保険	保険金の査定準備作業	適用対象業務は85種、1年当たり約2万6,000時間削減
4	損害保険	付保証明書発行における、定型的な情報転記作業および印刷作業	15分かかっていた作業を1分に短縮、1年当たり約1,800時間削減
5	電機メーカー	週報の収集、整理、配信業務	適用対象は34業務、1年当たり約1,700万円の削減を試算
6	電機メーカー	営業部門から送付される取引先の支払先登録業務	作業の70%を自動化、月間26時間削減
7	食品メーカー	卸先である小売企業30社のPOSデータ収集	1年当たり約1,100万円削減
8	食品メーカー	外食チェーンやコンビニからの、Web-EDIを利用した受注業務	8支店合計で月間240時間削減

出所：大和総研フロンティアテクノロジー本部『エンジニアが学ぶ金融システムの「知識」と「技術」』（2019年、翔泳社）P.287

自動抽出して自社のWebサイトやデータベースの情報を更新したり、ネット通販において顧客からの注文時の処理を自動化するなどに活用されている。

また、医療業界では、医療関係書類や計算書類の電子化、画像診断結果の段階分けを自動化する取組が始まっている。

金融機関のローン契約業務では、企業・個人から提出された財務諸表や年収情報等に関して、既定のフォーマットに則して、必要なデータを様々な情報ソースから収集し、固有のシートに展開する作業を自動化する取組等がある。(資料7−1)

3 RPAの活用に適した作業

(1) データ入力作業

　紙の申込書の記載内容を基幹業務システムに入力するような作業はRPAに置き換えることができる。例えば、スプレッドシート等で作成された一覧形式のデータを専用のアプリケーションに入力するような作業では、人間が行う場合は、入力の度ごとに正しい入力フィールドの確認をいつも行わなければならないなど、単純作業ではあるが、ミスが出やすく効率の悪い作業である。これにRPAを活用すれば、ミスなく高速で処理できる。また、同じ書類の中に混在するデータを識別して、内容に応じた複数の業務システムやアプリケーションにアクセスして入力や更新を行うような作業も、RPAを導入する効果の高いものである。

　本来、データ入力は、リソースデータ等のように、既に他のシステムがデジタルデータとして保有しているデータはデータ連携で取り込み、Excelデータ等はデータ取り込みプログラムを活用して、手入力やRPA入力ではなく、コンピュータ処理する方が望ましい。

　ただ、システム化までの間、手入力をRPA入力で代替させることも有益であるし、RPAはディスプレイ上に表示された文字や図形などの非構造化データも対象とできる。また、業務処理内容が次々と変化しているような場合は、システム処理化が相応しくない場合もあり、現場で迅速に処理を覚えることのできるRPAが適していると考えられる。

第7章　手入力とデータ連携を補うRPAの機能と可能性　　121

⑵　システム間のデータ連携

　同一データであれば、入力は1回きりで、後はデータ連携で処理することが目指すべき方向である。ただ、同一組織内であっても、データ連携ができていない場合が多く、複数のシステム間のデータ連携について、手作業のバッチ処理でコピーしている場合もある。このようなコンピュータ処理化の隙間を埋めるものとしてもRPAは有効である。

　例えば、採用社員のデータを人事システムに追加登録し、その人事データを基幹業務システムや他のシステムの社員マスタにも登録する場合、人手に頼る場合が多いが、RPAを活用すれば、省力化と入力忘れ等を防ぐことができる。

　また、複数のECサイトでネット販売を行っているような場合に、商品登録や在庫情報入力等にRPAを活用するといった場合もあるようだ。

⑶　業務システムからの必要データ出力

　業務管理や対外的な実績報告等には、BI（Business Intelligence）ツールを活用し、自動的に必要なデータが収集・加工され、グラフや表が画面上に提示されることが望ましいが、実際は、人があちこちのシステムからデータをかき集めてExcelに転記して資料を作成する場合が多い。Excelは行と列でセルを特定し、ボタンの代わりにメニューのコマンドで操作できるので、RPAによる作業に適しているとも言える。どのシステムのどこを見て、その値をExcelのここに転記するといった作業を記憶させればよい。

⑷　情報収集ツール

　例えば、多数のECサイトを常時チェックし、特定の商品の価格を比較するといった作業等は、RPAの得意とするところではないかと思われる。様々なSNSサイトを巡回し、特定の事項に関する評判等を集める作業なども考えられる。また、クレジットカードでの不正使用のモニタリング等にも活用されている。

4 RPA導入のプロセス

(1) デスクトップ型かサーバ型か

RPAは、システム形態からサーバ型RPAとデスクトップ型RPAに分類される。サーバ型は、サーバ内で一括管理するので、例えば、全社的に大規模にRPAを導入することが可能となる。大量のデータを高速で処理することができる。

デスクトップ型は、クライアントの端末内でのみ動作するので、端末内の作業のみ自動化が可能になる。端末1台から導入できるので、特定の業務にだけ導入してみるという場合には適している。その分導入コストも低いが、全組織的な展開を見据えるような場合には、各部門単位での管理になるので、その後の展開につながるように十分な注意が必要である。

RPAツールにも汎用型と特化型があり、特化型は特定の業務に適した業務フローやレポートのテンプレートの搭載等が行われている。ただ、その後、全組織的に展開していく場合は、その特化したテンプレート等が邪魔になるので、よく考慮する必要がある。

(2) オンプレミス型かクラウド型か

サーバ型RPAには、自前で設備を用意するオンプレミス型と、インターネット上の仮想サーバ上のシステムをインターネットを介して利用するクラウド型がある。

クラウド型は、開発期間や初期費用を大幅に削減した上で、ランニングコストを抑えることができ、小規模事業者でも導入が容易だというメリットがある。ただ、サービスメニューがまだ豊富でないため、様々な個別業務への対応が難しいという意見もあるが、これは市場の成熟とともに解決されていくものであろう。

(3) 記録型か構築型か

記録型は、自動化対象業務について、人間が行う操作を記録して、それをロボットの動作に組み込んでいく。この場合、プログラミングの知識は必要ではない。ただし、似たような業務であっても一部の処理が異なる場合は、

第7章 手入力とデータ連携を補うRPAの機能と可能性　123

業務ごとにロボットの動作を設定し直す必要がある。連携するアプリケーションや処理内容が変更になれば、RPA側のルールも変更しなければならない。

構築型は、業務における入力と出力までの人間の操作を分析し、ロボットに組み込んでいくものである。必ずしも人間の操作を模倣する必要はなく、APIやスクリプトを活用してルールを作成する。記録型とは異なり、ロボットを部品化できるので、似たような業務であれば、変更箇所のみ修正するだけで対応することが可能となる。

(4) 概念実証について

現在の業務で使用しているアプリケーションと、導入を検討しているRPAツールが連携できるのかを見極めるため、概念実証を実施することがある。大まかな流れとしては、RPAの対象業務を選定し、その業務の可視化・分析をし、対象領域を決定する。その上で、既存のアプリケーションとの親和性チェック等を行いながら、ルールを設計し、机上検証の上、実装テストを行う。データはテストデータを用いればよい。ただ、端末やサーバは本番と同等の環境を用意し、試行すべきであろう。

概念実証後、RPAツールを導入する対象業務を確定していく。

そして、導入テストの実施となる。まず、ロボットの機能が正しく動作するかを確認する。特に、条件により処理を分岐させるものについては、あらゆる条件のデータを入力し、分岐判断やその後の処理の的確さを確認する必要がある。また、RPA導入後の業務プロセスが適切なアウトプットを導いているのかを確認することが大切である。その上で、業務の継続性の担保のため、セキュリティソフトの稼働等により、ロボットが停止することがないことを確認する。もし、停止した場合は、即時に通知機能が働くか等も確認しておく。

5 RPA導入に併せた業務改革

RPAは、既存の業務プロセスの一部を代行させるものなので、今ある仕事の流れを大きく変える必要がない点が、導入上の利点であった。

しかし、RPAの効果は、対象業務の規模に比例して大きくなるし、対象業務の数に比例して拡大する。また、RPAは対象者が広範な業務より、限定的な業務に適している。したがって、特定の部署の個々の業務に単独で導入するより、類似の業態の仕事について、全組織的な業務改革の一環として、標準化の上で、より大規模に導入した方が効果は大きい。その場合、個々の部署で、必要書類の様式の見直しや一部の業務をRPAに切り出すことによる仕事の流れの整理など、業務改革が併せて必要となることは言うまでもない。

　これらの点からRPAの導入は、組織全体の生産性向上のきっかけとなることが期待される。

第3部

情報セキュリティを確保する
システムモデル

第8章 情報セキュリティの基本的な考え方

1 情報セキュリティと対象とする脅威

　情報セキュリティとは、情報資産の機密性、完全性及び可用性を維持することをいう、とされる。機密性とは、情報にアクセスすることを認められた者だけが、情報にアクセスできる状態を確保することを言い、完全性とは、情報が破壊、改ざん又は消去されていない状態を確保することを言い、可用性とは、情報にアクセスすることを認められた者が、必要なときに中断されることなく、情報にアクセスできる状態を確保することをいう。

　機密性が損なわれる例としては、データへの不正アクセス・情報漏えい等がある。完全性が損なわれる例としては、データの改ざん等がある。可用性が損なわれる例としては、システム障害による利用不能等がある。

　「地方公共団体における情報セキュリティポリシーに関するガイドライン」（以下「自治体ガイドライン」という）では、情報資産（資料8－1）について、対象とする脅威として、以下の脅威を想定し、情報セキュリティ対策を実施することとされている。

　i　不正アクセス、ウィルス攻撃、サービス不能攻撃等のサイバー攻撃や部外者の侵入等の意図的な要因による情報資産の漏えい・破壊・改ざん・消去、重要情報の詐取、内部不正等

　ii　情報資産の無断持ち出し、無許可ソフトウェアの使用等の規定違反、設計・開発の不備、プログラム上の欠陥、操作・設定ミス、メンテナンス不備、内部・外部監査機能の不備、外部委託管理の不備、マネジメントの欠陥、機器故障等の非意図的要因による情報資産の漏えい・破壊・消去等

　iii　地震、落雷、火災等の災害によるサービス及び業務の停止等

　iv　大規模・広範囲にわたる疾病による要因不足に伴うシステム運用の機能不全等

　v　電力供給の途絶、通信の途絶、水道供給の途絶等のインフラの障害からの波及等

資料8−1　情報資産の種類と例

情報資産の種類	情報資産の例
ネットワーク	通信回線、ルータ等の通信機器等
情報システム	サーバ、パソコン、モバイル端末、汎用機、複合機、オペレーティングシステム、ソフトウェア等
これらに関する施設・設備	コンピュータ室、通信分岐盤、配電盤、電源ケーブル、通信ケーブル
電磁的記録媒体	サーバ装置、端末、通信回線装置等に内蔵される内蔵電磁的記録媒体と、USBメモリ、外付けハードディスクドライブ、DVD-R、磁気テープ等の外部電磁的記録媒体
ネットワーク及び情報システムで取り扱う情報	ネットワーク、情報システムで取り扱うデータ（これらを印刷した文書を含む。）
システム関連文書	システム設計書、プログラム仕様書、オペレーションマニュアル、端末管理マニュアル、ネットワーク構成図等

出所：総務省「地方公共団体における情報セキュリティポリシーに関するガイドライン（平成30年9月版）」(2018年) 図表10

2　自治体における情報セキュリティの位置づけ

　自治体では、多くの個人情報を扱いながら基本的な行政に取り組んでいることから、情報システムや情報通信の技術の進歩を取り込みながら、住民の利便性向上と情報セキュリティの向上に努めてきた。自治体は、その保有する情報資産を自ら責任を持って守り、情報セキュリティを確保すべきものと位置づけられている。各自治体は組織の実態に応じて情報セキュリティポリシーを策定しているが、その実効性確保のため、ポリシーの評価・見直しを行うことによって対策レベルを高めていくことが求められている。

　行政手続等における情報通信の技術の利用に関する法律（略称「行政手続オンライン化法」）第9条第1項では、「地方公共団体は、地方公共団体に係る申請、届出その他の手続における情報通信の技術の利用の促進を図るため、この法律の趣旨にのっとり、当該手続に係る情報システムの整備及び条例又は規則に基づく手続について必要な措置を講ずることに努めなければならない。」とされている。

　また、同条第2項では、「国は、地方公共団体が実施する前項の施策を支援するため、情報の提供その他の必要な措置を講ずるよう努めなければなら

第8章　情報セキュリティの基本的な考え方　　**129**

ない。」とされ、総務省でも、自治体ガイドラインを策定し、逐次見直しが行われている。

また、2013年にマイナンバー法が制定され、自治体が重要な役割を担うことになった。個人情報保護委員会の「特定個人情報の適正な取扱いに関するガイドライン（行政機関等・地方公共団体等編）」も、その別添の「特定個人情報に関する安全管理措置（行政機関等・地方公共団体等編）」を含めて遵守が求められている。さらに、2014年に成立・制定されたサイバーセキュリティ基本法第5条では、「地方公共団体は、基本理念にのっとり、国との適切な役割分担を踏まえて、サイバーセキュリティに関する自主的な施策を策定し、及び実施する責務を有する。」とされている。

ところが、マイナンバー法の施行を間近に控えた2015年6月1日に、日本年金機構は、外部から送付された不審メールに起因する不正アクセスにより、同機構が保有している個人情報の一部（約125万件）が外部に流失したことが同年5月28日に判明したとして報道発表を行った。このことは、多くの住民情報を扱う自治体にとって重大な警鐘となり、自治体の情報セキュリティに係る抜本的強化の取組が行われることになった。

3　中小企業における情報セキュリティの位置づけ

　中小企業においても、情報セキュリティ対策が重要であることは言うまでもない。IPA（独立行政法人情報処理推進機構）セキュリティセンターが公開した「中小企業の情報セキュリティ対策ガイドライン（第3版）」（以下「IPAガイドライン」という）では、まず、経営者層に対して次のような注意を促している。

⑴　情報セキュリティ対策を怠ることで企業が被る不利益
①　金銭の損失

　情報セキュリティ対策を怠ることで、個人情報等を漏えいさせてしまった場合には、取引先や顧客などから損害賠償請求を受けるなど、大きな経済的損失を受けることになる。さらに、インターネットバンキングに関連した不正送金やクレジットカードの不正利用などで直接的な損失を被る企業の数も

130　第3部　情報セキュリティを確保するシステムモデル

増えている。

② 顧客の喪失

重要な情報に関する事故を発生させると、その原因が何であれ、事故を起こした企業に対する管理責任が問われ、社会的評価が低下し、顧客を失うなどの大きなダメージを受けることになる。

③ 業務の停滞

日常業務で使用している業務システムに事故が発生すると、原因調査や被害の拡大防止のために、運用中の情報システムを停止したり、インターネット接続を遮断したりしなければならないことがあり、事業への大きな影響が避けられない。

④ 従業員への影響

情報セキュリティ対策の不備を悪用した内部不正が容易に行えるような職場環境は、従業員のモラル低下を招く要因になるなど、職場環境への悪影響も避けられない。

(2) 経営者が負う責任

① 経営者などに問われる法的責任

企業が個人情報などの法的な管理義務がある情報を適切に管理していなかった場合、経営者や役員、担当者は次の表（資料8－2）に示すような刑事罰その他の責任を問われることになる。

② 関係者や社会に対する責任

適切に管理することを前提に預かった情報を漏えいしてしまった場合に問われるのは、前述の法的責任に加え、その情報の提供者や顧客などの関係者に対する責任もある。また、情報漏えい事故は、営業機会の喪失、売上高の減少、企業のイメージダウンなど、自社に損失をもたらすので、会社役員が会社法上の責任（会社に対する損害賠償責任）を問われ株主代表訴訟を提起されることもありうる。さらには、取引先との信頼関係の喪失、業界全体のイメージダウンにもなる。

第8章　情報セキュリティの基本的な考え方　131

資料8-2　情報管理が不適切な場合の処罰など

法令	条項	処罰など
個人情報保護法 個人情報の保護に関する法律	40条 報告及び立入検査 83条 個人情報データベース等不正提供罪[3] 84条 委員会からの命令に違反 85条 委員会への虚偽の報告など 87条 両罰規定	委員会による立入検査、帳簿書類等の物件検査及び質問 1年以下の懲役又は50万円以下の罰金 6月以下の懲役又は30万円以下の罰金 30万円以下の罰金 従業者等が業務に関し違反行為をした場合、法人に対しても罰金刑
マイナンバー法（番号法） 行政手続における特定の個人を識別するための番号の利用等に関する法律	48条 正当な理由なく特定個人情報ファイルを提供 49条 不正な利益を図る目的で、個人番号を提供又は盗用 50条 情報提供ネットワークシステムに関する秘密を漏えい又は盗用 51条 人を欺き、人に暴行を加え、人を脅迫し、又は、財物の窃取、施設への侵入、不正アクセス等により個人番号を取得 53条 委員会からの命令に違反 54条 委員会への虚偽の報告など 55条 偽りその他不正の手段により個人番号カード等を取得 57条 両罰規定	4年以下の懲役若しくは200万円以下の罰金又は併科 3年以下の懲役若しくは150万円以下の罰金又は併科 同上 3年以下の懲役又は150万円以下の罰金 2年以下の懲役又は50万円以下の罰金 1年以下の懲役又は50万円以下の罰金 6月以下の懲役又は50万円以下の罰金 従業者等が業務に関し違反行為をした場合、法人に対しても罰金刑
不正競争防止法 営業秘密・限定提供データに係る不正行為の防止など	3条 差止請求 4条 損害賠償請求 14条 信頼回復措置請求	利益を侵害された者からの侵害の停止又は予防の請求 利益を侵害した者は損害を賠償する責任 信用を害された者からの信用回復措置請求
金融商品取引法 インサイダー取引の規制など	197条の2 刑事罰 207条1項2号 両罰規定 198条の2 没収・追徴 175条 課徴金	5年以下の懲役若しくは500万円以下の罰金又はこれらの併科 従業者等が業務に関し違反行為をした場合、法人に対しても罰金刑 犯罪行為により得た財産の必要的没収・追徴 違反者の経済的利得相当額
民法	709条 不法行為による損害賠償	故意又は過失によって他人の権利又は法律上保護される利益を侵害した者は、これによって生じた損害を賠償する責任を負う

3 ▲データベース等不正提供罪　改正個人情報保護法で新設され、役員・従業者等が不正な利益を図る目的で個人情報データベース等を他者に提供等したり盗用した場合は処罰対象になります。

出所：独立行政法人情報処理推進機構セキュリティセンター「中小企業の情報セキュリティ対策ガイドライン第3版」（2019年）表2

(3)　経営者がやらなければならないこと

①　認識すべきこと

　i　情報セキュリティ対策は経営者のリーダーシップで進めること

　ii　委託先の情報セキュリティ対策まで考慮すること

　iii　関係者（顧客、取引先、委託先、代理店、利用者、株主など）とは常に情報セキュリティに関するコミュニケーションをとること

②　実行すべきこと

　i　情報セキュリティに関する組織全体の対応方針を定めること

　ii　情報セキュリティ対策のための予算や人材などを確保すること

　iii　必要と考えられる対策を検討させて実行を指示すること

iv　情報セキュリティ対策に関する適宜の見直しを指示すること

v　緊急時の対応や復旧のための体制を整備すること

vi　委託や外部サービス利用の際にはセキュリティに関する責任を明確にすること

vii　情報セキュリティに関する最新動向を収集すること

4　情報セキュリティポリシーの策定作業の骨格

以下、IPAガイドライン等の記述に沿って示す。

(1)　情報資産の洗い出しと重要度の判定と対策の方針の決定など

まず、どのような情報資産があるかを洗い出して重要度を判定する必要がある。

①　情報資産の洗い出し

日常業務の流れに着目して、利用している電子データや書類等を洗い出す。

特に、以下の項目に留意すること。

i　個人情報の種類

・マイナンバー（個人番号）が含まれる場合（特定個人情報）

・個人情報が含まれる場合

【個人情報の定義】

〜「生存する個人に関する情報であって当該情報に含まれる氏名、生年月日、その他の記述等により特定の個人を識別することができるもの、又は個人識別符号が含まれるもの」〜

氏名、住所、性別、生年月日、顔画像等個人を識別する情報に限られず、個人の身体、財産、職種、肩書等の属性に関して、事実、判断、評価を表す全ての情報であり、評価情報、公刊物等によって公にされている情報や、映像、音声による情報も含まれ、暗号化等によって秘匿化されているかどうかを問わない。

・要配慮個人情報が含まれる場合

第8章　情報セキュリティの基本的な考え方　133

【要配慮個人情報の定義】

～「本人の人種、信条、社会的身分、病歴、犯罪の経歴、犯罪により
害を被った事実その他本人に対する不当な差別、偏見その他の不利
益が生じないようにその取扱いに特に配慮を要するものとして政令
で定める記述等が含まれる個人情報」～

ⅱ　媒体・保存先

情報資産の媒体や保存場所を確認しておくこと。書類と電子データ
の両方で保存している場合は、それぞれ完全性・可用性（機密性は同
じ）や脅威や脆弱性が異なることに留意すること。

ⅲ　管理部署又は担当者

情報資産の管理責任のある部署又は担当者を明確にしておくこと。

ⅳ　利用者範囲

情報資産の利用を許可されている部署等を明確にしておくこと。

② 情報資産ごとの機密性・完全性・可用性の評価と重要度の判定

機密性・完全性・可用性が損なわれたときの事業への影響や法的な義務違
反になる等、影響度を評価し、重要度を判定する（資料8－3参照）。法律
上の安全管理義務があれば、機密性や完全性は当然重要になる。契約上の守
秘義務を負っていれば、機密性は当然重要になる。その場合、管理するデー
タを業務上提供する義務を負っている場合には、完全性や可用性の確保も重
要になる。公開しているホームページについては、その内容に係る機密性の
要請は低いとも思われるが、不正アクセスで内容が改ざんされると関係者に
誤った情報を与えることになるし、ウィルスが仕掛けられればアクセスした
関係者に被害が及ぶことを考えると、完全性や可用性の確保は重要というこ
とになろう。

③ 各情報資産に係るリスクを把握し、対策の方針を決定

各情報資産の重要度に加え、現状の管理実態における被害の発生可能性を
勘案し、各情報資産のリスクを把握する。その上で、仕事のやり方を見直
し、情報システムの利用方法を変えることでリスクそのものを回避すること
ができないか、情報システムの運用管理について、セキュリティ教育や訓練
等の人的セキュリティやアクセス制御、不正プログラム対策等の技術的セキ

資料8−3　情報資産の機密性・完全性・可用性に基づく重要度の定義

評価値		評価基準	該当する情報の例
機密性 アクセスを許可された者だけが情報にアクセスできる	2	法律で安全管理（漏えい、滅失又はき損防止）が義務付けられている	●個人情報（個人情報保護法で定義） ●特定個人情報（マイナンバーを含む個人情報）
		守秘義務の対象や限定提供データ[12]として指定されている 漏えいすると取引先や顧客に大きな影響がある	●取引先から秘密として提供された情報 ●取引先の製品・サービスに関わる非公開情報
		自社の営業秘密として管理すべき（不正競争防止法による保護を受けるため） 漏えいすると自社に深刻な影響がある	●自社の独自技術・ノウハウ ●取引先リスト ●特許出願前の発明情報
	1	漏えいすると業務に大きな影響がある	●見積書、仕入価格など顧客（取引先）との商取引に関する情報
	0	漏えいしても業務にほとんど影響はない	●自社製品カタログ ●ホームページ掲載情報
完全性 情報や情報の処理方法が正確で完全である	2	法律で安全管理（漏えい、滅失又はき損防止）が義務付けられている	●個人情報（個人情報保護法で定義） ●特定個人情報（マイナンバーを含む個人情報）
		改ざんされると自社に深刻な影響または取引先や顧客に大きな影響がある	●取引先から処理を委託された会計情報 ●取引先の口座情報 ●顧客から製造を委託された設計図
	1	改ざんされると業務に大きな影響がある	●自社の会計情報 ●受発注・決済・契約情報 ●ホームページ掲載情報
	0	改ざんされても事業にほとんど影響はない	●廃版製品カタログデータ
可用性 許可された者が必要な時に情報資産にアクセスできる	2	利用できなくなると自社に深刻な影響または取引先や顧客に大きな影響がある	●顧客に提供しているECサイト ●顧客に提供しているクラウドサービス
	1	利用できなくなると事業に大きな影響がある	●製品の設計図 ●商品・サービスに関するコンテンツ（インターネット向け事業の場合）
	0	利用できなくなっても事業にほとんど影響はない	●廃版製品カタログ

12▲限定提供データ　不正競争防止法で次のように定義されています。「第二条　7　この法律において「限定提供データ」とは、業として特定の者に提供する情報として電磁的方法（電子的方法、磁気的方法その他人の知覚によっては認識することができない方法をいう。次項において同じ。）により相当量蓄積され、及び管理されている技術又は営業上の情報（秘密として管理されているものを除く。）をいう。」

出所：独立行政法人　情報処理推進機構セキュリティセンター「中小企業の情報セキュリティ対策ガイドライン第3版」（2019年）表10

ュリティを強化することでリスクを低減できないか等の、事前の対策の方針を決定するとともに、インシデントが発生した場合の緊急対応体制等の対応力の向上を図る必要がある。

④ セキュリティポリシーの策定・実施

検討結果をもとに決定した対策を文書化し、「情報セキュリティポリシー」として文書化しておくことになる。

なお、総務省の自治体ガイドラインでは、「情報セキュリティポリシー」は、「情報セキュリティ基本方針」と「情報セキュリティ対策基準」から構成され、まず、「情報セキュリティ基本方針」を策定し、対策の目的、定義、対象とする脅威、適用範囲、職員等の遵守義務、情報セキュリティ対策、情報セキュリティ監査及び自己点検の実施、情報セキュリティポリシーの見直し、情報セキュリティ対策基準の策定、情報セキュリティ実施手順の策定といった一連の流れとその概要を明らかにすることとされている。その上で、「情報セキュリティ対策基準」が策定され、(1)組織体制、(2)情報資産の分類と管理、(3)情報システム全体の強靱性の向上、(4)物理的セキュリティ、(5)人的セキュリティ、(6)技術的セキュリティ、(7)運用、(8)外部サービスの利用、(9)評価・見直しという体系となっている。

(2) 具体的な対策の手段例

（日本年金機構における不正アクセスによる情報流出事案検証委員会「検証報告書（平成27年 8 月21日）」（以下「検証報告書」という）参照）

検証報告書では、例えば、標的型攻撃への対応策として、「システム設計」「運用管理」「インシデント対応」が挙げられている。

① システム設計

情報システムは、運用開始後に大幅な設計変更を行うことが困難である。そこで、構築以前の企画・設計の段階から、業務内容やシステム環境の特性等を踏まえたリスク評価を行い、その結果に応じた適切なシステム設計を行うことが重要である。例えば、大量の個人情報を取り扱う業務等、標的型攻撃によるリスクが大きい業務に用いるシステムは、他のシステムと分離した設計とし、他のシステムによるリスクが顕在化した際にその影響が当該シス

136　第 3 部　情報セキュリティを確保するシステムモデル

テムに波及することを未然に防ぐ必要がある。

② 運用管理

　運用管理に関する人的対策としては、まず、システム利用者全体を対象として、標的型攻撃その他のサイバー攻撃の手口、対策等に関する最新の情報に基づくセキュリティ教育及び実践的訓練を継続的に行い、組織全体のマルウェアへの感染リスクの低減と異常発生時の対処能力の向上を図ることが重要である。

　これに加えて、特に管理職に対しては、システムに異常な事態が生じた際に、その情報が組織内で迅速に共有されるよう、日頃からのコミュニケーションの円滑化の重要性について意識付けを行う必要がある。さらに、情報セキュリティインシデント（以下「インシデント」という）への対応に当たる部署には、上記のサイバー攻撃に関する最新の情報の取得に常に努め、これを適時的確に組織内に周知することができる専門家を配置することが必要である。

　また、技術的対策としては、㋐脆弱性管理やセキュリティソフトへの最新の定義ファイルの導入等のマルウェア感染防止のための対策（入口対策）のみならず、㋑システムへの侵入に成功された場合の被害範囲の最小化を図るための対策（内部対策）や、㋒情報の外部流出を阻止するための対策（出口対策）を組み合わせて行う「多層防御」が推奨されている。具体的には、不正アクセスされ、内部に侵入された場合に備え、ディレクトリサーバの保護、重要情報の暗号化、外部との通信の監視、不要な通信の遮断や通信ログの保全等が必要である。

③ インシデント対応

　不審メールの受信、外部との不審な通信が検知される等して、標的型攻撃等のインシデントが発生した可能性を把握した際には、そうした不審事象の検知直後の迅速な初動が被害の軽減に欠かせない。そこで、初動の組織横断的な対応を一元的かつ迅速に行うため、CSIRT（Computer Security Incident Response Team）を中心とする緊急対応体制を予め整備し、継続的な訓練等により対応能力の向上に努める必要がある。

　インシデントが発生した場合、その対応には、ネットワークの遮断や業務

第8章　情報セキュリティの基本的な考え方　137

の一時中断といった組織運営上重要な判断を要するものも含まれる。このため、CSIRTには、こうした高度な判断を伴う対応を行うための十分な権限を付与するとともに、そのような役割と権限の大きさに見合う、人的組織体制を整えておくことが必要である。

　標的型攻撃におけるマルウェアは、そのプログラム自体や行動履歴を隠蔽したり、コンピュータ内のログを改ざんしたりする等の機能を有しているため、特定が非常に困難である。このため、インシデントの態様によっては、速やかにフォレンジック調査によってシステムに残された攻撃者の痕跡や保全された通信ログの解析等を行うことが必要となる。

5　クラウドサービスに係る情報セキュリティ

⑴　技術的対策
　クラウドの安全安心確保のために必要なものとして、ⅰクラウドの狭義のセキュリティ対策（Security）、ⅱバグや故障・災害などへの対策（Dependability）、ⅲサービス提供者へのトラストの確保対策（Trust）を検討する必要がある。

　ⅰ　クラウドの狭義のセキュリティ対策（Security）
　セキュリティに関してはクラウドへの攻撃とクラウドを用いた攻撃の両方を考えておく必要がある。
　クラウドへの攻撃には、
　　a　外部不正者によるクラウドサービスシステムへの攻撃
　　b　外部不正者によるクラウド利用者システムへの攻撃
　　c　内部不正者によるクラウドサービスシステムへの攻撃
　　d　内部不正者によるクラウド利用者システムへの攻撃
　　e　外部不正者によるネットワークへの攻撃
　　f　クラウドの他の利用者によるクラウドサービスシステム内部のデータへの攻撃
が考えられ、このうちクラウド固有の問題がｆのクラウドの他の利用者によるクラウドサービスシステム内部のデータへの攻撃である。

138　第3部　情報セキュリティを確保するシステムモデル

クラウドサービスシステムへのセキュリティ対策は、基本的対策は従来と同じだが、パターンfでは、特に仮想環境下での共同利用者による直接的攻撃やウィルスによる攻撃は特殊となる。仮想環境を構築する場合には、この点について十分な対策を講じることが必要である。また、説明責任を果たすためログの収集などの対策は一般により強く要求され、クラウドサービスにおいても重要である。

　クラウド利用者側でも、クライアントPCなどを使用するが、それに対するセキュリティ対応能力が低下する可能性があり、ここへの攻撃が問題になりうる。このため、利用者のクライアントPCとデータセンター間のトータルセキュリティを確保するクラウドサービスの提供が進めば、情報セキュリティの確保に要する経費削減の観点からも有効である。

ii　バグや故障・災害などへの対策（Dependability）
　広義の信頼性（Dependability）対応としては、以下のような機能が重要である。
　　　　○通常時対策
　　　　　・機能更新時の変更管理
　　　　　・分散環境におけるデータの同一性保持
　　　　　・負荷変動への対応機能（分散処理技術、サーバ仮想化技術）
　　　　○障害回避対策（フォルトアボイダンス）
　　　　　・バグの少ないソフトの導入など
　　　　○障害時対策（フォルトトレランス）
　　　　　・計算機やネットワーク機能の多重化（フォルトトレランス）
　　　　　・データのバックアップ（消去対応、アーカイビング）
　　　　　・地震などに備えたバックアップセンターの設置（ディザスタリカバリー）
　　　　　・BCP（事業継続計画）やBCM（事業継続管理）の推進

iii　サービス提供者へのトラストの確保対策（Trust）
　サービス提供者へのトラストの実現のために、
　a　将来にわたりサービスを提供してもらえるか
　b　データの目的外使用や不正処理をしていないか

c　政府などによる検閲のある国で処理していないか

d　障害や不正があったとき、調査などに協力してもらえるか

などに関し、これらの重要性をよく認識すること、信用できる状態と現実が一致すること、より高い信用が必要なら実際に信用できる状態を実現できることなどが大切である。

⑵　契約によるコントロールの限界

　利用者とクラウドサービス事業者間の権利義務関係は、原則としてサービス提供契約の内容によって定まるので、必要な情報セキュリティに係る項目を予め契約内容に盛り込んでおかなければならない。しかし、契約によるコントロールには一定の限界もあることから、次のような点にも留意すべきである。

　㋐　例えば、サーバ所在地国の法令によって、当該国の政府に対して通信のデータ内容を開示しなければならない義務が課されている場合には、データの機密性は保たれないことになる。これは、当事者の合意で左右できない。このような課題に対応し、SLA（Service Level Agreement ＝サービス品質保証）等を確実に担保するためには、契約の規定でデータセンターの設置場所やアクセス区域を国内に限定する必要がある。また、民事裁判管轄・準拠法についてもサービス提供契約に特約が置かれることが一般的であるが、国内に限定していなければ事実上の限界が生じる場合がある。

　㋑　クラウドサービス事業者に求めるセキュリティ対策を明確にし、サービス水準をSLA等で十分に担保するなど、利用者とクラウドサービス事業者双方の責任分界点を明確化することが必要である。しかし、クラウドサービスの場合、その利用形態が情報システムの所有から利用へと根本的に変化すること、また、仮想化技術や分散処理技術、マルチテナント対応ソフトウェアなど、クラウドサービスを構成する技術は、新たなセキュリティ対策の実施を要請する可能性もある。したがって、従来の手法によるセキュリティマネジメントが利きにくいことに留意すべきである。

　なお、個人情報の保護に関する法律第22条が定める委託先に対する監督義務との関係で、適正な契約条項を委託契約に盛り込むとともに、契約の履行状況を監査等によって点検することが重要となる。

140　　第3部　情報セキュリティを確保するシステムモデル

ⓒ　各利用者においてリスク等を適切にマネジメントし、コンプライアンス全体のマネジメント体制の確立を図ることが必要である。自治体の場合、市町村への支援を含めた都道府県の役割が重要となる。

ⓓ　データセンターが国内に所在するとしても、クラウドサービス事業者の施設への立ち入り監査を各利用者が個別に実施することには困難を伴うことも想定される。したがって、第三者による保証型監査等により、クラウドサービス事業者のセキュリティ対策の的確な実施を実際に担保する等の対策も有効であると思われる。

ⓔ　なお、庁内LANやパソコンのセキュリティ管理、アクセス制御の方針決定とID／パスワードの管理、職員のセキュリティ意識の向上等、利用者の責任で行うべき情報セキュリティ対策は、引き続き的確に実施し、その管理レベルを高めていくことが求められる。

⑶　クラウドサービスの利用者による事前確認

　クラウドサービスに係る情報セキュリティ対策については、サービスを提供する事業者に委ねる部分が大きく、利用者が直接管理することはできないので、しっかりとした事前確認が求められる。（資料8-4）

資料8-4　クラウドサービス安全利用チェックシート

I. 選択するときのポイント　☑

1	どの業務で利用するか明確にする	どの業務をクラウドサービスで行い、どの情報を扱うかを検討し、業務の切り分けや運用ルールを明確にしましたか？	☐
2	クラウドサービスの種類を選ぶ	業務に適したクラウドサービスを選定し、どのようなメリットがあるか確認しましたか？	☐
3	取扱う情報の重要度を確認する	クラウドサービスで扱う情報が漏えい、改ざん、消失したり、サービスが停止した場合の影響を確認しましたか？	☐
4	セキュリティのルールと矛盾しないようにする	自社のルールとクラウドサービス活用との間に矛盾や不一致が生じませんか？	☐
5	クラウド事業者の信頼性を確認する	クラウドサービスを提供する事業者は信頼できる事業者ですか？	☐
6	クラウドサービスの安全・信頼性を確認する	サービスの稼働率、障害発生頻度、障害時の回復目標時間などのサービス品質保証は示されていますか？	☐

II. 運用するときのポイント

7	管理担当者を決める	クラウドサービスの特性を理解した管理担当者を社内に確保していますか？	☐
8	利用者の範囲を決める	クラウドサービスを適切な利用者のみが利用可能となるように管理できていますか？	☐
9	利用者の認証を厳格に行う	パスワードなどの認証機能について適切に設定・管理は実施できていますか？（共有しない、複雑にするなど）	☐
10	バックアップに責任を持つ	サービス停止やデータの消失・改ざんなどに備えて、重要情報を手元に確保して必要なときに使えるようにしていますか？	☐

III. セキュリティ管理のポイント

11	付帯するセキュリティ対策を確認する	サービスに付帯するセキュリティ対策が具体的に公開されていますか？	☐
12	利用者サポートの体制を確認する	サービスの使い方がわからないときの支援（ヘルプデスクやFAQ）は提供されていますか？	☐
13	利用終了時のデータを確保する	サービスの利用が終了したときの、データの取扱い条件について確認しましたか？	☐
14	適用法令や契約条件を確認する	個人情報保護などを想定し、一般的契約条件の各項目について確認しましたか？	☐
15	データ保存先の地理的所在地を確認する	データがどの国や地域に設置されたサーバーに保存されているか確認しましたか？	☐

※No15 クラウドサービスのサーバーは日本国外に設置されている場合もありますが、扱うデータによってサーバーの設置国・地域の法規制が適用されることがあります。
※No6,11,12,13はスマートSMEサポーター（認定情報処理支援機関）の開示情報で確認できます。

出所：独立行政法人情報処理推進機構セキュリティセンター「中小企業の情報セキュリティ対策ガイドライン第3版」（2019年）付録6　「クラウドサービス安全利用の手引き」P.3

第9章 自治体情報セキュリティ対策の抜本的強化の契機となった主な事案について

1 日本年金機構における不正アクセスによる情報流出事案

　主に、日本年金機構における不正アクセスによる情報流出事案検証委員会「検証報告書（平成27年8月21日）」（以下「検証報告書」という））の記述により、以下概要を示す。

⑴　システム設計について

　日本年金機構（以下「機構」という）が運用しているネットワークシステムは、基礎年金番号の管理、保険料の計算、年金支払い等、政府管掌年金事業の根幹にかかわる業務に関するサービスを提供する「基幹系システム」と、それ以外のサービスを提供する「情報系システム」があった。基幹系システムは厚生労働省（以下「厚労省」という）が所有し、機構に運用を委託したもので、情報系システムは、機構が自ら所有し、運用を行っていた。

　情報系システムの中心が、機構の役職員の日常業務で用いるイントラネットである「機構LANシステム」であった。同システムは、インターネット接続や電子メールのほか、ファイルサーバによるファイル共有サービスも提供していた。機構では、このファイル共有のための領域は「共有フォルダ」と呼ばれていた。

　基幹系システムと情報系システムはネットワーク機器等によって論理的に分離された状態にあり、それぞれ別個の端末を有し、機構の役職員は、両端末を使い分けて各自の業務を遂行していた。すなわち、機構LANシステムでは年金に関する個人情報に関する処理を行うことはないという前提で、取り扱う情報の種類によって利用するシステムの分離が図られていた。

⑵　システムの運用上の問題について

　機構における個人情報は、原則として基幹系システムに保管されていたが、一定の条件の下で機構LANシステムに接続する共有フォルダに保管されていた。こうした個人情報等の機密データを、機構LANシステムの共有

フォルダに保管することに関するルールは、経営企画部総務室により、最終的に平成27年3月23日付の「日本年金機構共有フォルダ運用要領」にまとめられた。当該運用要領によれば、共有フォルダのアクセス権を関係者のみに制限するか、ファイルにパスワードを設定すれば、共有フォルダ内で取り扱うことができることとされ、保管する必要がなくなったものは、速やかに削除することとされた。

　個人情報のような重要情報を、暗号化等も行わず単にアクセス制限またはパスワードをかければ足りるとする本運用は、そもそも極めてリスクの高い運用であったが、そうしたルールですら厳守が徹底されず、アクセス制限もパスワード設定もなされていないまま共有フォルダに保管されているファイルが存在し、また、必要がなくなった個人情報がそのまま残置されているケースが認められた。しかも、これらのルールの遵守状況を実効的に確認できる仕組みは設けられておらず、一元的な管理がなされていない膨大な個人情報が共有フォルダに積み上げられていた。

⑶　インシデント対応上の問題について

　平成27年5月8日以降に発生した機構に対する本件標的型攻撃は、これに先立つ同年4月22日に発生した厚労省に対する標的型攻撃と類似の手口によるものであった。平成27年4月22日の標的型攻撃は、厚労省年金局及び地方厚生局を対象としたものであり、メールを受信した職員が標的型メールを閲覧し、添付ファイルを開封したことから、職員の端末が感染した。この結果、C＆Cサーバに対する不正な通信が発生した。この不正な通信は、NISCからの通知を受けた厚労省においてURLブロックを行ったことにより、通信発生の約2時間後に遮断された。このC＆Cサーバのドメインは、5月8日に機構において感染した端末が通信を行ったC＆Cサーバと同一であり、サブドメインのみが異なるものであった。ところが、4月22日に実施されたURLブロックはサブドメイン単位のものであったため、5月8日の不正な通信を防ぐことができなかった。

　次に、平成27年5月8日以降の機構に対して行われたサイバー攻撃に関して、三段階に大別して記す。

　・第一段階　平成27年5月8日の攻撃とこれに対する対応
　・第二段階　平成27年5月18日及び19日の攻撃とこれに対する対応

・第三段階　平成27年５月20日の攻撃とこれに対する対応

① 第一段階

　平成27年５月８日の攻撃は、機構の２つの公開メールアドレス宛に標的型メール２通が送信されることにより開始した。当該メールは、その送信元アドレスがフリーメールアドレスであり、また、本文中に外部のオンラインストレージサービスへのURLのリンクが記載されているものであったことから、標的型攻撃を疑わせるものであったものの、一方で、メール本文中に宛名として記載された姓が受信者の部署に所属する職員の姓と同一であるなど、業務上のメールであると誤認させる要素もみられた。そして、メールを受信した職員の一人がメールを開封し、メール本文に記載されていた外部のオンラインストレージサービスへのURLをクリックしたところ、当該端末において不正プログラムがダウンロードされ、そのファイルが実行された結果、複数のC&Cサーバとの不正な通信が発生した。この不正な通信は、当該端末からLANケーブルを抜線し、LANから遮断するまでの４時間、継続した。

　機構は、NISC（内閣サイバーセキュリティセンター）からの通報を受けて、不審な通信の発信元である端末の特定に着手するとともに、機構LANの運用を委託している運用委託会社に連絡を取り、対応を要請した。そして、不審な通信の発信元端末を特定した後、直ちに、当該端末のLANケーブルを抜線した。運用委託会社は発信元の端末を回収し、セキュリティソフト会社に解析を依頼するとともに、NISCから通知された情報に基づき、不審な通信先とされるURLについて、機構LANにおけるURLブロックを実施した。なお、翌９日未明に、運用委託会社から機構に対して、アクセスログを解析した結果、情報漏えいの可能性はきわめて低いと考えている旨の報告がなされた。

　第一段階での問題として、不審な通信が約４時間にもわたって継続していたことやそうした不審な通信は不明な文字列が付加された大量の通信であったことを考慮すれば、様々な不正プログラムが当該端末に取り込まれている可能性や、当該不明な文字列によって情報が外部に送信されていた可能性をも想定し、ただちに感染した端末のフォレンジック調査及びディレクトリサーバなどの主要なサーバの調査に着手すべきであったことが指摘されてい

る。

仮に、この段階で感染端末のフォレンジック調査を行っていれば、当該端末に残された攻撃者の痕跡などが、より早い段階で確認できたと考えられ、したがって、第二段階以降の機構の対応が異なるものとなっていた可能も指摘された。8日の攻撃に続き、さらなる攻撃が行われる可能性に係る危機感が組織的に共有されず、適切な対応には至らなかったことも問題として指摘されている。

② 第二段階

5月18日午前、機構職員の101の個人メールアドレス宛に、計101通の標的型メールが送信された。このときのメールの送信元アドレスは、5月8日の標的型メールの送信元アドレスと同一であった。これに対し、機構において、当該メールアドレスについての受信拒否設定を行ったところ、同日午後には、異なる送信元アドレスから17通の標的型メールが届いた。翌19日午前にも前日午後の送信元アドレスと同じアドレスから、機構の2人の職員の個人メールアドレス宛に、それぞれ1通ずつ計2通の標的型メールが送信された。機構は、当該メールアドレスについて受信拒否設定を行ったものの、同日午後には、さらに異なる送信元アドレスから職員の個人メールアドレス宛に1通の標的型メールが送信された。以上の一連の攻撃の中で、5月18日の段階で、端末3台が感染し、不正な通信が発生した。これらの感染端末が通信を試みたC&Cサーバについては、5月8日に厚労省統合ネットワークにおいて、URLブロックが実施されていたため、結果としてアクセスは成功しなかった。なお、フォレンジック調査の結果によれば、第一段階の攻撃において、職員のメールアドレスが外部に漏えいされ、漏えいしたメールアドレスが第二段階の攻撃に用いられた可能性が高いことが判明した。

機構は、不審メールの受信者リスト一覧を運用委託会社から受領しながらも、メールを受信した職員に対し、個別に添付ファイル開封の有無を確認しなかった。その後の職員による開封を防止し、また、開封の有無が端末の感染の有無を知る端緒ともなるのであるから早期に確認すべきであった。この対応の結果、機構は18日の時点で3台の端末が感染していたことについて、6月1日まで気が付くことがなかった。この3台の感染端末が不正通信を試みた先のURLについては、厚労省統合ネットワーク側でURLブロックを行

っていたため、同時点では外部への情報流出につながらなかったものの、極めて危険な状態であったと言わざるを得ないとされている。

第二段階での問題としても、危機意識の薄さが指摘されている。

18日に全国各地の機構職員に送信されてきた不審メールはその数100通余りであり、8日のものとは異なり、ホームページ等で一般に外部に公開されていない個別の職員メールアドレス宛であり、かつ、メール本文には、それぞれのメールアドレスに対応した機構職員の姓名が感じで具体的に記載されているという異常な状況であった。また、機構において、着信したメールの送信元アドレスを受信拒否設定にする都度、異なるメールアドレスから不審メールが送信されてくるという執拗な攻撃がなされていた。こうした状況に鑑みれば、機構においては、5月8日から機構を狙った攻撃者が、その手をゆるめず、本格的に大規模な攻撃を仕掛けてきていると、その事態を正しく認識し、また、攻撃者が攻撃目的を達するまで、引き続き執拗な攻撃を仕掛けてくる可能性があるとの危機意識を持つべきであった。また、このような状況においては、さらなる攻撃による感染拡大を防ぐため、機構において、遅くとも19日の段階でインターネットの全面遮断に踏み切るべきであったと考えられると指摘されている。

③　第三段階

5月20日、機構の公開メールアドレス宛てに新たな送信元アドレスから標的型メールが合計5通送信された。そして、この標的型メールを受信した機構職員のうち一人が、メールを開封し、その添付ファイルも開封したことから当該職員の端末が感染し、C&Cサーバに対する不正な通信が発生した。また、感染した端末を起点として、さらに、少なくとも2拠点にわたる26台の端末に不正プログラムの感染が拡大した。そして、5月20日以降、5月23日までの間、合計27台の端末から多数のC&Cサーバへの不正な通信が発生し、この過程で、感染端末からのアクセスによって共有フォルダに保管されていた業務情報や個人情報が収集され、外部に流出した。係る攻撃の過程において、機構の端末及びディレクトリサーバの管理者権限が窃取された。この点、フォレンジック調査の結果によれば、端末のOS及びディレクトリサーバの既知の脆弱性が利用されたことが原因であると推定された。

第三段階においても、機構の対応には多くの疑問が呈された。

5月20日に職員から不審メールの報告を受け、当該不審メールの送信元アドレスからメールを受信した者を特定しながら、職員の一人が標的型メールの添付ファイルを開封していた事実を5月25日まで確認できなかった。機構は不正通信が発生しうるC&CサーバのURLをNISCから知らされながら、当該C&CサーバのURLブロックや通信の監視といった対策を講じなかった。

5月22日に、再びNISCから不審な通信を検知したとの連絡を受け、A拠点にあった2台の端末を特定してLANケーブルを抜線するとともに、A拠点全体のインターネット接続を遮断した。

翌23日には、運用委託会社が行っていたプロキシサーバのログの監視により、別のB拠点から、特定のURLに対し、大量の不審な通信が断続的に行われていることが判明した。機構は、不審な通信を行っている端末2台を特定し、LANケーブルを抜線した。さらに、当該URLと通信記録がある端末が19台あることが判明し、同日、B拠点についても、インターネット接続を遮断した。

25日には、運用委託会社より、22日及び23日の事象について報告があり、23日の通信については、情報漏えいが発生した可能性は否定できないとされた。しかし、特定のURLについてブロックを行うとともに、アクセスログの監視を実施し、通信監視体制を強化したものの、インターネット接続の全面遮断に踏み切ることはなかった。

5月28日、警視庁から「機構から流出したと考えられるデータを発見した」との連絡を受領し、29日に機構全体のインターネットの接続を遮断した。

6月1日、機構は、不正アクセスにより機構保有の個人情報が約125万件、外部に流出していることが5月28日に判明したことを公表した。なお、基幹システムへの不正アクセスは確認されていないとのことであった。

(4) 情報流出の要因（「検証報告書」より）

① 本件標的型攻撃と情報流出の根本原因

「検証報告書」では、次の二点が挙げられている。

　ⅰ　標的型攻撃の危険性に対する意識が不足しており、事前の人的体制と技術的な対応が不十分であったこと。

　ⅱ　組織が一体として危機に当たる体制になっておらず、その結果、組織

内の専門知識を持つ者の動員ができず、担当者が幹部の明確な指揮を受けることもできないままに場当たり的な対応に終始し、迅速かつ的確な対処ができなかったこと。

これらが端的に表れたものとして次の場面が挙げられている。

㋐　緊急事態に迅速に対応すべきCSIRTが機構において組織されていないため、何らの備えもなく５月８日の第一段階の攻撃を迎え、情報セキュリティの専門知識を有する職員を動員できず、外部の専門家にも協力を得ないままで、担当者と運用委託会社とが、判明した個々の感染端末の特定と抜線に終始し後手に回ったこと。

㋑　本事案で第二段階の攻撃により標的型メールの一斉発信が行われ、このまま推移すれば、職員のうち誰かがメールの添付ファイルを開封し端末の感染が続発することが容易に予想される事態になったのに、情報の共有に欠け、組織が一体として危機に対処していないために、機構内部はもとより運用委託会社、厚労省からもインターネット接続の全面遮断との意見が出ず、なすべき決断ができないまま情報流出に至ったこと。

② 　不十分な事前対応の主なもの

機構は、本事案のような外部からのサイバー攻撃による情報流出の可能性について、業務運営上のリスクとして漠然と認識はしていたものの、事務処理誤りや内部者による情報流出等のリスクへの対応を優先し、サイバー攻撃による情報流出の可能性に対しては、認識が乏しく有効な準備を行っていなかったとして、主に次のような諸点を挙げている。

ⅰ　サイバー攻撃への対応体制の不備

機構内では緊急時に必要なCSIRTが設けられておらず、そのため現場の担当者が中心となって対応せざるを得なかった。また、標的型攻撃に対する具体的対処が明示されたマニュアルが定められていたとは認められないばかりか、本件のような事態を想定した厚労省との緊急連絡体制も定められていなかった。さらに、運用委託会社と機構との間の契約によれば、サイバー攻撃等のインシデント発生時の緊急時対応に関する具体的なサービス内容についての明確な合意はなされていなかったため、責任や権限の所在が不明確なまま本件標的型攻撃に対処していたこと。

第９章　自治体情報セキュリティ対策の抜本的強化の契機となった主な事案について　　149

ⅱ　個人情報保護に関する認識の不足

　　平時のシステム運用に関しては、共有フォルダ上に重要な情報を暗号化等せずに保管していたことが大きな要因と考えられる。規定上定められていたアクセス権の設定、あるいはパスワードによる保護は標的型攻撃への対処としては役立たないものであった。

　　そもそも外部からのサイバー攻撃による潜在的な情報流出のリスクを組織として把握している部署がなかった。その結果、リスク回避のためのアクセス制限やパスワード設定などの規定が遵守されず、そうした状況が監査においても点検・改善される仕組みになかったことなど、およそ組織全体として個人情報保護に関する意識が低かったと認められ、これが、今回の情報流出事案につながった大きな要因と指摘せざるを得ないこと。

ⅲ　情報セキュリティリスク評価の不備

　　適切なセキュリティ対策を講じるには、まず、網羅的な情報資産の評価が不可欠である。しかしながら、機構においては、個人情報に限っても、機構内に散在する情報の所在の把握と、それらの情報に対するリスクの把握に必要なリスク・アセスメントが実施されておらず、リスクに基づいた有効な情報セキュリティ対策が講じられていなかったこと。

③　技術的要因の主なもの

ⅰ　脆弱性対応の不徹底

　　標的型攻撃への内部対策の一つとして、ソフトウェアベンダーから提供される脆弱性情報を定常的にチェックし、重大な脆弱性に対応するセキュリティパッチの適用を速やかに行う必要があるが、適用作業に伴うシステム停止等の影響への懸念から、機構においてはその実施が先延ばしにされていた。本事案では、第三段階の攻撃において、既知の脆弱性を突かれたことにより機構LANシステムのディレクトリサーバの管理者権限が窃取されている。この脆弱性は従来より指摘されていたものであり、重要な脆弱性に対するセキュリティパッチの適用の遅れがこのような結果を招いた。また、機構LANシステムの端末における管理者IDとパスワードが全て同一であったことにより、短時間に広範囲の端末へ感染が拡大した。管理者権限の適切な管理が不十分であったと考えられ

ること。

ⅱ　システム監視の不十分性

　　機構LANシステムにおけるシステム監視は標的型攻撃に対して不十分なものであった。機構LANシステムにおいては、メール及びインターネットアクセスのログの採取は実施していたが、監視（モニタリング）は常時行われていたわけではなかった。また、取得されていたログ情報の項目も、攻撃の詳細を把握するには不十分なものであった。さらに、管理者権限によるシステムの操作履歴や各種サーバの挙動も監視されていなかった。これらのシステム監視が十分になされなかった結果、攻撃の各段階において状況を把握するために相当の時間を要することになったこと。

ⅲ　インシデント発生時の感染機器のフォレンジック調査の未実施

　　機構は、5月8日に標的型攻撃を4時間にわたって受けた際、感染端末等に対するフォレンジック調査を行っていなかった。このため、次の攻撃を予測し対策を講ずることができなかった。インシデント発生時にフォレンジック調査を行うことで、マルウェアを用いて攻撃者が機器を操作した状況が明らかになり、サーバまたは他の端末への感染の拡大の有無や窃取された情報などを推定することが可能になる。この調査結果に基づき、感染拡大のリスクに最大限の注意を払って事象の全容を把握する必要があるが、本件対応においてはこうした視点が欠落していたと言わざるを得ないこと。

(5)　今回のサイバー攻撃の特徴と対策（「原因究明調査結果」より）

（サイバーセキュリティ戦略本部「日本年金機構における個人情報流出事案に関する原因究明調査結果（平成27年8月20日）」（以下「原因究明調査結果」という）参照）

①　標的型攻撃の特徴等

　標的型攻撃では、攻撃者は標的とする組織に狙いを定め、精巧な技術と相当程度の資源を投入して、標的とする組織の情報を窃取し、業務を妨害することを狙うとされる。そして、長期間にわたって、目的達成に必要な水準の通信を維持し、繰り返して攻撃をしかけ、目的に着実に遂行するといった特

徴がある。

② 不審メールと標的型攻撃

標的型攻撃の典型的な手法のひとつとして、標的とする組織のアドレスに対して不正プログラムを添付などしたメールを送り付けることに始まる標的型メール攻撃がある。今回の攻撃は、これに該当する。標的型攻撃に使われるメールは一目では見分けがつかないよう巧妙化が進んでいるとともに、緊急性をあおったり職員の不注意を誘ったりする心理的な手法が用いられている。このため、不審メールの開封を完全に防ぐことを目標とする対策は現実的ではなく、メール開封（少なくとも端緒の端末１台は感染すること）を前提とした対策が必要である。最初の端末への攻撃が成功すると、攻撃者は、その端末を乗っ取り、端末内の情報（端末が接続されているシステムの構成・設定、端末使用者がやり取りしたメールのアドレスや文面、端末使用者が保存したファイル等）及び端末からアクセス可能な情報（サーバに保存され、端末使用者に閲覧権限のあるファイルやデータベース等）を閲覧、窃取等することが可能となる。そして、窃取したメールのアドレスや文面を、次回以降の攻撃のために利用し、標的とする組織内・周辺組織の多数のアドレスに不信感を抱かせないメールを送りつけることが可能となる。

③ 標的型攻撃の展開

攻撃者は乗っ取った端末を足掛かりとして、当該端末に含まれているログイン情報や接続されている機器の情報等を利用して、当該端末を遠隔操作しながら他の機器を攻撃し、侵入を拡大させる。事態の進行の程度に応じて、重要な情報の窃取等致命的な事態を招く可能性が高まるため、早期に攻撃を認知し、当該端末をネットワークから隔離することが基本である。防御する側としては、侵入範囲が拡大すれば、システム全体をインターネットから遮断せざるをえなくなる。このため、以下の事項を含め、攻撃された端末から侵入範囲を拡大させないための対策や、ネットワークを管理するような重要な機器を攻撃させないためのシステム設計・構築・運用が重要である。こうした一連の攻撃者の活動においては、いわゆるゼロデイ攻撃（修正プログラムなどが公開される前の脆弱性を悪用する攻撃）など回避が極めて困難な手法を用いることが多い。そして標的とする組織に対して執拗に攻撃が継続さ

152 第３部 情報セキュリティを確保するシステムモデル

れるといった特徴がある。

④　標的型攻撃に対する情報システム防御策等の考え方

　IT環境があらゆる業務に不可欠な現状において、益々巧妙化しているサイバー攻撃から自組織の情報、システム、業務を守る目的及び対策について考え、理解し、それぞれの職務・職責に応じて実施することが求められる。このため、前述の攻撃者側の手順を理解した上で、標的型攻撃から情報システムを防御するためには、次に例示したような対策が攻撃を発見・阻止する上で有効であると考えられる。なお、対策については、他から示された画一的な基準を受動的に実施してもうまくいく性質のものではない。組織の業務、取り扱う情報、保有するシステムに応じて、多様な対策の中からどう守りを構築するのか、目的に照らし、業務が円滑に実施できるような対策とは何か、組織として能動的に検討した上で最適な手法を設定し、実施することが肝要である。

⑤　システム防御策

　　○　メールに添付された実行形式のファイルを取り込まない・起動できないシステム設定とする。加えて、通常業務における圧縮ファイルのメール添付の取り扱いにおいても、安全性が確認された標準的な方法に統一し、それ以外の方法を制限する。

　　○　システム運用の基本的な対策として、既知の脆弱性を放置しないようオペレーティングシステムのアップデートや、ソフトウェアへの最新のセキュリティパッチの適用を着実に行う。また、システムにこうした脆弱性がないかを検証するための診断（ペネトレーションテスト等）を行う。

　　○　脆弱性の発生個所を最小限とするため、ウェブブラウザの「プラグイン」などの拡張機能の使用を必要最小限とし、ゼロデイ攻撃を続発させたソフトウェアの使用を取りやめることを含め、使用を認めるソフトウェアを定期的に見直す。

　　○　ウェブ閲覧の効用は高い反面、ウェブ表示が広く認められることは、システム攻撃への糸口を与えることとなることを認識し、例えば、ウェブ表示において、不必要な埋め込みコンテンツを自動的に取り込まない

第9章　自治体情報セキュリティ対策の抜本的強化の契機となった主な事案について　　153

ように設定する。システムは、攻撃を検知しやすく侵入範囲が拡大しにくいように設計・構築し、運用する。特に、業務や取り扱う情報の性質・量に応じて、重要な情報に攻撃が到達しないよう、セグメントを分割し、また、システムの分離を確実に行う。同時に、システムの分離の意義を損なうことのないよう、各システムで扱うことができる情報・できない情報についてルール化し、職員に徹底する。

○ 端末のローカル管理者権限のID・パスワードが端末間で共通で、かつファイル共有が可能であると、これを攻撃者が悪用して侵入範囲の拡大を容易に図ることが可能であるため、ローカル管理者権限のパスワードを共通とする範囲を最小限とする。

○ システム管理者の権限が乗っ取られた場合の被害の大きさに鑑み、不要な管理アカウントは確実に消去する、管理端末を独立のセグメントに置く等、その設定にも細心の注意を払う。

○ ファイルサーバのアクセスログ、プロキシログ等のログについて平均値からの大幅な逸脱をモニタリングする、内部ネットワークに不正通信の検知システムを導入するなど、内部ネットワークにおける異常を検知する仕組みを整備する。

⑥ インシデント対応に係る対策

○ 不審メールの受信（特に、不正プログラムが動作したと考えられる場合）については、標的型攻撃の端緒の可能性があり、攻撃者が繰り返して攻撃を試みるものと想定して継続的に対応する。

○ インシデントへの対応は、サイバー攻撃による被害状況の調査、手口解明、不正プログラムの除去と復旧・再発防止の一連の対応の実施が必要となり、政府機関職員だけでは対応できない場合があるので、専門性の高い第三者の事業者（システムの構築・運用事業者とは独立した第三者の事業者）に依頼し、客観的で一括した対応も行えるように、平素から調達の準備をする。

○ インシデントへの対応には、組織のリソースを迅速に投入し、場合によってはシステムや業務を止める判断が求められることもあるため、CISO等の権限を持った者の下で行う。

2 長野県上田市における標的型サイバー攻撃事案

2015年6月1日の日本年金機構における情報流出事案の公表から間もない同年6月12日夜、長野県上田市において標的型サイバー攻撃を受けていたことが判明する。これは、JPCERTコーディネーションセンター（以下「JPCERT/CC」という）より、上田市役所庁内LAN端末から外部への不正通信（ブラックリストにあるC&Cサーバへの通信）が疑われる旨の通報があったことによるものであった。

JPCERT/CCが上田市役所内のコンピューターの不正通信の疑いを発見したのは、観測中であったC&Cサーバのログの確認による。全てのC&Cサーバを捕捉しているわけではないため、上田市役所の事例は偶然発見されたものといえた。これは、他の自治体において、この時点で、感染がないことを意味するものではないことから、全国の各自治体において、ネットワーク、サーバ、端末等における早急なチェックが求められた。

以下、上田市の当該事例の概要について、主に、「標的型サイバー攻撃事案への対応について（上田市）」の記述により示す。

(1) 攻撃発見の経緯等

2015年6月12日夜から翌13日にかけて、インターネット閲覧を停止し、プロキシサーバ等のログを調査した結果、不正通信をしている端末2台が発見され回収された。JPCERT/CCから、早朝や深夜など変わった時間に不審な通信が行われているとの連絡があり、消防署の端末を調べて発見された。

その後、6月15日にも更に不正通信を行う端末1台が発見され、一次感染源も不明であったことから、全ての端末がインターネット及びLGWANとの接続から遮断された。

不正通信端末はいずれも庁内LANのうち、情報系LANに所在しているものであったが、安全確認のため、別系統の基幹系LANに接続されていた住基ネットも6月17日には遮断された。

同年2月に受信した標的型攻撃メールが偶然端末に残っていたことから、少なくとも1台の端末で、同月以降標的型攻撃メールを受信し（医療費通知を装うメール）、職員がそれを開封してEmdivi（エムディビ）というウィル

第9章　自治体情報セキュリティ対策の抜本的強化の契機となった主な事案について　155

スに感染したとされる。このウィルスに感染した端末は外部のC&Cサーバと不審な通信により遠隔操作され、情報を流出させたり、LAN内部の他の端末にウィルス感染を拡大させたりするとされる。

(2)　**攻撃の概要**

①　調査結果の概要

　　i　感染経路

　　　　標的型メール、ネットワークログオン

　　ii　不正プログラムの感染の有無

　　　　攻撃者による遠隔操作の痕跡（ハッキングツールの実行）を確認

　　iii　不審な通信の有無

　　　　外部のC&Cサーバへアクセスしていた端末（4台）については、不正プログラムの感染を確認

　　iv　情報漏えいの有無

　　　　攻撃者が作成したrar形式の圧縮ファイルを確認（ファイルの中身が確認できないため情報の内容は不明、容量は数MB）

　　　　なお、情報漏えいに直結したわけではないようだが、情報系LANのActive Directoryに侵入され、職員のID・パスワードが流出した形跡があったようである。

②　判明した課題

　　i　予防対策

　　　・不審メールに関する職員の知識不足

　　　・ウィルス対策ソフトの適切なパターン更新が未対応の端末有り

　　　・ウィルス対策ソフトによるフルスキャン未実施の端末有り

　　　・OSのセキュリティパッチ適用が未対応の端末有り

　　ii　検知・監視体制

　　　・セキュリティログの保存が不十分（ログの保存期間が短い）

　　　・ログを定期的にチェックする体制が不十分

　　　・不審な通信を監視するシステムがない

(3) 攻撃による影響等

① インターネット遮断

  ⅰ　影響

    ・市民、関係機関、業者等との情報（データ）のやり取り

    ・業務上必要な情報の閲覧及び各種調査

    ・クラウド利用（統計ポータルサイト、農業者年金基金システム等）

    ・インターネット公売

    ・警備システムの通報

  ⅱ　当座の対応

    ・当初は、郵送・ファックス等による代替措置、その後、臨時インター
ネット接続環境（各階・施設に端末1台配置）

② 住基ネット遮断

  ⅰ　影響

    ・広域交付による住民票の交付、住基カードによる特例転入、住基カー
ドの交付、公的個人認証、戸籍の住所変更（住民基本台帳法19条4項通
知）

  ⅱ　当座の対応

    ・全国市区町村に対し紙文書による通知書の郵送

③ LGWAN（総合行政ネットワーク）遮断

  ⅰ　影響

    ・法人市民税の法人からの申告の受理不可（eLTAX（地方税ポータル
システム））

    ・工事発注、変更設計等に影響（工事積算システム）

    ・庁内LAN端末での電子申請データ受信不可

    ・入国管理局との間で外国人の転入出データ連携不可

    ・児童手当専用システム（WISH（厚生労働行政総合情報システム））
の利用不可

    ・LGWANメールの送受信不可（国・県）

  ⅱ　当座の対応

    ・東卸市のeLTAXシステムを借用

・工事積算システムをスタンドアローンで動かす端末（15台）を用意
・長野県市町村自治振興組合から電子申請データをUSBで受け取り
・週に一度、外国人の転入出データを入国管理局へ媒体で郵送
・上小地方事務所で児童手当用端末を借用
・LGWANメールの代わりに、インターネットメールやFAXで対応

3 大阪府堺市個人情報流出事案

主に、「堺市個人情報流出事案検証委員会報告書（平成28年2月）」の記述により、以下概要を示す。

(1) 事案の概要

堺市職員（平成27年12月14日付け懲戒免職。以下「元市職員」という。）が、無断で自宅に持ち帰っていた選挙データや業務ファイル等を個人で契約していた民間のレンタルサーバーの公開されている部分に保存したことにより、平成27年4月から6月までの間、インターネット上で閲覧可能な状態となり、約68万人の有権者データ等の個人情報を含む15ファイルが外部からアクセスされ、個人情報が流出したもの。

(2) 初動調査

① 市の説明

市に対して匿名の通報メールが6月24日に寄せられてから、8月22日及び9月5日にインターネットサイトに個人情報の流出に関する書き込みがなされるまでの間は、システムの売込みの疑いで元市職員への聞き取りを中心に調査を進めていた。

また、9月13日に通報者に協力依頼メールを送付するまでの間、市は通報者にコンタクトを取っていなかった。

その理由については、「通報メールに基づき調査したところ、元市職員が作成したと思われるメール文書等がインターネット検索サイトにキャッシュとして残されていることを確認した。メール文書の内容は、元市職員が自作のシステムを民間企業に売り込んでいることを疑わせるものであったことか

158 第3部 情報セキュリティを確保するシステムモデル

ら、元市職員によるシステムの売込みを告発する通報であると認識していた。」、「元市職員は、聞き取りの中で自作システムの売込みの事実を認めており、市として、通報者に対し、それ以上の情報提供を求める必要がなかった。」、「キャッシュとして残されていたファイルには、個人情報を含むものは無かったことから、この時点で個人情報流出の疑いは認識していなかった。」とした。

② 検証委員会の意見

ⅰ 個人情報の流出の疑いの遅れについて

本事案の最大の教訓は、「インターネット上などIT系の不審事象が起こった場合は、まず個人情報の漏えいを疑え」ということである。今回も通報メールがあった時点で、まず個人情報の流出を疑うべきであった。また、その場合、最初にやるべきことは事実関係の把握と被害範囲の確認であり、一番事情を知っている通報者に聞くことである。通報メールがあった時点で、まず通報者へのコンタクトを取るべきであった。

ⅱ 専門家の参画について

ITの専門家ではない市職員による調査の情報だけで個人情報の流出がなかったと判断するのは難しく、通報メールが寄せられた当初からITの専門家のアドバイスを得て、インターネットの検索やキャッシュが残されていた経緯等の調査を行っていれば、早期に個人情報の流出が判明するなど、結論が違っていた可能性がある。

今後インターネット上などIT系の不審情報への対応は、当該情報内容の重要性に関してスクリーニング（選別）を行い、重要と判断したものについては、専門家の参画を得て対応する必要がある。

ⅲ データ削除への対応について

今回の初動対応においては、本事案のように既にデータが削除されていることも念頭に置いて、個人情報の流出を疑いつつ、専門家と連携しながら本人の同意のもとに、データのアクセスログやサーバーを調査することや、本人がサーバーに保存したデータにアクセスできないようにパスワードを変更することを考える必要がある。

ⅳ 関係部局の連携について

本事案に照らすと、当初調査に当たった人事部門は、情報システム、情

報セキュリティに関して専門ではなく、情報システム部門との十分な連携が必要であった。

また、情報が数秒で拡散してしまうインターネット社会においては、不審情報に対しても迅速な対応が求められることから、まず個人情報の流出を疑い、素早く上層部まで情報が伝達され、必要なレスポンスが取れるような初動体制を構築することが必要である。

ⅴ　通報者への対応について

通報には公益性のある善意の通報と金銭目的等の悪意の通報の2種類があり、その対応は通報者の意図を見極めながら慎重に行う必要がある。従って、対応を現場の担当職員任せにせず、現場から情報を吸い上げ、所属長等に報告して判断を仰ぐ仕組みをつくるとともに、その対応をマニュアル化しておく必要がある。

また、通報者への対応は、通報者の匿名性を担保し、通報者に不利益が及ぶことがないようにしつつ、内容の真実性にかかわらず、まず通報に対する謝意を示し、やり取りのなかで情報を得ていくことが必要である。

(3)　流出発覚以降の市の対応・調査

①　市の説明

個人情報を含むファイルへの外部からのアクセスについて、海外企業の検索ロボットによるアクセスと2つのプロバイダーのIPアドレスからのアクセスを確認している。

検索ロボットからのアクセスによる個人情報の2次流出に関しては、IT分野を専門とする弁護士に相談した結果、当該検索ロボットのIPアドレスの発信元が、ホームページ等の被リンク調査を実施するために情報収集をする海外企業であること、また、当該海外企業が利用者のホームページ等がどのようなブログやサイトにリンクされているか等を調査・分析する業務を行っており、そのために必要な情報を収集するためアクセスしていたと想定されることから、その可能性は低いと考えている。なお、改めて、個人情報にアクセスした全てのアクセスログの解析等を専門機関に依頼して検証している。

また、2つのプロバイダーのIPアドレスからのアクセスについては、JPCERT/CCを介して行った1つのIPアドレスの所有者とのやり取りの中

で、2つのIPアドレスの所有者は通報者とその相談者であるとの情報を得ている。また、通報者から直接届いたメールにおいて、「ダウンロードした個人情報を含むファイルを削除した。他に転送していない。」「相談者も拡散させることなくデータを削除済み。」との言を得て、通報者と相談者が保有していた流出した個人情報は削除され、そこからの個人情報の2次流出やそれによる被害発生の恐れは少ないものと考えている。

関係職員の処分等については、外部委員（3名）が入った「堺市職員懲戒等審査会」に諮り、規則で定める処分基準や過去の事例に照らし合わせた中で、適正に決定、判断した。

② 検証委員会の意見

検索ロボットのアクセス、2つのIPアドレスからのアクセス及び関係職員の処分等についての市の対応は妥当なものとされた。

(4) 再発防止策

堺市の報道提供資料（「職員の不祥事案について（平成27年12月14日）」）により、以下のように報告された。

① データの外部持ち出し制限の強化

i 外部記録媒体（USBメモリー等）の接続制限の拡充

庁内LANや業務システムでは、承認を受けていない外部記録媒体の接続ができないようにする。

ii データの外部持ち出し承認の厳格化

承認を受けた外部記録媒体であっても、データの外部保存を行う場合は、システム上での本人の認証に加え、所属長による承認を必要とすることとし、承認がなければ外部記録媒体へのデータの記録ができないようにする。

iii データの外部持ち出し操作記録（ログ）取得の拡充

業務システムにおいてデータの外部持ち出しを行った場合、詳細な記録が残るようにする。

② 情報セキュリティ等のチェック体制の強化
　　ⅰ　副市長をトップとする指揮命令体制の構築
　　ⅱ　個人情報取扱事務の届出手続きの変更
　　ⅲ　情報セキュリティに関する外部監査の実施（継続実施）

③ 事故発生時の対応の強化
　　ⅰ　副市長をトップとする指揮命令体制の構築（再掲）
　　ⅱ　関係部局による事故対策会議の設置
　　ⅲ　外部有識者からの意見聴取（情報セキュリティアドバイザーの選任）

④ 関係規程の整備
「データの外部持ち出し制限の強化」と「情報セキュリティ等のチェック体制の強化」を主な内容として、関係規程（堺市個人情報の適正管理に関する要綱、堺市情報セキュリティポリシー）を改正する。

第10章 新たな自治体情報セキュリティ対策の抜本的強化について

1 自治体情報セキュリティ対策検討チームについて

　マイナンバー法（2013年5月制定）やサイバーセキュリティ基本法（2014年11月制定）の制定等を踏まえ、「地方公共団体における情報セキュリティポリシーに関するガイドライン」も2015年3月に一部改定された。

　ところが、マイナンバー制度の施行を間近（2015年10月5日）に控えた同年6月1日に、日本年金機構は、外部から送付された不審メールに起因する不正アクセスにより、同機構が保有している個人情報の一部（約125万件）が外部に流出したことが5月28日に判明したとして、報道発表を行った。特定の政府機関、企業を狙ったいわゆる「標的型攻撃」が我が国において広く社会的に問題化したのは2011年の衆議院事務局、三菱重工業等に対する標的型攻撃に端を発しており、年々増加の傾向にあった。そして、日本年金機構の事案は、個人情報が大量に流出したことが現実に確認された初めてのものであった（サイバーセキュリティ戦略本部「日本年金機構における個人情報流出事案に関する原因究明調査結果（平成27年8月20日）」（以下「原因究明調査結果」という）参照）。

　特に、125万人分の個人データがインターネット上に流出したという報道は衝撃的で、自治体としても抜本的な対策を構築していこうということになり、「自治体情報セキュリティ対策検討チーム」が2015年に設置された。

　標的型攻撃とは、ターゲットとする組織の構成員を宛先としたコンピュータウィルス添付メールを、知人からのものと装うなどして送り付けて感染させるという手口のサイバー攻撃で、情報漏えいなどの手段として用いられる。コンピュータウィルスを作成・感染させる行為は現在では刑法犯の対象だが、実際には標的型攻撃は海外から攻撃される場合も多く、摘発は容易ではないようだ。

　したがって、多くの住民情報を扱う自治体にとって、上記の流出事案報道は、改めて重大な警鐘となり、現実問題として、まずは自治体として被害を受けないように防御する対策を早急に講じる必要があると考えられた。とこ

ろがその後、長野県上田市でも標的型攻撃のセキュリティ事案が発生してい
たことが判明したため、他の自治体においても既にそのリスクは存在してい
るとの前提で、早急に緊急時の対応体制などの充実を図りながら、システ
ム・ネットワークの総点検が行われた。その上で、自治体における情報セキ
ュリティに係る抜本的な対策の構築が必要であるとして、専門家や自治体担
当者を招いて、自治体情報セキュリティ対策検討チームによる検討が開始さ
れることとなった（第1回会合2015年7月9日）。

2 自治体情報セキュリティ対策検討チーム 中間報告について

　急ピッチで検討作業が進められ、まずは早く緊急強化対策を取りまとめる
という意味で、2015年8月12日付けで「自治体情報セキュリティ緊急強化対
策について～自治体情報セキュリティ対策検討チーム　中間報告～」が公表
された。

　「1．組織体制の再検討、職員の訓練等の徹底」「2．インシデント即応体
制の整備」「3．インターネットのリスクへの対応」という次の三本柱が骨
子とされ、それらを自治体が円滑に実施できるよう、必要な措置を講じるこ
とが総務省の役割であるとされた。以下は、上記中間報告で主な論点として
挙げられている。

1．組織体制の再検討、職員の訓練等の徹底
　⑴　CISO・CSIRTの設置等
　⑵　インシデント連絡ルートの再構築（多重化）
　⑶　緊急時対応計画の見直しと緊急時対応訓練の逐次実施
　⑷　特に標的型攻撃に対する対策の徹底
2．インシデント即応体制の整備
　⑴　インシデント連絡ルートに沿って、都道府県による支援体制を再
　　　確認
　⑵　不正通信の監視機能の強化
　⑶　自治体情報セキュリティ支援プラットフォーム（仮称）の創設
3．インターネットのリスクへの対応

⑴　安全性の確認
⑵　システム全体の強靭性の向上
⑶　自治体情報セキュリティクラウドの検討

　これらのうち、１.及び２.については、「標的型攻撃に係るインシデント初動マニュアル」の策定、インシデント発生時におけるNISCまでの連絡ルートの強化や自治体の緊急時対応計画の見直しと訓練の徹底等を図るとともに、インシデント情報の共有や情報セキュリティ専門人材のノウハウを自治体の対策に生かす仕組み（自治体情報セキュリティ支援プラットフォーム）の構築などが行われた（「自治体情報セキュリティ緊急強化対策に係る留意事項について（2015年８月21日）」参照）。ただ、「３.インターネットリスクへの対応」については、最終報告までに具体化されることとなった。

3 組織体制の再検討、職員の訓練等の徹底について

　中間報告の第一の柱は、「CISO・CSIRTの設置等」「インシデント連絡ルートの再構築（多重化）」「緊急時対応計画の見直しと緊急時対応訓練の逐次実施」及び「特に標的型攻撃に対する対策の徹底」からなっている。

⑴　CISO・CSIRTの設置等について

　最高情報セキュリティ責任者（CISO）を設置し、その任務を明らかにするとともに、CISOを支え、自治体情報セキュリティ対策を推進するCSIRT等の組織を構築することが必要である。CISOとは、Chief Information Security Officerの略称。CIO（Chief Information Officer＝最高情報統括責任者）と兼ねる場合もある。

　CSIRTとは、Computer Security Incident Response Teamの略称で、情報システムに対するサイバー攻撃等の情報セキュリティインシデントが発生した際に、発生した情報セキュリティインシデントを正確に把握・分析し、被害拡大防止、復旧、再発防止等を迅速かつ的確に行うことを可能とする機能を有する体制で、CISOを支えるものである。

第10章　新たな自治体情報セキュリティ対策の抜本的強化について　165

資料10−1　情報セキュリティ推進の組織体制例

情報セキュリティ委員会

最高情報統括責任者（CIO）
（副市長等を想定）

最高情報セキュリティ責任者（CISO）
（副市長、CIOとの兼務、情報政策担当部長との兼務等を想定）

CSIRT

統括情報セキュリティ責任者
（情報政策担当部長、CIO補佐官等を想定）

情報セキュリティに
関する統一的窓口

情報セキュリティ責任者
（部局長等を想定）

情報セキュリティ管理者
（課室長等を想定）

情報セキュリティ管理者
（課室長等を想定）

情報システム管理者
（システム所管課長を想定）

職員等　　職員等　職員等　情報システム担当者　情報システム担当者

外部委託事業者　外部委託事業者　外部委託事業者

[外部関係機関]
NISC
総務省
J-LIS
都道府県
関連広域団体
県内
他市区町村
JPCERT/C
IPA
警察
外部事業者
等

出所：総務省「地方公共団体における情報セキュリティポリシーに関するガイドライン（平
　　　成30年9月版）」（2018年）図表11

(2)　インシデント連絡ルートの再構築（多重化）について

　各自治体のインシデント対応体制を再確認し、インシデント発生時の国まで
の連絡ルートを再構築（多重化）する。各自治体が検知したインシデント
について、例えば市町村の担当者から一斉同報によって、都道府県、総務
省、当該市区町村内のCISO等の関係者に連絡できるよう、インシデント連
絡フローの再確認を要請したものである（「地方公共団体における情報セキ
ュリティポリシーに関するガイドライン（平成30年9月版）」及び「自治体
情報セキュリティ緊急強化対策について～自治体情報セキュリティ対策検討
チーム　中間報告（平成27年8月12日）」参照）。

　インシデントが発生した際は、次のような項目について事実確認し、同時
並行で庁内のCISO等、しかるべき者まで直ちに連絡するとともに、市区町
村の場合は、総務省及び都道府県に、都道府県及び政令指定都市の場合は総
務省まで、担当者レベルで直ちに連絡することが望まれる。

　①事案の状況
　②事案が発生した原因として、想定される行為
　③確認した被害・影響範囲（事案の種類、被害規模、復旧に要する額等）
　④事案が情報セキュリティインシデントに該当するか否かの判断結果
　⑤記録

資料10-2　NISCが検知したインシデントの連絡フロー

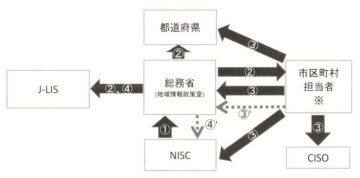

出所：総務省「地方公共団体における情報セキュリティポリシーに関するガイドライン（平成30年9月版）」（2018年）図表13

資料10-3　各地方公共団体が検知したインシデントの連絡フロー

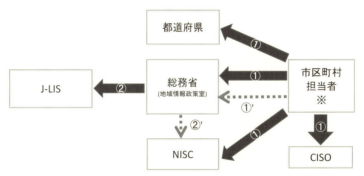

出所：総務省「地方公共団体における情報セキュリティポリシーに関するガイドライン（平成30年9月版）」（2018年）図表14

　なお、事実確認に当たっては、必要応じてセキュリティ事案対処専門家のアドバイスを受ける等、事実確認を見誤らないように努める必要がある。

(3)　**緊急時対応計画と緊急時対応訓練について**
　特に、標的型攻撃に対する緊急時対応計画の見直しと緊急時対応訓練の逐次実施が挙げられ、「標的型攻撃に係るインシデント初動マニュアル」が策定され、標的型攻撃が覚知した場合には、必要な連絡を行った上、プロキシサーバをチェックし、外部への不審な通信の調査を事案発覚後6時間以内に行うことが提案されている。

① 検査できない場合には、外部へのWebアクセス及びパソコンからの
メール送受信を遮断するルールを予め定めておき、被害の拡大の可能性
をなくしておくことが推奨されている（ネット遮断）。

② 検査できて不審な通信が一台のパソコンから行われていることが明ら
かな場合には、対象パソコンの電源を切り隔離する。この場合、LAN
ケーブルの抜線よりも先に電源を遮断する（バッテリーを抜くかコンセ
ントを抜く、わからない場合は電源ボタンを長押しする）。ただし、調
査の妨げになるのでウィルス対策ソフトによるスキャンは行わないよう
注意することとされている。

③ 検査できて不審な通信が2台以上のパソコンから行われていることが
確認できた場合には、まず、外部へのWebアクセス及びパソコンから
のメール送受信を遮断する（ネット遮断）。その上で、不審なアクセス
が人間の操作に起因するものかを確認し、人間による操作で、不審なサ
イトへ誘導されたもので、ウィルス感染ではないことが確定された場合
には、ネット遮断を解除し緊急体制を解除できるとされた。一方、不審
なアクセスがウィルスによるものと疑われる場合には、対象のパソコン
を隔離した上で、AD（Active Directory）のログを確認して、人間以
外のログオンの痕跡を検査する。管理者権限の不正アクセスが見つかっ
た場合には、LANを停止させ、セキュリティ事案対処専門家とともに
対応する必要がある。この場合、感染範囲の特定のできるセキュリティ
事案対処専門家が必要である。感染範囲の特定・除去ができたと合理的
に判断できた場合にはネット遮断の解除を行う。

⑷ 特に標的型攻撃に対する対策の徹底について

標的型対策については、まずは予防のための対策が重要であり、以下の諸
点が指摘された。

① 入口対策
・注意喚起（不審なメールが見当たった場合は報告する）
・訓練メール

② 内部対策

168　　第3部　情報セキュリティを確保するシステムモデル

・AD（Active Directory）ログの定期的確認（管理者端末以外からの
管理者ログオンの成功／失敗、ユーザー端末からのログオンの失敗）
・管理者端末でのメール、Webブラウザの使用禁止

③　出口対策
・不審な通信の確認（プロキシログ）

なお、「地方公共団体における情報セキュリティポリシーに関するガイド
ライン」では、標的型攻撃に対する対策について次のような解説がある。
　㋐　人的対策例（標的型攻撃メール対策）
　　・差出人に心当たりがないメールは、たとえ興味のある件名でも開封し
ない。
　　・不自然なメールが着信した際は、差出人にメール送信の事実を確認す
る。
　　・メールを開いた後で標的型攻撃と気付いた場合、添付ファイルは絶対
に開かず、メール本文に書かれたURLもクリックしない。
　　・標的型攻撃と気付いた場合、システム管理者に対して着信の事実を通
知し、組織内への注意喚起を依頼した後に、メールを速やかに削除す
る。
　　・システム管理者は、メールやログを確認し、不正なメールがなかった
かチェックする（事後対策）。
　㋑　電磁的記録媒体に対する対策例
　　・出所不明の電磁的記録媒体を内部ネットワーク上の端末に接続させな
い。
　　・電磁的記録媒体をパソコン等の端末に接続する際、不正プログラム対
策ソフトウェアを用いて検査する（ただし、この方法には限界がある
ことに留意＝筆者注）。
　　・パソコン等の端末について、自動再生(オートラン)機能を無効化する。
　　・パソコン等の端末について、電磁的記録媒体内にあるプログラムを媒
体内から直接実行することを拒否する。
　㋒　ネットワークに対する対策例
　　・ネットワーク機器のログ監視を強化することにより、情報を外部に持

ち出そうとするなどの正常ではない振る舞いや外部との不正な通信を確認し、アラームを発したりその通信を遮断する。

・不正な通信がないか、ログをチェックする（事後対策）。

(5) ネット遮断を実施できるための事前準備について

標的型攻撃に係るインシデント発生時の初動として、外部へのWebアクセス及び端末からのメール送受信を遮断する（ネット遮断）必要がある場合も想定されるが、遅滞なく実施できるためには、特に、事前準備が必要である。主なものとして次のような準備が求められる。

① ネット遮断になった場合でも行政事務を安全に継続させるために、インシデント発生時に用いる非常時用専用端末を事前に準備しておく。

　i Webアクセスとメールの送受信は、行政事務を行う端末とは別の非常時専用端末を用いること。

　ii メールの送受信を行う非常時専用端末では、Webアクセスできないようにアクセス制御を行うこと。そのアクセス制御は、スイッチ等により行い、パーソナルファイアウォールにより行わないこと。

　iii Webメールの場合は、ホワイトリストの作成により、Webメールのみの通信とすること。

　iv 非常時専用端末の取扱いにおいては、例えば、以下の点に留意すること。

　　㋐ OS及びアプリケーションのパッチを最新に保つ。

　　㋑ 不正プログラム対策ソフトを導入する。

　　㋒ 不正プログラム対策ソフトのパターンファイルを最新にする。

　　㋓ Adobe Flash及びJavaを無効にする。

　　㋔ 通常端末とは別の接続回線を用意する。

② ネット遮断を迅速・確実に行うために、非常時にネットワーク変更等が行えるように事前に各職員の役割並びに実施要領を準備しておく。なお、訓練を事前に行っておくことは、実際の実施時に混乱することなく、初動を行うことができるため望ましい。必要なネットワーク変更には、関連組織Webサイトに絞ったホワイトリストや、非常時専用端末への確実なアク

セス制御等が含まれる。

③　ネット遮断を迅速・確実に行うために、ベンダー等への手配の確認と必要な契約の締結あるいは内容の確認等を事前に行っておく。

④　プロキシサーバのログの監視体制を整備する。その際、インシデント発生の判断の例としては、User Agent（アクセス元端末のブラウザのバージョンが記載されるHTTPヘッダ）やURL長の異常値の発見が挙げられる。（庁内で普段発生する通信とは異なる通信を発見する上で有効）

⑤　ブラックリストに基づくログ分析に関し、以下の事項を実施できる体制を事前に整備する。ベンダーに委託する場合は、必要な契約を締結しておく。
ⅰ　ログとブラックリストとのマッチングを行う。
ⅱ　ブラックリストにマッチングした場合、不正プログラムによるものかどうかを短時間（当日を含め、3開庁日以内）に確認する。

⑥　全てのマシンに最新の不正プログラム対策ソフト及びパターンファイルが適用されているか確認し、不正プログラム対策ソフトによる定期スキャンを行っておく。また、不正プログラム対策ソフトの検知ログを定期的に確認し、不審なディレクトリからの検知がないか、定期スキャンで検知されたものがないかについて監視を続ける。

⑦　インシデント発生時に自治体とベンダーが連携し、攻撃者の行動を迅速かつ正確に把握できるようにするため、フォレンジック調査で必要となるログの取得項目や、ログの抽出方法等について、例えば、以下のような項目について適切な仕様を定め、ベンダーと共有する。
ⅰ　サーバや端末のログ取得項目
ⅱ　ログ保存期間（1年）、保存方法
ⅲ　インシデント発生時におけるログの抽出方法
ⅳ　インシデント発生時、ログを外部ベンダーに提供する際の受け渡し手順

ｖ　ログの確認環境及び確認方法

⑧　複数のSIer（System Integrator）がシステムの運用・保守を担当している場合にも、インシデント発生時に、自治体と複数のSIerが連携し、攻撃者の行動を迅速かつ正確に把握できるようにするため、また、インシデント発生時に速やかに事象の解明・被害範囲の特定・復旧に向けたアクションを実施できるようにするため、以下の事項について、情報共有を行う。

　ｉ　ファイアウォール設定、セキュリティ機器設定

　ｉｉ　ネットワーク構成図（各サブネットワークのリスクレベルがわかるもの）

　ｉｉｉ　該当ネットワーク機器ポート構成図（ネットワーク遮断を強制的に実施するためのポートについて把握できるもの）

　ｉｖ　IPアドレス／サーバ名の表（各端末／サーバのリスクレベルがわかるもの）

　ｖ　不正プログラム対策ソフトベンダーも含めたインシデント発生時の体制

　ｖｉ　操作マニュアル類

　　㋐　プロキシサーバ操作マニュアル（該当する端末のアクセス不可、ログ取得操作など）

　　㋑　ファイアウォール操作マニュアル（該当する端末のアクセス不可、http ／メール毎の通信制御など）

⑨　Active Directory（AD）セキュリティログについては、事前準備を行う。

4　インシデント即応体制の整備について

　中間報告の第二の柱は、インシデント即応体制の整備とされた。残念ながら情報セキュリティ対策には「完全無欠」ということはないので、インシデントが万一発生した際に、被害を拡大しないよう、常日頃から「即応体制の整備」が重要となる。

⑴　インシデント連絡に伴う都道府県による支援体制の再確認について

　特に、都道府県については、市町村等におけるインシデント発生時において、インシデント即応体制の主体として事案対処に当たることが期待されることから、予め、各都道府県ごとに、都道府県CSIRTと市町村CSIRTの連携体制を構築しておくことが必要である。

⑵　不正通信の監視機能の強化について

　アクセス制御、不正プログラム対策、不正アクセス対策等の技術的対策をこの際点検することとされた。特に、全自治体において、プロキシログを収集・保存し、疑わしきものをフィルタリングする等の対策を実施することが必要であると考えられた。また、できれば、各都道府県において、当該都道府県庁及び市町村役場のプロキシログの疑わしきものを収集・保存・分析を行う対策を実施することが望ましいと考えられた。

⑶　自治体情報セキュリティ支援プラットフォームの設置について

　官民問わず、水準の高い情報セキュリティ人材の確保は困難であると思われたので、支援プラットフォームが設置された。その中で、我が国を代表する情報セキュリティ専門人材から構成されるワーキンググループが組成され、インシデント初動マニュアルや対処訓練マニュアル等を作成の上、自治体に提供された。なお、このプラットフォームはインシデント関連掲示板によるインシデント情報の共有や情報セキュリティQ&Aなどの仕組みも有している。

5　自治体情報セキュリティ対策検討チーム報告について（インターネットのリスクへの対応）

　2015年11月24日には、「新たな自治体情報セキュリティ対策の抜本的強化に向けて」と題する自治体情報セキュリティ対策検討チーム報告が座長の佐々木良一東京電機大学教授より高市早苗総務大臣（当時）に報告された。

　この報告では、特に、中間報告（同年8月12日）において提言されていた第三の柱「インターネットのリスクへの対応」について、具体的な内容が盛り込まれた。

第10章　新たな自治体情報セキュリティ対策の抜本的強化について　173

この点については、次の三点が提言されていた。

(1) 安全性の確認

マイナンバー制度が施行されるまでに、庁内の住民基本台帳システム（既存住基）がインターネットを介して不特定の外部との通信を行うようにできないようになっていることを確認することが望まれる。

(2) システム全体の強靭性の向上

情報提供ネットワークシステムの稼働を見据え、機密性はもとより、可用性や完全性の確保にも十分配慮された攻撃に強い内部ネットワーク等の構築を図ることが望まれる。

(3) 自治体情報セキュリティクラウドの検討

自治体における不正通信の監視機能の強化等への取組に際し、より高い水準のセキュリティ対策を講じるため、インターネット接続ポイントの集約化やセキュリティ監視の共同利用等（自治体情報セキュリティクラウド）の検討を進めるべきと考えられる。

まず、「(1) 安全性の確認」については、マイナンバー付番のシステムである既存住民基本台帳システム（以下「住基」という）について、全ての自治体でインターネットから分離された上で、マイナンバー法の施行日である2015年10月5日を迎えることができたことが確認された。

次に、「(2) システム全体の強靭性の向上」及び「(3) 自治体情報セキュリティクラウドの検討」については、情報提供ネットワークシステムの稼働を見据えて、各自治体においては、インシデント即応体制や職員の訓練の徹底などの情報セキュリティ確保体制の強化を図るとともに、「三層の構えで万全の自治体情報セキュリティ対策の抜本的強化を」図ることが求められた（「自治体情報システム強靭性向上モデル」）。

なお、三層からなる対策は次のようなものであった。

① マイナンバー利用事務系（既存住基、税、社会保障など）においては、原則として、他の領域との通信をできないようにした上で、端末からの情

報持ち出し不可設定や端末への二要素認証の導入等を図ることにより、住民（個人）情報の流出を徹底して防ぐこと。

② マイナンバーによる情報連携に活用されるLGWAN環境のセキュリティ確保に資するため、財務会計などLGWANを活用する業務システムと、Web閲覧やインターネットメールなどのシステムとの通信経路を分割すること。なお、両システム間で通信する場合には、ウィルスの感染のない無害化通信を図ること（LGWAN接続系とインターネット接続系の分割）。

③ インターネット接続系においては、都道府県と市区町村が協力してインターネット接続口を集約した上で、自治体情報セキュリティクラウドを構築し、高度なセキュリティ対策を講じること。

資料10－4　三層の構えによる自治体情報システム例

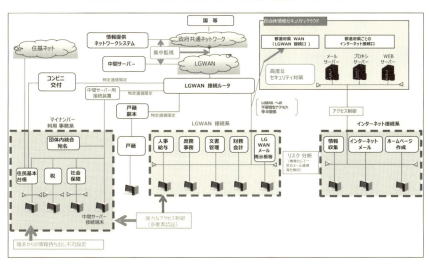

出所：総務省「地方公共団体における情報セキュリティポリシーに関するガイドライン（平成30年9月版）」（2018年）図表15

第4部

自治体情報システム強靱性
向上モデルについて

第11章 強靱性向上の要素について

1 三つのセグメントとシステム分離について

　「日本年金機構における個人情報流出事案に関する原因究明調査結果（平成27年8月20日）」（以下「原因究明調査結果」という）においても、「4. 今回のサイバー攻撃の特徴と対策」の中で、「4.1. 標的型攻撃の特徴等」として、次のように指摘されている。「標的型攻撃では、攻撃者は標的とする組織に狙いを定め、精巧な技術と相当程度の資源を投入して、標的とする組織の情報を窃取し、業務を妨害することを狙うとされる。そして、長期間にわたって、目的達成に必要な水準の通信を維持し、繰り返して攻撃をしかけ、目的を着実に遂行するといった特徴がある。」

　このため、インシデント対応に係る対策だけでなく、システム防御策が重要となり、「原因究明調査結果」においても、「4.2.1　システム防御策」の中で次のような指摘があった。「システムは、攻撃を検知しやすく侵入範囲が拡大しにくいように設計・構築し、運用する。特に、業務や取り扱う情報の性質・量に応じて、重要な情報に攻撃が到達しないよう、セグメント（ローカルエリアネットワークを構成する範囲の単位で、スイッチやVLANを用いて区切られる範囲）を分割し、また、システムの分離を確実に行う。同時に、システムの分離の意義を損なうことのないよう、各システムで扱うことができる情報・できない情報についてルール化し、職員に徹底する。」

　自治体情報システム強靱性向上モデルにおいても、取り扱う情報の性質に応じて、セグメントの分割による確実なシステムの分離と、各システムで扱うことのできる情報と当該情報にアクセスできる職員を明確にルール化し、それをシステム的にも担保するという視点が重視された。

　まず、取り扱う情報の性質に応じて次の三つのセグメントに分け、システムを分離することとされた。

① マイナンバー利用事務系

　個人番号利用事務、既存住基及び戸籍事務等に供する情報システム及びデ

ータで、代表的なものには、既存住基、税、社会保障、戸籍事務等がある。これらの業務用サーバは、同一セグメント内の端末とのみ通信できるように設定した上で、サーバは当然のこと、これらの業務用サーバに接続されている端末からもインターネット接続を禁止し、インターネットリスクからの徹底分離が求められた。インターネットを活用したメールのやり取りやWeb閲覧の利便性よりも情報セキュリティを一律に優先させるとの判断である。

　なお、インターネットリスクを徹底分離しても、データの持ち出しリスク等が残るため、担当職員以外はアクセスできないことを端末への二要素認証の導入等で徹底するとともに、端末からの情報持ち出し不可設定を図ることで、住民（個人）情報の流出を徹底して防ぐこととされた。

② LGWAN接続系

　個人番号関係事務等に供する情報システム及びデータで、代表的なものには、人事給与、財務会計、文書管理等がある。様々なLGWAN‐ASPサービスなどを活用する端末が所在するセグメントである。マイナンバーによる情報連携にLGWANが活用されることもあり、このセグメント内の情報システムと併せLGWAN環境のセキュリティを確保するため、インターネットリスクからの分断が求められた。リスクの徹底分離のためにはインターネット接続を禁止するしかないが、リスクからの分断とは、インターネットを通した通信を行うことがあっても、そのリスクは排除するという考え方である。

　このため、一旦LGWAN接続系としてセグメントを分けた上で、マイナンバー利用事務系のセグメントとは通信をできないようにしてリスクの徹底分離を維持する。さらに、セグメント分割により、Web閲覧やインターネットメールなどのシステムとの通信経路が分けられた上で、両セグメントのシステム間で通信する場合には、ウィルス感染のない無害化通信を図ることでリスクからの分断を求めるものである。マイナンバー利用事務系のセグメントは他のセグメントから「分離」させるという用語と区別するため、LGWAN接続系とインターネット接続系の「分割」という用語を用いることとされた。

③ インターネット接続系

　インターネットを通した通信を行うことを本来目的としたインターネット

メール、Web閲覧、CMS（Contents Management System ＝コンテンツ管理システム）等に利用する情報システムからなるセグメントである。高度なセキュリティ対策を効果的に講じるため、都道府県と市区町村が協力してインターネットとの接続口を集約した上で、自治体情報セキュリティクラウドを構築することとされた。

2　三層の構えによる防御について

① 一層目の防御

インターネット接続系セグメントには、Webサーバ（ホームページ公開用）、メールリレーサーバ（メールサーバを含む場合もある）、プロキシサーバ（インターネット閲覧用）及び外部DNSサーバ等、インターネットを介した通信を本来目的とする情報システムのみを配置することとし、その際、都道府県と市区町村が協力して集約することとした（自治体情報セキュリテ

資料11－1　強靭性向上モデルにおけるネットワーク再構成の一つのイメージ

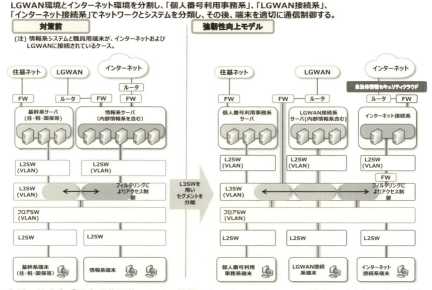

出所：総務省「地方公共団体における情報セキュリティポリシーに関するガイドライン（平成30年9月版）」（2018年）図表16

ィクラウド）。すなわち、インターネットとの接続口が集約化されること
で、Webサーバ、メールリレーサーバ、プロキシサーバ、外部DNSサーバ
など、監視やログの分析・解析の対象を集約化できるとともに、ファイアウ
ォール、IPS（不正侵入防御システム）／IDS（不正侵入検知システム）、
ふるまい検知機器、Webフィルタリング及びWAF（Web Application
Firewall）等のセキュリティ機器の自治体間での共同利用が図られること
で、より高度なセキュリティ対策を各自治体当たりの負担をより少なくして
実現することが可能となった。また、全国的にも限られるセキュリティ専門
人材によって高水準の運用監視も可能となる。

　このようにインターネットとの接続が不可欠な情報システムをインターネ
ット接続系セグメントに集約配置して、セキュリティ対策を集中運用するこ
とで、インターネットリスクへの対応力を高めた。

　また、このセグメントに配置される端末は、インターネットを介したやり
取りが中心になるので、他のセグメント（LGWAN接続系、マイナンバー利
用事務系）に配置されたサーバや端末との通信は許されないことになる。

②　二層目の防御

　次に、人事給与や財務会計、文書管理等の情報システムについては、自治
体間等でのやり取りやLGWAN‐ASPの活用等の必要性から、LGWAN接続
系セグメントとして、インターネット接続系とはセグメントを別に構築する
こととした。個人番号関係事務をはじめ、より多くの個人情報を取り扱う情
報システムが配置されるとともに、LGWANがマイナンバーによる情報連携
に活用されることから、特にインターネットリスクとの分離が求められたか
らである。しかしながら、このセグメントに配置された端末からもインター
ネットメールのやり取りやWeb閲覧ができた方が業務上有効であるとの意見
があった。例えば、メールを送付するだけとか、受信メールから添付ファイ
ルを削除した後の本文のテキストデータだけ閲覧・利用するような場合は、
インターネットリスクは合理的に克服されていると評価できるのではないか、
といったものである。すなわち、インターネット接続系とLGWAN接続系の
両セグメント間であっても、インターネットリスクがないと合理的に評価で
きる通信であれば許されるとし、これを無害化通信と呼ぶこととされた。

　なお、念のため、LGWAN接続系セグメント内の端末等が標的型攻撃によ

第11章　強靭性向上の要素について　　181

り不正なプログラムに感染した場合に、LGWANを通して外部との不正な通信等を行おうとするような不審な動作を監視するため、各市区町村の庁内LANとLGWAN接続ルータとの間にあるLGWAN接続ファイアウォールから、自治体情報セキュリティクラウド上のログ分析システムにログを転送するように設定を変更することが推奨された。

③ 三層目の防御

また、マイナンバー利用事務系のセグメントに配置されたサーバや端末については、そもそもインターネット接続をしないことによって、インターネットリスクからの徹底分離を図ることとされた。なお、この場合においても、内部者による情報の持ち出しを防止するために端末からの情報持ち出しを不可能にする設定（情報持ち出し不可設定）や権限のない者が勝手にアクセスすることを防止し、操作した個人の特定を強化するため、端末にログインする際は二要素認証をすること等の導入が推奨された。

3 無害化通信について

(1) 検討チームの報告

自治体情報セキュリティ対策検討チームの報告（「新たな自治体情報セキュリティ対策の抜本的強化に向けて」平成27年11月24日）では、財務会計などLGWANを活用する業務用システムと、Web閲覧やインターネットメールなどのシステム（インターネット接続系）との通信経路を一旦分離した上で両システム間で通信する場合には、ウィルス感染のない無害化通信を図ること（LGWAN接続系とインターネット接続系の分割）とされた。

LGWAN接続系とインターネット接続系とのセグメントの分割を行った上で、業務の都合上、両セグメント間でのファイルのやり取り等が必要な場合がある。一方で、インターネット接続系のシステムには、Web閲覧やメールの受信によってマルウェアに感染するリスクがある。そこで、両セグメント間で通信を行う場合にはウィルス感染のない無害化通信を図ることが推奨された。無害化通信とは、コンピュータウィルス等の不正プログラムの付着がない等、安全が確保された通信と考えられる。その種類としては、次の三

182　第4部　自治体情報システム強靱性向上モデルについて

つが想定された。

① メール無害化

　インターネットメール（添付ファイルを含む）について、添付ファイルやURLハイパーリンクの削除、HTMLメールをテキストメールに変換するなどの無害化処理を加えて、LGWAN接続系に取り込むもの。

② ファイル無害化

　ファイルからテキストのみを抽出したり、ファイルを画像PDFに変換したり、サニタイズ処理を加えたりして、インターネット接続系等で取得したファイルをLGWAN接続系に取り込むもの。

③ 仮想サーバの活用

　インターネット接続系の仮想サーバ上に映し出された画像をLGWAN接続系にデータを取り込むことなく、画像転送用の通信によってLGWAN接続系の端末から閲覧するもの。

　なお、インターネット接続系の端末でインターネットメールの閲覧等を行うに際しても、無害化を施すべきか、という論点もある。住民とのメールのやり取り等も想定される。ただ、インターネット接続系には、原則として住民データを存在させないことを前提としており、無害化処理に要するコスト等を勘案すると、その処理をしなくても自治体情報セキュリティクラウドによる高度なセキュリティ対策によって対応可能と考えてよいと思われた（後記(2)参照）。

　なお、サンドボックス等での高度なウィルスチェックを行う方法があるが、完全にウィルスを検知できるわけではないので、無害化という取扱いとは異なるものと整理された。また、業務上、どうしてもUSB等の外部記憶媒体を用いてデータの受け渡しを行う必要がある場合には、次のような厳格な運用が求められると考えられた。セキュリティソリューション（後出するサニタイズ処理等）を導入し、端末には利用許可された媒体のみ接続可能とした上で、データの暗号化とパスワード設定を行い、利用媒体の利用履歴を残し、データの受け渡しには必ず上司の承認と承認記録を残すこと等である。

⑵　インターネットメールの無害化

　インターネットメールは、基本的にはインターネット接続系の端末で確認することが想定された。この場合には、無害化の処理は行う必要はない（マルウェア感染メールの到達を想定すれば、無害化処理をした方が望ましいとも言える。しかし、必須とする必要はないと考えられた）。ただ、各職員の日常業務用としてはLGWAN接続系の端末を活用し、インターネット接続系の端末は、各課に一台備えているといったような場合には、LGWAN接続系の端末でメールの確認ができれば便利であるとの意見が多く、インターネット接続系で受信したインターネットメールをLGWAN接続系に取り込む方法が検討された。

　メールの添付ファイルを開封するとウィルス感染する場合に備え、添付ファイルを削除し、テキスト形式のメール本文だけをLGWAN接続系の端末に転送する方法がある。この場合の添付ファイルはインターネット接続系に所在するサーバに保存しておいて、必要な場合にインターネット接続系の端末から参照すればよい。なお、メール本文について、HTMLメールの場合にはテキストメールに変換する必要があり、ハイパーリンク（URLへのリンク）がある場合には削除した上で、本文のみをLGWAN接続系に転送する方法が求められる。

⑶　ファイルの無害化

　添付ファイルそのものをLGWAN接続系の端末で閲覧や編集を行えれば、その方が便利である場合も多いであろう。閲覧や編集を行いたいファイルとは、インターネット接続系で受信したインターネットメールの添付ファイル、インターネット経由で入手したファイル、又は外部記憶媒体等による組織外から持ち込むファイルが想定される。このような場合には、ファイルの無害化が同時に必要となり、次の三つの方法が想定された。

　　ⅰ　ファイルからテキストのみを抽出
　　　　いわゆるファイルのテキスト化によりリスクをなくす方法である。
　　ⅱ　ファイルを画像ファイル（PDF画像等）に変換
　　　　画像ファイルへの適切な変換によってリスクをなくす方法である。
　　ⅲ　サニタイズ処理（再構成）
　　　　ファイルを一旦分解した上で、ウィルスが潜んでいる可能性のある部

分について除去を行った後、ファイルを再構成し分解前と同様のファイル形式に復元する方法である。例えば、ウィルスが通常潜んでいるのは、Excelのマクロプログラムや空白ビットスペース等であることから、余分な記述を削除したり、意味のないデータで上書きしたりしてファイルの再構成を行う方法である。今後、この分野では様々な機能向上が期待されるところである。

⑷ 仮想サーバの活用

　インターネット接続系に、「仮想化されたデスクトップ環境を搭載するサーバ」（仮想サーバ）を置き、その仮想化されたデスクトップ環境から、インターネット接続系に設置されたメールサーバを経由してインターネットメールのやり取りを行い、Web閲覧であればプロキシサーバを経由して外部のインターネットと通信を行うというシステムをセットする。併せてストレージや認証サーバもインターネット接続系に用意する。LGWAN接続系の端末は、この仮想サーバと画面転送によってアクセスすることで、メールやWebのコンテンツを確認することができる。仮にインターネット接続系に所在する仮想サーバがマルウェアに感染してもLGWAN接続系を侵害することはないという設計である。

　仮想サーバについては、今後、更なる技術革新が期待される分野であるが、次のように概ね三つの方式が想定された。

① VDI（Virtual Desktop Infrastructure ＝仮想デスクトップ基盤）

　サーバの仮想化基盤上に利用者ごとの仮想デスクトップ環境を構築するもの。利用者ごとに専用のクライアントOSを活用して個別の環境を設定できるので、利用できるアプリケーションの制約が少ない。ただし、複数のOSが同時に稼働するためサーバリソースが必要となりコストが高くなる。

② SBC（Server Based Computing）

　1台の仮想サーバにある仮想のデスクトップ上の複数のアプリケーションを複数の利用者が共用するもの。一つのサーバOSを共用するので、マルチユーザー対応のアプリケーションの必要があるという制約がある。ただし、サーバOSを利用者が共用することによりリソース利用の効率化が図られ、

第11章　強靭性向上の要素について　185

VDIよりもコストが安くなる。

③　仮想ブラウザ

　仮想サーバ上でマルチユーザ対応のブラウザ（仮想ブラウザ）を稼働させ、ブラウザの画面を利用者の端末に転送するもの。コストは一番低いと思われるが、ブラウザで使用できるアプリケーションしか利用できないという制約がある。

　ネットワーク分離後にLGWAN接続系の端末でもインターネットメールだけでなくWebの閲覧を可能にしようとすると、仮想サーバの活用が求められる。柔軟性の高いVDI方式はコストが高くなるので、必要な利用者を限定してライセンス料等を少なくする工夫も必要であろう。他の利用者については、SBC方式や仮想ブラウザの活用が考えられるが、インターネットを業務で利用する頻度が低い場合には、LGWAN接続系の端末とは別に、インターネット専用端末を別に用意し、共同利用する等の方法も検討に値するのではないか。いずれにせよ、セキュリティの確保という目的達成の一方で、真の利便性の確保とコストの両立を図る工夫が求められる。

(5)　**仮想サーバの更なる活用**

　仮想サーバについては、その特徴から、無害化通信に活用するだけでなく、新たな業務形態を支援する仕組みとしての活用も期待されている。

　データ（情報）は仮想サーバ側に格納されており、利用者側の端末は仮想サーバの映像を映し出しているだけなので、利用者の端末側にはデータが残らない。端末側は映像が映し出せればよいので、パソコンでなくとも、タブレット等のデバイスも十分活用可能である。BYOD（Bring Your Own Device＝個人端末の持ち込み）として、セキュリティを確保した上で、個人の端末を業務に活用することも可能になってくる。また、安全な通信ネットワークが確保できれば、自席や会議室だけでなく、職場の外や自宅等からでも仮想サーバにアクセスして作業を行うこともできる。端末にデータがないので紛失時のリスクも低い。これらの特色を活かして業務改革やワークスタイルの変革のツールとなることも期待される。また、災害発生時等における業務の早期復旧も期待できる。

なお、仮想サーバはOSのライセンス費用のコスト高等の課題が指摘されているが、技術の進歩と利用シーンの増加等に伴い改善されていく可能性も期待されるところである。

4　持ち出し不可設定と二要素認証について

　マイナンバー利用事務系のセグメントに配置されたサーバや端末については、そもそもインターネット接続をしないことによって、インターネットリスクからの徹底分離を図ることとされた。そこで、内部者による情報の持ち出し等の内部不正を防止するために、次の二つの対策が推奨された。

⑴　持ち出し不可設定

　マイナンバー利用事務系においては、USBメモリ等の外部記憶媒体による端末からの情報持ち出しができないように設定することとされた。内部の者による不正な情報持ち出しを防ぐ目的であるとともに、USBメモリ等で情報を出し入れすることとすれば、USBメモリ等の紛失による情報流出やウィルス感染のリスクが高まる等の懸念があり、これらを防止する意味もある。

　なお、業務上、例外取り扱いが必要な場合には、十分留意する必要がある。例えば、納付書等の帳票の大量印刷等のアウトソーシングや指定金融機関に対する口座振替情報の提供等、外部記憶媒体の利用が必要な場合には、管理者権限を持つ職員によってその都度限定を解除する、又は管理者権限を持つ職員のみに許可する設定により例外として取り扱うことになるが、次の諸点にも留意することが求められる。

- ・端末には許可された媒体のみ接続可能とすること
- ・データは暗号化しパスワードを設定すること
- ・利用媒体は全て管理し利用履歴を残すこと
- ・データの受け渡しには必ず上司の承認と承認記録を残すこと

⑵　二要素認証

　マイナンバー利用事務系の端末にログインする場合には、ID／パスワードに加えて別の認証方法を導入し、二つの方法を組み合わせた二要素認証と

第11章　強靭性向上の要素について　187

することとされた。具体的には、ID ／パスワード入力（知識）の他に、IC カード（所持）、生体認証（指紋、静脈、顔等＝存在）がある。認証においては、人事情報と連携し、ユーザー、組織単位ごとにアクセス制限を設定す

資料11－2　情報システムが正規の利用者かどうかを判断する認証手段

認証手段の概要と具体例		利点	欠点
「知識」を利用する手段	●パスワード ●パスフレーズ ●暗証番号 ●ピクチャーパスワード	●運用コストが安い ●特別な装置が不要で、非常に簡便	●複雑すぎる「知識」は記憶できない ●簡単な「知識」さえあれば、正規の利用者でなくても、「知識」を推定して正規の利用者になりすますことができる ●「知識」忘失の恐れがある
	「知識」と「所持」を併用 ●ICカードと暗証番号の併用 ●ワンタイムパスワードトークンとパスワード（暗証番号）の併用 ●SIMカード（携帯電話／スマートフォンの固有番号）とパスワードの併用	●「知識」と「所持」を併用することで、「知識」だけ、あるいは「所持」だけに頼るよりも安全性が高い	●カードやトークン等が必要で運用コストが高い ●カードやトークン等の盗難・紛失の恐れがある ●「知識」忘失の恐れがある
「所持」を利用する手段	●ICカード ●USBトークン ●SIMカード（携帯電話／スマートフォンの固有番号）	●「知識」に頼らず、安全性を向上できる	●カードやトークン等が必要で運用コストが高い ●カードやトークン等の盗難・紛失の恐れがある ●正規の利用者でなくても、何らかの手段（例えば盗難や偽造）でカードやトークン等を「所持」することができれば、情報システムは正規の利用者と誤認する
「存在」を利用する手段	●バイオメトリックス認証（指紋、声紋、静脈等）	●「知識」や「所持」に頼らず、安全性を向上できる ●偽造がかなり困難 ●盗難・紛失の恐れがない	●特別な装置が必要で、運用コストが高い ●システム・装置によって認証精度に大きなばらつきがある ●認証データは本人固有の生体情報を基にして作られるため、万が一、認証データの漏えいや偽造が発生しても、認証データ自体を変えることができない
	●リスクベース認証（行動パターン、キーボードを使う時の癖など）	●行動パターンや癖などをまねるのは難しい ●完全に一致する行動パターンや癖が現れるのもかえって不自然と判断可能 ●盗難・紛失の恐れがない	●完全な利用者認証にはならない。"リスクベース"とは、行動パターンやキーボードを使う時の癖がいつもと違うことを検出した時に、"他人が利用しているかもしれない＝リスクの検知"と判断して、別の利用者認証を要求する、という意味 ●状態監視が常時必要なので、運用コストも比較的かかる

出所：総務省「地方公共団体における情報セキュリティポリシーに関するガイドライン（平成30年 9 月版）」（2018年）図表18

ることが求められる。

　ログイン操作を行った本人を確実に特定することができるので、内部不正の防止と不正な第三者によるログインを防止することができる。

5　特定通信について

　マイナンバー利用事務系のセグメントに配置されたサーバや端末についても、コンビニ交付やデータのバックアップ、クラウドサービス利用の場合等において、外部との通信が求められることがある。この場合には、予め通信経路を限定し、それを確実に実現する手段で担保された特定通信限定で行わなければならないと考えられた。

　特定通信は、マイナンバー利用事務系が、住民基本台帳ネットワーク、中間サーバ連携、コンビニ交付やLGWAN－ASPサービスなど十分にセキュリティが確保された通信先との接続が想定された。

　その他、データバックアップセンターや共同利用／クラウドセンターなど、外部ネットワークとの通信が発生する場合は、特定通信限定として、MACアドレス、IPアドレスに加えて、アプリケーションプロトコルレベルでの通信経路の限定（ポート番号）も行った上で、L2SWやL3SWによる通信経路限定、ファイアウォールによる通信プロトコル限定等によって実現することが想定された。専用線サービスやIP－VPNサービスを検討する場合も想定される。通信先自身において十分に情報セキュリティを確保されていることが前提で、特定通信を行う外部接続先についても、インターネット等と接続されていないことの確認が重要である。

　なお、マイナンバー利用事務系及びLGWAN接続系では、Windows、Office、アンチウィルスソフトの更新ファイルをインターネット越しに利用することができないので、LGWAN－ASPとして「自治体情報セキュリティ向上プラットフォーム」の運用も開始されている。情報セキュリティと運用上の利便性を確保しながら外部との通信を図る手法については、今後とも、様々な検討が進むことが期待される。

　その他、業務全般にわたって、プリンタや複合機の情報セキュリティ対策などにも十分配慮し、漏れがないように留意することが大切である。

第11章　強靱性向上の要素について　　189

第12章 自治体情報システム強靭性向上モデルの構築手順について

　自治体情報システムの強靭性を向上させるために、情報資産の性質ごとにシステム分離を図り、三つのセグメントに分けてインターネットセキュリティや内部者によるリスク管理等を講じることとされた（本書11章参照）。セグメント分割等の手順については、ガイドラインとして、「地方公共団体における情報セキュリティポリシーに関するガイドライン（平成30年9月版）」が示されたところである。その考え方等をフォローしつつ、今後の対応等を検討することが望まれる。

1 【手順1】 ネットワーク接続ルールの確認

(1)　現有サーバが保持する情報の性質に応じて外部との接続関係を整理すること

①　主に従来、基幹系システムとして整理されてきた情報資産については、マイナンバー利用事務系として、インターネットとは接続できない環境を設定することとされた。

　マイナンバー利用事務、住基と密接に係る戸籍事務等に供する情報システム（ハードウェア、ソフトウェア及びネットワーク等）及びデータがこれに当たる。代表的なものには、住基、税務、社会保障、戸籍等がある。主に、従来は、基幹系システムとして整理され、端末もインターネットとの接続を認めてこなかった場合が多いと思われる。

②　主に従来、情報系システムとして整理されてきた情報資産については、セグメントを二つに分割して、インターネットリスクに対して異なる対応方法を採用することとされた。

　従来、情報系システムとして整理されてきたセグメントについては、LGWANともインターネットとも接続できる環境として構築された場合が多かったようだが、マイナンバー制度の施行を踏まえて、LGWAN接続系とインターネット接続系とに分割し、特に、LGWAN接続系については、インタ

ーネットのリスクからの分離が図られることとなった。

 i LGWAN接続系情報資産

　　個人番号関係事務等に供する情報システム（ハードウェア、ソフトウェア及びネットワーク等）及びデータがこれに当たる。代表的なものには、人事給与、財務会計、文書管理等がある。LGWANがマイナンバーによる情報連携に活用されることから、特にインターネットリスクから分離する方法が推奨された。

 ii インターネット接続系情報資産

　　インターネットメール、Web閲覧、CMS等に利用する情報システム（ハードウェア、ソフトウェア及びネットワーク等）及びデータがこれに当たる。インターネットを介した業務そのものを目的とするため、インターネット接続環境の利便性をあまり低下させることはできない。したがって、LGWAN接続系のようにインターネットリスクを完全に分離することはできないため、セグメントを分けることとされた。一方、インターネットセキュリティについては、集中して高度な対策を取ることが有効であるところから、都道府県単位でインターネットの接続口を集約して、都道府県と市区町村が連携して、自治体情報セキュリティクラウドを構築することが推奨された。

⑵ 必要な外部接続条件を整理一覧化すること

　マイナンバー利用事務系、LGWAN接続系、インターネット接続系それぞれが接続する外部ネットワークを洗い出し、ネットワーク接続情報として整理一覧化する。

　（参考：資料12-1　自治体情報システムに係るサーバ・端末別の接続ネットワーク）

① マイナンバー利用事務系

　外部接続として、住基ネット、マイナンバー制度における中間サーバ連携や住民票の写し等のコンビニ交付用のLGWAN接続、データバックアップセンターや共同利用／クラウドセンター等、十分にセキュリティが確保された特定通信先と限定的に接続することが必要である。

　なお、外部接続先も、インターネット等と接続されていてはならないこと

第12章　自治体情報システム強靭性向上モデルの構築手順について　191

も留意すること。また、OSアップデートやウィルス対策ソフトのパターンファイルの更新等においても、インターネットに接続して利用しないことに留意すべきである。

② LGWAN接続系

LGWANメール、LGWAN－ASP等の特定通信先と限定的に接続する。直接インターネットと接続しないことに留意すること。インターネットと接続する場合については、例えばインターネットへのメール発信と、インターネット接続系にてHTMLメールのテキスト化や添付ファイルの削除が行われた受信メールの取り込み等の無害化された通信とすることを図る。

③ インターネット接続系

外部接続としてインターネットと接続するセグメントであるため、IPS・IDS、ふるまい検知等の導入を始めとする自治体情報セキュリティクラウドの利用等、高度なセキュリティ対策を検討する必要がある。

④ 管理系

ユーザーや機器の認証に用いられる認証サーバや、情報システムの運用上必要となる監視やバックアップの管理サーバは、必要に応じて各ネットワークに設置される必要があるが、個人番号利用事務系とLGWAN接続系の認証サーバや管理サーバ同士の同期等については、リスクから隔離された専用ネットワークとして通信することも必要な場合がある。なお、インターネット接続系のサーバ等の管理が必要な場合は、別途インターネット接続系管理ネットワークを検討する必要がある。

2 【手順２】 サーバ間接続ルールの確認

⑴ 接続先サーバを確認すること

各サーバについて、その接続先サーバ及びアクセスの内容（通信プロトコル、データ等）を洗い出す。接続先サーバとネットワークを超えて接続されている場合には、各ネットワークの許容できる接続範囲、アクセスの内容を

超えていないことを確認する。

(2) サーバ間接続ルールを確認すること

先に確認した各サーバの接続先情報と、前記 **1** で整理したネットワーク接続ルールを照合し、サーバ間接続情報が外部接続ルールに抵触していないことを確認する。

(3) サーバ間接続情報を整理一覧化すること

先に確認した各サーバの接続先ネットワーク及び接続先サーバを一覧化し、サーバ間接続情報として整理一覧化する。

（参考：資料12 - 2　サーバ間連携イメージ）

3 【手順3】 端末接続ルールの確認

- -

(1) 各端末が接続するサーバを確認すること

組織内の端末を洗い出し、それぞれマイナンバー利用事務系、LGWAN接続系、インターネット接続系のどのサーバに接続すべきかを確認する。

(2) 端末接続ルールを確認すること

① マイナンバー利用事務系

各端末について、その接続先サーバ及びアクセスの内容（通信プロトコル、データ等）が接続条件に抵触していないことを確認する。

② LGWAN接続系

各端末について、その接続先サーバ及びアクセスの内容（通信プロトコル、データ等）が接続条件に抵触していないことを確認する。なお、特に秘匿性の高い情報を取り扱う業務を除いては、一台の端末で複数の業務を取り扱うことも想定されることに留意する。

③ インターネット接続系

各端末について、その接続先サーバ及びアクセスの内容（通信プロトコ

第12章　自治体情報システム強靭性向上モデルの構築手順について　193

ル、データ等）が接続条件に抵触していないことを確認する。

(3)　端末接続情報を整理一覧化すること

先に確認した各端末の接続先ネットワーク及び接続先サーバを一覧化し、端末接続情報として整理一覧化する。

（参考：資料12-3　端末アクセスコントロールイメージ）

4 【手順4】追加整備が必要なネットワーク機器の洗い出し

(1)　ネットワーク機器を整理一覧化すること

先に確認した、ネットワーク接続情報、サーバ間接続情報、端末接続情報に基づき、実際にネットワークを敷設する際に必要となるネットワーク機器（メインスイッチ、フロアスイッチ、島ハブ、FW（ファイアウォール）等）を配備先フロア・組織単位に整理して現有するネットワーク機器と照合し、追加整備が必要なネットワーク機器を整理一覧化する。

（参考：資料12-4　組織別　端末ポート数イメージ）

5 【手順5】必要な経費の算出上の留意点

(1)　LGWANとインターネットのセグメント分割

分割とは、一旦、両セグメント間の通信環境を分離した上で、必要な通信だけを許可できるようにすることを言う。

① ハードウェア
　・メインスイッチ（L3SW）
　　　既存機器を利用して、分割に伴うVLAN（Virtual LAN）等の設定変更による対応を検討し、既存機器で対応できない場合には新設する。
　・フロアスイッチ（L2SW）
　　　各フロアでネットワークのセグメント分割のために必要な台数を確保する。本庁舎、出先機関等でフロア毎に概ね1台を基本とするが、フロ

194　第4部　自治体情報システム強靭性向上モデルについて

アの規模等により適切な設置台数を算出する。まず、既存機器を流用することで対応できないかを検討し、不足分について新設する。

・島ハブ

各フロアのL2SW、端末台数により適切な設定台数を算出する。まず、既存機器の流用を検討し、不足分について新設する。

・FW（ファイアウォール）

セグメント分割後において、特定の通信に限定する設定を行うために必要台数を確保する。まず、既存機器の流用を検討し、不足分について新設する。

・認証サーバ

個人番号利用事務系、LGWAN接続系、インターネット接続系にそれぞれ認証サーバを設置する。この場合、認証サーバとは、Active Directory等のユーザー認証・管理用ディレクトリサービスのサーバを言う。既存機器が流用できる場合には、不足するセグメント側のサーバのみ新設する。

② 作業経費

セグメント分割に必要なネットワーク設計、各機器の設定、テスト、ネットワーク工事等の経費を算出する。

(2) 無害化メール通信の設定の一例

メールの無害化の方式として、インターネット接続系で受信したインターネットメールについて、その添付ファイルを削除し、HTMLメールのテキスト化を実施し、本文のテキストデータだけをLGWAN接続系に転送する方式を採用した場合の留意点を一例として取上げる。この場合、メール転送に必要な特定のサーバ間の通信以外の通信を遮断するとともに、LGWAN接続系とインターネット接続系との間は、SMTP以外のWeb通信をはじめとするプロトコルを遮断することを想定している。

① ハードウェア

・サーバ

LGWAN接続系及びインターネット接続系のそれぞれにメールサーバ

を設置する。既存機器を流用できる場合には、不足するセグメント側の
サーバのみ新設する。

② ソフトウェア

・ソフト本体

インターネット接続系のセグメント内に、インターネットメールの添
付ファイルを削除した上で、LGWAN接続系にメールを転送できるもの
が必要である。既存のメールサーバソフトウェアを利用できる場合は、
無害化・転送の設定を行って、これを活用する。

③ 作業経費

メール無害化、メール転送に必要な設定作業に係る経費を算出する。

6 【手順６】 マイナンバー利用事務系における対策

⑴ マイナンバー利用事務に係る端末に二要素認証を導入すること

① ハードウェア

・サーバ

端末台数に応じてメモリ、CPUやネットワーク性能等の必要な能力
を確保する。この場合、既存の仮想サーバの空き等を積極的に活用する
ことを検討する。

・認証装置

端末台数分を確保する。

② ソフトウェア

・ソフト本体

端末台数に対応する必要な性能要件を保有したソフトウェアを選定す
る。

・ユーザーライセンス

端末台数やユーザー数等、必要な分を確保する。

③　作業経費

二要素認証導入に必要なサーバ構築、端末設定等に必要な経費を算出する。

(2)　マイナンバー利用事務に係る端末に外部媒体による情報持ち出し禁止を設定すること

①　ハードウェア

・サーバ

端末台数に応じてメモリ、CPUやネットワーク性能等の必要な能力を確保する。この場合、既存の仮想サーバの空き等を積極的に活用することを検討する。

②　ソフトウェア

・ソフト本体

端末台数に対応した必要な性能要件を保有するソフトウェアを選定する。

・ユーザーライセンス

端末台数やユーザー数等、必要な分を確保する。

③　作業経費

持ち出し禁止設定に必要なサーバ構築、端末設定等に必要な経費を算出する。

7 【手順7】要件シートのその他各項目の検討

資料12-5　「自治体情報システム強靱性向上モデル　要件シートの一例」を参考に、その他の各項目についても、検討する。

第12章　自治体情報システム強靱性向上モデルの構築手順について　197

資料12-1　自治体情報システムに係るサーバ・端末別の接続ネットワーク

配置すべきセグメント	業務システム名	サーバ/端末	インターネット分離環境	LGWAN等専用回線	インターネット接続環境 連携あり	インターネット接続環境 参照のみ	LGWAN・インターネットなど外部のネットワークに接続させている理由	端末のあり方
個人番号利用事務系 住民記録 住民記録[利用]	住民基本台帳(既存住基)	サーバ	○					専用
		端末	○					
	印鑑証明	サーバ	○					専用
		端末	○					
	選挙	サーバ	○					専用
		端末	○					
	法務省情報連携(外国人住民)	端末		○			「法務省市町村連携サーバ」と接続するため	専用(法務省配付専用品PC)
戸籍	戸籍	サーバ	○					専用
		端末	○					
	戸籍副本	市区町村専用装置		○			法務省の「戸籍副本データ管理システム」に接続するため	専用(法務省配付専用品サーバ/端末PC)
証明書自動交付	自動交付機	サーバ	○					専用
		端末	○					
	コンビニ交付(LGWANセルフASP)	サーバ	○				J-LISの「証明書交付センター」と接続するため	専用
		端末		○				
	コンビニ交付(LGWAN-ASP)	端末		○				専用
個人番号利用事務系 宛名管理 宛名管理	統合宛名	サーバ	○					専用
		端末	○					
	団体内統合宛名	サーバ	○					専用
		端末	○					
中間サーバー関連	管理端末	端末		○			J-LISの「中間サーバー・プラットフォーム(LGWAN-ASP)」と接続するため	専用
	中間サーバー接続端末	端末		○				専用
個人番号利用事務系 税 税[利用]	個人住民税	サーバ	○					専用
		端末	○					
	法人住民税	サーバ	○					専用
		端末	○					
	固定資産税	サーバ	○					専用
		端末	○					
	軽自動車税	サーバ	○					専用
		端末	○					
	軽自動車検査情報	端末		○			J-LISの「軽自動車検査情報の提供システム」と接続するため	専用
	収滞納管理	サーバ	○					専用
		端末	○					
	地方税電子申告[eLTAX]	端末		○			認定委託先事業者の「審査サーバ・受信サーバ」(※)および地方税電子化協議会が「ポータルセンタ」に接続するため (※)都道府県・指定都市はオンプレミスの場合あり インターネット参照がある場合がある	専用
	電子収納[Pay-easy, コンビニ交付]	端末			○		「公金収納システム」に接続するため	専用
	ふるさと納税[LGWAN-ASP]	端末		○				専用
個人番号利用事務系 社会保障 生活保護[利用]		サーバ	○					専用
		端末	○					
国民年金[利用]		サーバ	○					専用
		端末	○					
国民健康保険[利用]	国民健康保険	サーバ	○					専用
		端末	○					
	国保連合会接続端末	端末		○			保険者中継ネットワーク経由で国保連合会の「国保総合システム」に接続するため	専用
後期高齢者医療[利用]	後期高齢者医療	サーバ	○					専用
		端末	○					
	後期高齢者医療制度広域連合電算処理システム(標準システム)	端末		○			各後期高齢者医療連合の「標準システム」に接続するため	専用
介護保険[利用]	介護保険	サーバ	○					専用
		端末	○					
	国保連合会接続端末	端末		○			保険者中継ネットワーク経由で国保連合会の「介護保険審査・支払等システム」に接続するため	専用
ひとり親医療[利用]		サーバ	○					専用
		端末	○					
老人医療[利用]		サーバ	○					専用
		端末	○					
障害者医療[利用]		サーバ	○					専用
		端末	○					
障害者福祉		サーバ	○					専用
		端末	○					
児童福祉	児童手当[利用]	サーバ	○					専用
		端末	○					
	児童扶養手当[利用]	サーバ	○					専用
		端末	○					
	特別児童扶養手当[利用]	サーバ	○					専用
		端末	○					
	子ども子育て[利用]	サーバ	○					専用
		端末	○					
	子ども・子育て支援全国総合システム	端末			○		内閣府の「子ども・子育て支援全国総合システム」に接続するため	専用
健康管理[利用]		サーバ	○					専用
		端末	○					
特定健診[利用]		サーバ	○					専用
		端末	○					

[利用] : 個人番号利用事務　　[関係] 個人番号関係事務

出所：総務省「地方公共団体における情報セキュリティポリシーに関するガイドライン（平成30年9月版）」（2018年）参考1

配置すべきセグメント	業務システム名		サーバ/端末	インターネット分離環境	LGWAN等専用回線	インターネット接続環境		LGWAN・インターネットなど外部のネットワークに接続させている理由	端末のあり方
						連携あり	参照のみ		
	地方公営事業								
個人番号利用事務系	上下水道管理	上下水道管理	サーバ	○					
			端末	○					専用
	公営住宅管理 [利用]	公営住宅管理 (オンプレミス)	サーバ	○					
			端末	○					専用
		公営住宅管理 (LGWAN-ASP)	端末		○				専用
	内部情報系								
LGWAN接続系	人事給与 [関係]		サーバ	○					
			端末	○					専用
	財務会計 [関係]	財務会計	サーバ	○					
			端末	○					専用
		地方財政決算情報管理	サーバ		○			総務省の「地方財政決算管理情報システム」に接続するため	専用
	庶務事務 [関係]		サーバ	○				負担金・算等でインターネット上のサービスと連携する接続する場合がある	共用
			端末	○					
	文書管理		サーバ	○					
			端末	○					共用
	ファイルサーバ		サーバ	○					
			端末	○					共用
	グループウェア		サーバ	○					
			端末	○					共用
	防災								
LGWAN接続系	J-ALERT	受信機	専用装置		○			LGWANによる地上回線から受信のため（衛生通信のバックアップ）	
		エリアメール転送用	端末				○	通信キャリアのエリアメール転送用	専用
	Em-Net		端末		○			緊急メール受信のため	共用
	安否情報システム		サーバ		○			LGWANによる都道府県・国への通信のため	
			端末		○				専用
	調達・施設予約								
	電子申請 (オンプレミス)		サーバ	○			○	インターネットからの受付のため 外部・内部サーバの両方がある	
			端末	○					専用
	電子申請 (LGWAN-ASP)		端末		○				共用
	電子調達 (オンプレミス)		サーバ	○			○	インターネットからの受付のため 外部・内部サーバの両方がある	
			端末	○					専用
	電子調達 (LGWAN-ASP)		端末		○				共用
	工事実績情報 (CORINS)		端末		○			公共工事の実績を確認するため	共用
	施設予約 (オンプレミス)		サーバ	○			○	インターネットからの受付のため 外部・内部サーバの両方がある	
			端末	○					専用
	施設予約 (LGWAN-ASP)		端末		○				共用
	図書館		サーバ	○			○	インターネットからの受付のため 外部・内部サーバの両方がある	
			端末	○					専用
	メール/インターネットアクセス								
LGWAN接続系	LGWAN掲示板		サーバ		○				
			端末		○				共用
	LGWANメール		サーバ		○				
			端末		○				共用
インターネット接続系	インターネットメール		サーバ			○			
			端末			○			共用
	WEBアクセス		サーバ			○			
			端末			○			共用
	ホームページ/作成等		サーバ			○			
			端末			○			共用

利用 : 個人番号利用事務　　　関係 : 個人番号関係事務

資料12－2　サーバ間連携イメージ

・各行に記載したサーバから、各列のどのサーバと連携を許可するか一例を示したもの。

　　　　　は端末のみ自庁内に存在し、サーバは庁内でなく外部に存在するものであり、本資料の対象外

連携先のサーバ（列）／連携元のサーバ（行）

大分類	中分類	サーバ名	住基	印鑑証明	選挙	戸籍	戸籍副本	自動交付機	コンビニ交付(LGWANセルフASP)	コンビニ交付(LGWAN-ASP)	統合宛名	団体内統合宛名	個人住民税	法人住民税	固定資産税	軽自動車税	収滞納管理	生活保護	国民年金	国民健康保険	後期高齢者医療	介護保険
住民記録	住民記録	住民基本台帳（既存住基）		◎	◎						◎	◎										
		印鑑証明						◎	◎	◎												
		選挙	◎																			
		法務省情報連携（外国人住民）	LGWAN上の法務省市町村連携サーバと接続																			
	戸籍	戸籍	LGWAN経由にて法務省の戸籍副本データ管理システムに接続																			
		戸籍副本																				
	証明書自動交付	自動交付機	◎	◎																		
		コンビニ交付（LGWANセルフASP）								◎		LGWAN経由にて「証明書交付センター」と接続										
		コンビニ交付（LGWAN-ASP）									LGWAN経由にて「証明書交付センター」と接続											
宛名管理	宛名管理	統合宛名	◎									◎										
		団体内統合宛名									◎		◎	◎	◎	◎	◎	◎	◎	◎	◎	◎
	中間サーバー関連	管理端末	暗号装置を経由しLGWAN上にある中間サーバー・プラットフォームへ接続																			
		中間サーバー接続端末	暗号装置を経由しLGWAN上にある中間サーバー・プラットフォームに接続																			
税	税	個人住民税									◎	◎					◎					
		法人住民税									◎	◎					◎					
		固定資産税									◎	◎					◎					
		軽自動車税									◎	◎					◎					
		軽自動車検査情報	LGWAN経由にてJ-LISの「軽自動車検査情報の提供」システムと接続																			
		収滞納管理									◎	◎	◎	◎	◎	◎						
		地方税電子申告（eLTAX）	「申告サーバ・受付サーバ」および地方税協議会のポータルセンターに接続するため。																			
		電子収納（Pay-easy、コンビニ交付）	LGWANもしくは専用線にて「公金収納システム」に接続																			
		ふるさと納税（LGWAN-ASP）	LGWANを経由しシステムと連携																			
社会保障		生活保護									◎	◎										
		国民年金																				
	国民健康保険	国民健康保険									◎	◎										
		国保連合会接続端末	保険者用ネットワークを経由して国保連合会の「国保総合システム」に接続するため																			
	後期高齢者医療	後期高齢者医療									◎	◎										
		後期高齢者医療広域連合電算処理システム（標準システム）	保険者用ネットワークを経由して後期高齢者医療広域連合の標準システムに接続するため																			
	介護保険	介護保険									◎	◎										
		国保連合会接続端末	保険者用ネットワークを経由して国保連合会の「介護保険者・支払等システム」に接続するため																			
		ひとり親医療									◎	◎										
		老人医療									◎	◎										
		障害者医療									◎	◎										
		障害者福祉									◎	◎										
	児童福祉	児童手当									◎	◎										
		児童扶養手当									◎	◎										
		特別児童扶養手当									◎	◎										
		子ども子育て									◎	◎										
		子ども・子育て支援全国総合システム	内閣府の「子ども・子育て支援全国総合システム」に接続するため																			
		健康管理									◎	◎										
		特定診									◎	◎										
地方公営事業	上下水道管理	上下水道管理									◎	◎										
	公営住宅管理	公営住宅管理（オンプレミス）									◎	◎			◎							
		公営住宅管理（LGWAN-ASP）																				
内部情報系		人事給与																				
	財務会計	財務会計																				
		地方財政決算情報管理																				
		庶務事務																				
		文書管理																				
		ファイルサーバ																				
		グループウェア																				
防災	J-ALERT	受信機	LGWANと専用回線にて接続																			
		エリアメール転送用	内閣府からの緊急メールをLGWAN経由にて受信																			
		Em-Net																				
		安否情報システム																				
調達・施設予約		電子申請（LGWAN-ASP）																				
		電子調達（オンプレミス）																				
		電子調達（LGWAN-ASP）																				
		工事実績情報（CORINS）	公共工事の実績を確認するためインターネットに接続																			
		施設予約（オンプレミス）																				
		施設予約（LGWAN-ASP）																				
		図書館																				
インターネットメールアクセス		LGWAN掲示板																				
		LGWANメール																				
		インターネットメール																				
		WEBアクセス																				
		ホームページ作成等																				

出所：総務省「地方公共団体における情報セキュリティポリシーに関するガイドライン

社会保障					地方公営事業		内部情報						調達・施設予約			メール/インターネットアクセス				備考
ひとり親医療	老人医療	障害者医療	障害者福祉	児童福祉	健康管理	特定健診	上下水道管理	公営住宅管理	人事給与	財務会計	庶務事務	文書管理	グループウェア	ファイルサーバ	安否情報システム	電子申請	電子調達（オンプレミス）	施設予約（オンプレミス）	図書館	LGWAN掲示板	LGWANメール	インターネットメール	WEBアクセス	ホームページ/作成等

(平成30年9月版）」（2018年）参考2

第12章　自治体情報システム強靭性向上モデルの構築手順について　　201

資料12－3　端末アクセスコントロールイメージ

・各行に記載した端末から、各列のどのサーバへアクセスできるように設定するか一例を示したもの。

サーバ（列）／端末（行）

端末 \ サーバ	住民記録	宛名管理	税	社会保障	健康管理／特定健診	備考
住民記録						
住民記録　住民基本台帳（既存住基）	◎ ○ ○	○				
印鑑証明	○ ◎ ○					
選挙	○ ○ ◎					
戸籍　法務省情報連携（外国人住民）						LGWAN上が法務省と市町村連携サーバと接続
戸籍	◎ ○					LGWAN経由にて法務省の戸籍副本データ管理システムに接続
戸籍副本						
証明書自動交付　自動交付機						
コンビニ交付（LGWANセルフASP）						LGWAN経由にて証明書交付センターと接続
コンビニ交付（LGWAN-ASP）						LGWAN経由にて証明書交付センターに接続
宛名管理						
宛名管理　統合宛名		◎				
団体内統合宛名		◎				
中間サーバー関連　管理端末						暗号装置を経由しLGWAN上にある中間サーバー・プラットフォームに接続
中間サーバー接続端末						暗号装置を経由しLGWAN上にある中間サーバー・プラットフォームに接続
税						
税　個人住民税			◎ ○ ○ ○ ○			
法人住民税			○ ◎ ○ ○ ○			
固定資産税			○ ○ ◎ ○ ○			
軽自動車税			○ ○ ○ ◎ ○			
軽自動車検査情報						LGWAN経由にてJ-LISの「軽自動車検査情報の提供システム」に接続
収滞納管理			○ ○ ○ ○ ◎			
地方税電子申告（eLTAX）						「審査サーバ・受付サーバ」は「地方税電子化協議会のポータルセンター」に接続するため。
電子収納 [Pay-easy・コンビニ交付]						LGWAN経由にて専用線にて「公金収納システム」に接続
ふるさと納税（LGWAN-ASP）						LGWANを経由してシステムと連携
社会保障						
生活保護				◎		
国民年金				◎		
国民健康保険				◎		
国保連合会接続端末						保険者用ネットワークを経由して国保連合会の「国保総合システム」に接続するため
後期高齢者医療				◎		
後期高齢者医療制度広域連合電算処理システム（標準システ						専用ネットワークを通じて後期高齢者医療広域連合の標準システムに接続するため
介護保険				◎		
国保連合会接続端末						保険者用ネットワークを経由して国保連合会の「介護保険縁費・支払系システム」に接続するため
ひとり親医療				◎		
老人医療				◎		
障害者医療				◎		
障害者福祉				◎		
児童福祉　児童手当				◎		
児童扶養手当				◎		
特別児童扶養手当				◎		
子ども子育て　子ども・子育て支援全国総合システム				◎		内閣府の「子ども・子育て支援全国総合システムに接続するため
健康管理					◎	
特定健診					◎	
地方公営事業						
上下水道管理　上下水道管理						
公営住宅管理　公営住宅管理（オンプレミス）						
公営住宅管理（LGWAN-ASP）						
内部情報系						
人事給与　財務会計						
地方財政決算情報管理						
庶務事務						
文書管理						
ファイルサーバ						
グループウェア						
防災						
J-ALERT　受信機						LGWANと衛星回線と接続
エリアメール転送用						
Em-Net						内閣府からの緊急メールをLGWAN経由にて受信
安否確認システム						
調達・施設予約						
電子申請（オンプレミス）						
電子申請（LGWAN-ASP）						LGWANを経由してシステムと連携
電子調達（オンプレミス）						
電子調達（LGWAN-ASP）						LGWANを経由してシステムと連携
工事実績情報（CORINS）						公共工事の実績を確認するためインターネットに接続
施設予約（オンプレミス）						
施設予約（LGWAN-ASP）						LGWANを経由してシステムと連携
図書館						
インターネットメールアクセス						
LGWAN掲示板						
LGWANメール						
インターネットメール						
WEBアクセス						
ホームページ/作成用						

出所：総務省「地方公共団体における情報セキュリティポリシーに関するガイドライン（平成30年９月版）」（2018年）参考３

地方公営事業			内部情報							調達・施設予約				メール/インターネットアクセス					アクセス制御要件			備考
上下水道管理	公営住宅管理		人事給与	財務会計	庶務事務	文書管理	ファイルサーバ	グループウェア	安否情報システム	電子申請（オンプレミス）	電子調達（オンプレミス）	施設予約（オンプレミス）	図書館	LGWAN掲示板	LGWANメール	インターネットメール	WEBアクセス	ホームページ/作成等	L2SW（原則MACアドレスフィルタリングを実施・欄外※1を参照）	フロアSW（欄外※2を参照）	L3SW（欄外※3を参照）	
上下水道管理	公営住宅管理（LGWAN-オンプレミス）	公営住宅管理（LGWAN-ASP）	財務会計	地方財政決算情報管理																		

(本表はアクセス制御要件ごとに○印で可否を示す対応表であり、各行に下記の備考が付される)

主な備考:
- LGWAN通信に関しては静的経路追加が必要。
- LGWANと暗号装置との通信に関しては静的経路追加が必要。
- LGWANと暗号装置の通信に関しては静的経路追加が必要。
- LGWAN通信に関しては静的経路追加が必要。一部インターネットを参照する場合は、専用ルーターを使って接続すること
- 総務省の地方財政決算管理情報システムに接続
- LGWANからの通信と衛星回線のみIPフィルタにて通信を許可　また、エリアメールへの気象等データ区市名のIPフィルタにて通信を許可
- キャリア専用回線のHPのみURLフィルタリングにより通信を許可
- 内部用サーバのみIPフィルタリングにより通信を許可。
- URLフィルタリングにより公共工事の実績のみの参照が可能にする

※1　L2SW：　課室毎にL2SWによるMACアドレスフィルタリングの設定を検討すること。
　　　　　　ただし、端末を他業務との間で共用しない場合は、フロアSWによるL2SW単位のフィルタリングでも可能とする。
※2　フロアSW：　「個人番号利用事務」、「個人番号関係事務等」、「その他業務/インターネット接続」の3つのネットワークに分離し、3ネットワークの相互通信を遮断すること。
　　　　　　　　異なる業務端末を接続するHUB間の通信遮断を行うこと。
※3　L3SW：　原則、IPフィルタリングにより、端末からサーバー間（LGWAN含む）の通信を特定する設定をすること。
　　　　　　「個人番号利用事務」、「個人番号関係事務等」、「その他業務/インターネット接続」の3つのネットワークに分離し、3ネットワークの相互通信を遮断すること。

資料12-4　組織別 端末ポート数イメージ

フロア	原課名	個人番号利用事務	個人番号関連事務等	その他業務/インターネット接続	HUB	L2SW ※1	フロアSW	L3SW ※2
		端末台数	端末台数	端末台数				
1F	市民課	13	26	5	11	3	1	
	社会福祉課	0	13	2				
	障がい者福祉課	1	12	2				
	高齢者介護課	5	2	1				
	保険年金課	2	1	0				
	保険年金課	10	20	5	14			
	こども課	4	23	3				
	地域医療対策課	4	15	2				
	市民税課	5	18	2				
	資産税課	7	20	4	12			
	納税課	10	15	4				
	軽自動車税課	6	12	3				
	会計課	7	13	2				
2F	情報政策課	13	24	3	3	3	1	1
	地域政策支援課	2	25	3	3			
	改革推進課	13	30	4	3			
	秘書広報課	1	12	1	6			
	都市整備課	2	15	2				
3F	保健センター事務室	0	2	1	3	3	1	
	保健センター受付	0	2	0				
	生活衛生課	1	13	2	6			
	環境推進課	4	9	2				
	森づくり課	2	7	1	6			
	下水道課	1	8	1				
4F	管財課	2	15	2	3	3	1	
	地域包括支援センター	1	2	1	6			
	財政課	2	8	1				
	契約課	2	8	1	6			
	市民生活課	4	17	2				
5F	危機管理課	0	7	1	5	3	1	
	工事検査課	5	10	2				
	人事課	5	12	2	4			
	市民相談所	0	2	0				
	総務課	0	13	2	5			
	市役所本庁舎等建設推進	13	8	1				
支所A	市民福祉課	10	26	10	3	3	1	
	地域振興課	12	24	10	3	3	1	
支所B	市民福祉課	12	24	10	3	3	1	
	地域振興課	12	24	10	3	3	1	
出先	出先機関×20カ所	20	20	20	0	60	20	
	合計	213	557	130	108	87	29	1

出所：総務省「地方公共団体における情報セキュリティポリシーに関するガイドライン（平成30年９月版）」（2018年）参考４

資料12－5　自治体情報システム強靱性向上モデル 要件シートの一例

【重要要件】：LGWAN環境とインターネット環境を分割し、重要情報（個人番号等）の取り扱い形態
に基づき、「個人番号利用事務系」、「LGWAN接続系」、「インターネット接続系」でネットワークを分離

分類	No.	カテゴリ	要件（例）	要件の実現手法（例）	備考（例）
個人番号利用事務系	1	庁内ネットワーク	①個人番号利用事務専用のネットワークセグメントとすること。（徹底分離）	①-1 スイッチ等の設定変更もしくは新規機器導入によりネットワークを分割する。 ①-2 異なるセグメント間で通信機器を共有しない。	・戸籍は個人番号利用事務ではないものの、従来から基幹系事務として住基と密接な関係があるため本セグメントに設置する。戸籍専用セグメントを設計し設置することも可とする。 ・ネットワーク接続を許可した機器以外は、ネットワークに接続できない設定等にも十分留意すること。
	2	外部との接続	①個人番号利用事務ネットワーク以外との通信は、アクセスしても安全と認められる特定通信先として限定（MACアドレス、IPアドレス）に加えて、アプリケーションプロトコル（ポート番号）のレベルでの限定も行うこと。	①-1 特定通信する場合は、L2SW／L3SWによる通信経路限定、ファイアウォールによる通信プロトコル限定等を行うことで通信を制御する。 ①-2 その他外部ネットワークとの通信が発生する場合は専用回線サービスを検討する。	・特定通信先は、LGWANを介したコンビニ交付、中間サーバー等との接続、およびデータバックアップや共同利用・クラウドセンタ等との特定のドメイン、アドレスに対して、十分にセキュリティが確保された通信先との接続を指す。 ・その他の外部ネットワークは、国保連合会や厚労省との通信に用いられる専用回線サービスを指す。
			②特定通信先のサーバーや端末もインターネットとの通信ができないこと。		
	3	端末	①個人番号利用事務に関わる各業務の専用端末とし、業務毎に端末を設置すること。	①個人番号利用事務専用で、各業務毎に専用端末を設置すること。	・ソフトウェアの脆弱性対策や一般的なウイルス対策を実施すること。
			②ID、パスワードの他に認証方法を導入し二要素認証とすること。 アクセス権を正しく設定すること。	②-1 認証方法としては、パスワード入力の他にICカード、生体認証（指紋、静脈、顔等）がある。 ②-2 認証において人事情報と連携し、ユーザー、組織単位ごとにアクセス制限を設定すること。	・認証サーバーはセグメント毎に設置すること。 （個人番号関係事務専用のセグメントに所在する認証サーバーの同期は可能とする。その際は特定通信として設定する。）
			③アクセスの記録を残して不正な利用を発見できること。 なお、アクセスの記録とは端末操作の記録及びサーバ等のアクセス先の情報資源に対する操作の記録双方を指す。	③ユーザーの操作ログをサーバ等で履歴を残し、管理者が確認できること。	
	4	媒体	①USBメモリ等の外部記憶媒体による端末からの情報持ち出しができないように設定すること。	①媒体による情報持ち出しを禁止する機能を導入し設定すること。	（例外取扱）納付書による大量帳票のアウトソーシングや指定金融機関に対する口座振替情報の提供などを得ない場合においては、管理者権限を持つ職員によってその都度限定を解除する、または管理者権限を持つ職員のみに許可する設定とすること。
LGWAN接続系	5	庁内ネットワーク	①LGWAN接続系専用のネットワークセグメントとすること。（LGWAN環境とインターネット環境を分割して、無害化した通信を行うこと。）	①スイッチ等の設定変更もしくは新規機器導入によりネットワークを分割する。	・ネットワーク接続を許可した機器以外は、ネットワークに接続できない設定等にも十分留意すること。
	6	外部との接続	①LGWAN・ASP（LGWANメール含む）など特定通信限定とすること。	①-1 特定通信する場合は、L2SW／L3SWによる通信経路限定、ファイアウォールによる通信プロトコル限定等を行うことで通信を制限する。 ①-2 その他外部ネットワークとの通信が発生する場合	
			②インターネットにアクセス可能なネットワークとの通信は、直接、間接を問わず禁止すること。 ただし、添付ファイル削除やテキストデータ化によって無害化されているインターネットの取込みや仮想デスクトップによって分離された端末環境での利用は要検討。	②-1 インターネットメールの無害化の方法として、L2SW／L3SWによる通信経路限定、ファイアウォールによる通信プロトコル限定を行うことでインターネット接続環境でインターネットメールのテキスト本文のみ抽出し、LGWAN接続系に送る仕組みを構築。 ②-2 インターネット業務端末を仮想化し、仮想環境からLGWAN接続系の端末へ画面を転送する仕組みを構築する。 ②-3 庶務事務の旅費精算等でインターネットのサービス（経路検索や運賃計算等）を利用する場合には、イントラネット版サービスに変更することでインターネット接続を不要とする。	②-1：インターネットメールの無害化の方法（テキスト本文のみの利用） インターネットメールの受信メールは、インターネット接続環境側でテキスト本文のみ抽出した無害化された、LGWAN接続系のメールサーバに転送することで、インターネットメール（テキスト本文のみ）をLGWAN接続系の端末（メーラー）で閲覧可能にする。その場合、インターネットメールの添付ファイルの閲覧や印刷は、インターネット接続環境側のメーラーやプリンタで行う。 ②-2：インターネットメールの無害化の方法（仮想デスクトップ環境の利用） インターネット接続環境の端末を仮想デスクトップ化し、LGWAN接続系の端末で添付ファイルも含むメールの閲覧を可能にする。添付ファイルの印刷は、インターネット接続環境側のプリンタより出力する。 ※LGWAN接続系からの添付ファイルも含めたインターネットへのメール送信は可とする考え方もある。
	7	端末	①LGWAN接続系に関わる業務の専用端末とする。LGWAN接続系内の複数の業務についても同一端末上の必要な業務を利用を認める。	①LGWAN接続系に関わる業務の専用端末とする。同一端末から必要な複数のLGWAN接続系の業務サーバにアクセス可能とする。	・ソフトウェアの脆弱性対策や一般的なウイルス対策を実施すること。
			②ID、パスワードの他に認証方法を導入し二要素認証とすることが望ましい。 アクセス権を正しく設定すること。	②認証において人事情報と連携し、ユーザー、組織単位ごとにアクセス制限を設定すること。	・認証方法としては、パスワード入力の他にICカード、生体認証（指紋、静脈、顔等）がある。
			③アクセスの記録を残して不正な利用を発見できること。 なお、アクセスの記録とは端末操作の記録及びサーバ等のアクセス先の情報資源に対する操作の記録双方を指す。	③ユーザーの操作ログをサーバ等で履歴を残し、管理者が確認できること。	
	8	媒体	①USBメモリ等の外部記憶媒体等による端末からの情報持ち出しは管理すること。 併せて、端末等からのマルウェア感染を防ぐ入口対策にも十分留意すること。	①媒体利用を管理・制御する機能等を導入し、利用を管理すること。 データが多部署の端末で利用が必要な場合は適切の処置を実施すること。 個人番号に関わるデータについては、個人番号利用事務の備考と同一等の対応をすること。	・データ受け渡しによる媒体利用の必要がある場合は、以下の条件を満たすこと。 ・管理責任を考慮し、セキュリティソリューション等の導入を推奨する。 ・端末は利用端末のみ持ち運び可能とすること。 ・データは暗号化しパスワードを設定すること。 ・（推奨）利用媒体は、全て管理し利用履歴を残せること。 ・（推奨）データ受け渡しは、必ず上司の承認と承認記録を残すこと。

※次ページに続く

（インターネット接続系については、自治体情報セキュリティクラウドの導入と併せて検討すること）

分類	No.	カテゴリ	要件（例）	要件の実現手法（例）	備考（例）
インターネット接続系	9	外部との接続	①インターネットのセキュリティ対策を実施すること。	①ファイアーウォール、侵入防止、ウィルス検知、WEBフィルタリング等の対策を実施すること。その他業務の情報の重要度を考慮して対策を実施すること。	・セキュリティ対策としては、侵入検知（IDS）、侵入防止（IPS）、ふるまい検知、アプリケーションファイアウォール（WAF）等がある。・ログについてはセキュリティ関連機器のログ（FWのログ、IPSのログ、サンドボックス製品のログ、アンチウイルス製品のログ等）およびメールサーバログ、WEBサーバログ、Proxyログ、ADログ、DNSログ等を一定期間保管し、つき合わせが出来ることが望ましい。・高度なセキュリティには専門的な運用監視体制が必須となるが、体制が作れない場合はベンダーの運用サービスの導入も検討すること。・各団体で実施する方法もあるが、侵入検知（IDS）、侵入防止（IPS）、ふるまい検知については、自治体セキュリティクラウドを利用することが望ましい。
	10	端末	①その他業務、インターネット接続に用いる専用端末とし、個人番号利用事務系への利用やLGWAN接続系への利用を禁止すること。	①他の事務とは共有させない。	・ソフトウェアの脆弱性対策や一般的なウィルス対策を実施すること。・専用端末として利用する方法として、仮想化する方法もある。その場合端末から独立した仮想デスクトップを作成し仮想環境から転送された画面をLGWAN接続系のネットワーク上で操作させる。
			②アクセスの記録を残して不正な利用を発見できること。	②ユーザーの操作ログをサーバ等で履歴を残し、管理者が確認できること。	・認証、アクセス権、ログ等の管理についてはセキュリティ製品を活用することが望ましい。
			③標的型攻撃など未知のウイルスに備えたセキュリティ対策を行うこと。	③ウイルス対策ソフトを導入する。未知のマルウェア等に即時対応できる仕組みの導入を推奨する。	・セキュリティ対策として以下の仕組みもしくは製品の導入も検討すること。- 標的型対策- ゲートウェア型セキュリティ製品と情報連携し未知のマルウェア対策パッチを端末に配布する仕組み- 感染した端末をネットワークから切り離す仕組み等
			④WEB閲覧、メール文、添付については細心の注意を行うこと。（マルウェア、ランサムウェア※等の対策）	④データはインターネット環境のみとし、確認が必要な場合はプリントアウトして、データを他の事務に持ち込まない。	※ランサムウェア：感染したコンピュータのシステムへのアクセスを制限する。アクセス制限解除等に身代金を要求する場合が多い。
	11	媒体	①USBメモリ等の外部記憶媒体等による端末からの情報持ち出しは管理すること。	①媒体利用を管理・制限する機能等を導入する。	・データ受け渡しによる媒体利用の必要がある場合は、以下の条件を満たすこと。管理負荷を考慮し、セキュリティソリューション等の導入を推奨する。- 端末には利用許可された媒体のみ接続可能とすること。- データは暗号化しパスワードを設定すること。-（推奨）利用媒体は、全て管理し利用履歴を残すこと。

出所：総務省「地方公共団体における情報セキュリティポリシーに関するガイドライン（平成30年9月版）」（2018年）参考5

第13章 自治体情報セキュリティクラウドについて

　自治体情報セキュリティクラウド（以下「セキュリティクラウド」とい
う）とは、現在各市区町村が個別に設置しているWebサーバ等の監視対象
を都道府県と市区町村が協力して集約し、監視及びログ分析・解析をはじめ
高度なセキュリティ対策を実施するものをいう。以下、前記ガイドライン
（P.190参照）を概略する。

資料13－1　自治体情報セキュリティクラウド

出所：総務省「地方公共団体における情報セキュリティポリシーに関
　　　するガイドライン（平成30年9月版）」（2018年）図表19

1 監視対象

セキュリティクラウドで想定する主な監視対象は、セキュリティクラウド上に集約された機器およびログとする。

具体的には、Webサーバ、メールリレーサーバ（メールサーバを含む場合もある。以下同じ。）、プロキシサーバ、外部DNSサーバ、LGWAN接続ファイアウォール（機器は集約せず、セキュリティクラウド上のログ分析システムにログを転送するように設定を変更）を基本的に想定する。

⑴ Webサーバ（ホームページ公開用）

各市区町村のホームページ等をインターネットに公開するためWebサーバを集約したもの。

⑵ メールリレーサーバ

インターネットとの間でメールの中継を行っている各市区町村のメールリレーサーバを集約したもの。あわせて、各市区町村のインターネット側のメールボックスを保有しているメールサーバを集約したものを対象とする場合もある。

⑶ プロキシサーバ（インターネット閲覧用）

各市区町村のインターネット接続の端末等よりインターネット閲覧を行う際に、各端末等の代理でインターネットとのデータ送受信を行うプロキシサーバを集約したもの。

⑷ 外部DNSサーバ

各市区町村のドメイン情報（サーバのホスト名（URL）とグローバルIPアドレスの変換）をインターネットに公開している外部DNSサーバを集約したもの。

⑸ LGWAN接続ファイアウォール（LGWAN接続セグメント用）

各市区町村の庁内LANとLGWAN接続ルータとの間にあるLGWAN接続フ

208　第4部　自治体情報システム強靭性向上モデルについて

ァイアウォールから、セキュリティクラウド上のログ分析システムへ転送されたログ。

2 セキュリティ対策のツール例

セキュリティ対策に関する典型的なツール例は次のようなものが想定される。

(1) ファイアウォール

インターネットとの通信について、IPアドレス又はポート番号に着目し、セキュリティ管理者が作成した以下の「許可／拒絶ルール」に基づき、通信パケットの転送、破棄等を行うもの。

 (a) 送信元と送信先のポート番号を制限する

 (b) IPアドレスの送信元と送信先を制限する

(2) IDS／IPS

インターネットとの通信について、通信内容全体に着目し、セキュリティベンダーが提供するパターンファイルを用いたパターンマッチング等により、不正な通信パターンと合致する通信や、通信プロトコルの仕様と異なる通信、通常の状態をはるかに超える通信等を異常として検知・拒絶するもの。

(3) 振る舞い検知機器

インターネットとの通信に含まれるファイルについて、隔離した擬似環境で動作させ、新たなプログラムをダウンロードしようとしたり、一定間隔で通信が発生したり、サーバの内部を勝手にスキャンしたり、レジストリを書き換えようと試みたりするなど、マルウェアのような異常な動作をするプログラムを検知するもの。

(4) スパム対策機器

インターネットとの送受信メール等について、セキュリティベンダーが提供するパターンファイルを用いたパターンマッチングや、セキュリティ管理

者が設定したルール等に基づき、迷惑メール・スパムメール等の拒絶を行うもの。

(5) URLフィルタ機器

インターネットへのWeb閲覧通信について、全ての端末のアクセスログを残すとともに、セキュリティベンダーが提供するパターンファイルを用いたパターンマッチングや、セキュリティ管理者が設定したルール等に基づき、不正なURLへの接続を拒絶するもの。

(6) ログ分析システム（収集・分析）

各機器のログを収集し、ログを時系列に検証し、成功失敗などの事象から分析を行い、セキュリティベンダーが提供するパターンファイルおよび、セキュリティ管理者が設定したルールに基づき、不正な事象もしくは不正と疑われる事象を検知するもの。

(7) コンテンツ改竄検知ツール

インターネットに公開するWebサーバ上のコンテンツについて、事前に保存した内容と、現在公開している内容を比較して、コンテンツの改竄を検知するもの。又は、改竄があった場合に、事前に保存した内容を使用して自動修復を行うもの。

(8) イベント監視ツール

インターネットに公開するサーバ内で発生するプログラム起動などのイベントについて、サーバ内のログにて監視し、セキュリティベンダーが提供するパターンファイルを用いたパターンマッチングや、セキュリティ管理者が設定したルール等に基づき、許可していないイベントの発生を検知するもの。

(9) WAF（Web Application Firewall）

インターネットに公開するWebサーバの通信について、セキュリティベンダーが提供するパターンファイルを用いたパターンマッチングにより、Webアプリケーションに特化したSQLインジェクションやクロスサイトスクリプティング等の脆弱性を狙った不正な通信（リクエストURLにセキュ

210　第4部　自治体情報システム強靭性向上モデルについて

リティホールを突くような命令を付加するなど）を検知・防御するもの。

3　移行の際の留意点

セキュリティクラウドへの移行時においては次のような点に留意する必要がある。

(1) Webサーバ（ホームページ公開用）

共同Webサーバを導入するに当たっては、動作環境設定（ユーザーアプリケーションで利用できるプログラム言語種類等）も共通となることに留意する。

資料13-2

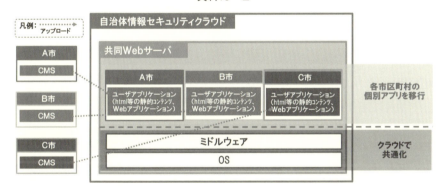

出所：総務省「地方公共団体における情報セキュリティポリシーに関するガイドライン（平成30年9月版）」(2018年) P. iv-36

各市区町村のコンテンツ管理システム（CMS）設定先を、セキュリティクラウド上の共同Webサーバに変更する。

各市区町村の主たるホームページの他に、議会中継システムや防災情報提供システム等の公開ページもセキュリティクラウド上で動作するように設定する場合、周辺システム等との接続形態により、段階的な移行もありうる。

⑵　メールリレーサーバ

　共同メールリレーサーバを導入するに当たっては、動作環境設定（送受信可能サイズ等）も共通となることに留意する。なお、メールサーバも併せて集約する場合も同様である。

　無害化対策サーバをセキュリティクラウド上に構築することも妨げない。なお、無害化対策としては、添付ファイル削除、及びHTMLメールのテキスト化や、VDIなどの仮想化技術が想定される。

⑶　プロキシサーバ（インターネット閲覧用）

　共同プロキシサーバを導入するに当たっては、動作環境設定（キャッシュ間隔等）も共通となることに留意する。

⑷　外部DNSサーバ

　共同外部DNSサーバを導入するに当たっては、動作環境設定（キャッシュ有効期間等）も共通となることに留意する。

⑸　LGWAN接続ファイアウォール

　各市区町村のLGWAN接続ファイアウォールにおいて、セキュリティクラウド上のログ分析システムへ拒絶パケットのログを転送するように設定すること。なお、ログ分析システムへのログ転送に別途機器が必要な場合もあるので留意する。また、別途セキュリティクラウド向けの回線が必要となることにも留意する。

⑹　セキュリティクラウド接続回線

　各市区町村のインターネット接続系とセキュリティクラウドを接続する回線は、各都道府県内の情報ハイウェイを活用することが望ましい。なお、情報ハイウェイがない場合には、IP−VPN、インターネットVPN等の利用が想定される。

⑺　各市区町村のインターネット接続ファイアウォール（既存）

　各自治体情報セキュリティクラウドは、クラウド上のファイアウォールにおいて、それぞれ一意のグローバルIPアドレスを有する。

各市区町村の既存のグローバルIPアドレスは、市区町村ごとに一意の中間プライベートIPアドレスとして、各市区町村の既存のインターネット接続ファイアウォールにおいて設定変更する。
　各市区町村の既存のインターネット接続ファイアウォールにおいて、各市区町村内の既存のプライベートIPアドレスと新たに設定された中間プライベートIPアドレスとが、変換されるように設定変更する。

資料13－3

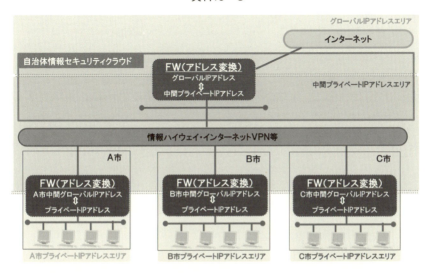

出所：総務省「地方公共団体における情報セキュリティポリシーに関するガイドライン（平成30年9月版）」(2018年) P. iv‐38

第5部

地域活性化に資する情報システムモデル
——マイキープラットフォームとキャッシュレス

第14章 ID活用により1枚のカードで便利な暮らし（マイキープラットフォーム構想）

1 マイキープラットフォーム構想とは何か

　マイナンバーカードの「公的個人認証」の機能、いわゆる「マイキー」部分は、国や自治体といった公的機関だけでなく、民間でも利用できる。この「マイキー」の部分の様々な可能性を活用して、より便利な暮らしと地域活性化を推進する様々な方策が検討されてきている。マイキープラットフォーム構想とは、これらの方策の一つとして、現在各種多数の利用者カードを必要とする各種サービスを呼び出す共通の手段となるカードとしてマイナンバ

資料14－1　マイキープラットフォーム構想の推進

出所：自治体ポイントナビＨＰ

216　第5部　地域活性化に資する情報システムモデル

ーカードを活用できるよう、「マイキープラットフォーム」等の仕組みを構築し、住民の利便性と地域の活性化を図ろうとするものである。(資料14-1)

これにより、マイナンバーカード1枚で、様々な自治体や大学等の「図書館利用者カード」や商店街や自治体の「ポイントカード」など、様々な利用者カードとして使うことが可能になる。

2 マイキープラットフォームの構造

マイキープラットフォームには、希望する利用者が、マイキーIDをいわば基本的な口座番号として作成し、そこに併せて様々なサービスの利用者番号を登録することができる。これらの利用者番号のことを「サービスID」と呼ぶ。

マイキープラットフォームを利用しようとする希望者は、マイナンバーカードを手元に用意すれば、インターネットに接続された端末から、マイキープラットフォームポータルサイトにアクセスして、マイキーIDを作成し、登録することができる。

次に、利用者番号であるサービスIDを追加して登録する。ただし、例えば図書館の利用者番号や診察券の患者番号などは、単独で数値としてみた場合は当該図書館や病院の窓口などと関連性のない、意味のない数字の羅列である。そこで、サービスIDの登録は、当該図書館などの窓口端末から行うことで、当該図書館などのIDであることを認識する仕組みとなっている。例えば、ある図書館の窓口端末からオンラインで問い合わせがあった場合には、マイキープラットフォームは、その端末を正当なものとして端末認証を行った上で、その窓口端末から通知された利用者番号を当該図書館のサービスIDとして登録するのである。

マイキープラットフォーム側には、図書館や病院などの窓口端末の端末認証を行うとともに、暗号化された特定通信を行うための情報（CPUの製造番号やマザーボードの製造番号などをハッシュ化した値など）が保有されている。そこで、利用者が利用する図書館等の窓口の端末にマイナンバーカードをかざせば、利用者の口座番号であるマイキーIDで管理されているサービスID群の中から、その窓口端末に対応する利用者番号である図書館等の

第14章　ID活用により1枚のカードで便利な暮らし　217

サービスIDがマイキープラットフォーム側からその窓口端末にオンラインで引き渡される。従来、様々な図書館等の窓口では、それらの図書館等の様々な利用者カードの記載内容でそれぞれの利用者番号を確認していた。1枚のマイナンバーカードを活用すれば、オンラインでそれぞれのサービスIDを確認できる。その上で、窓口の担当者は従来通りの手続きを行うことができるのである。

なお、サービスIDの引き渡しの方法についても、窓口での業務の形態に応じて、数値として通知、バーコードとして通知、あるいは、図書館などの管理システムにキーボードから入力したのと同じ状態でデジタルデータとして引き渡す方法（キーボードインターフェイス方式）などがある。

3　マイキー IDとは何か

マイキープラットフォームとは、マイナンバーカードを活用して、利用を希望する各種サービスの複数の利用者番号をWeb上に保管できるシステムで、いわば、利用者番号のWeb上の貸金庫のようなものである。

したがって、その金庫の口座番号が一つ必要になり、このために設定されるのがマイキー IDである。希望者だけが作成するIDであり、実在する人だけが一個だけ作成するIDで、重複のないものであるとともに、架空名義で複数のIDを作られるようなことがないようにしなければならない。さらに、できるだけ容易に作成・登録できるIDであって、かつ、利用者本人が記憶できる程度の長さでなければならないと考えられた。

そこで、マイナンバーカードのICチップの中の利用者証明用電子証明書を活用し、これに対応するIDとして実存する人（住民票を有する人）がWeb上で重複のないIDを一個だけ作成できるようにされた。IDの長さは半角大文字英数字8桁である。なお、マイナンバーカードのICチップの中の電子証明書は公開「鍵」暗号の技術を基に構築されているので、「マイキー」と呼ばれている。この「マイキー」に対応するIDなので、「マイキーID」と呼ぶこととされた。この口座番号となるマイキー IDに対応した利用者証明用電子証明書が格納されたマイナンバーカードにより、当該マイキーIDに係る様々な利用者番号を必要な時に取り寄せることができる。

218　　第5部　地域活性化に資する情報システムモデル

資料14-2　マイキープラットフォームとJPKI連携

出所：自治体ポイントナビＨＰ

　なお、マイキーIDは、希望者だけが作成し、変更や破棄も可能である。なお、利用者証明用電子証明書に対応するものであるが、利用者証明用電子証明書が再発行された場合にも、本人が破棄しない限り、マイキーIDは新しい利用者証明用電子証明書に対応して継続して有効となるように構築されている。（資料14-2）

4　利用者カードの機能について

　利用者カードは、図書館利用カードや病院の診察券等、様々なものが存在するが、一般的に、それぞれの施設などの利用者番号（サービスID）等を記したカードである。

　利用者カードの交付を受けるには、まず、窓口で利用登録を行う。氏名、住所、生年月日、連絡方法（電話番号やメールアドレス）等を申請書に記入し、住所、氏名を確認できるものとして運転免許証や健康保険証等を示して

登録を行うといった方法が一般的である（もちろん今後は、マイナンバーカードの呈示が適切である）。すると、サービスIDを記した利用者カードが交付される。

例えば、図書館等には管理システムがあり、そこには利用申請の際に登録された氏名、住所などの属性情報に各利用者の貸し出し履歴等が整理されている。これらの情報にサービスIDが付され、利用者カードが交付される。利用登録後は、図書館で貸し出しのサービスを受けたり、病院の診察予約を行ったりする場合等には、この利用者カードを持参したことにより本人であることを証するとともに、カードにサービスIDが記されているので窓口の担当者（受付機の場合もある）に正確なサービスIDを伝えることができるという仕組みである。

このように利用者カードには、カードを持参することによる本人確認機能と券面を活用してサービスIDを正確に伝える機能がある。

5 マイナンバーカードを利用者カードとして活用する方法と利点

マイナンバーカードを利用者カードとして活用するためには、この本人確認機能とサービスID伝達機能を備えていることが必要である。なお、このサービスIDとは、図書館の貸し出しサービス等を受けようとする場合に、利用申請した際に付与される当該図書館貸し出しサービス等のための番号であり、マイナンバーとは異なる。マイキープラットフォーム構想でのマイナンバーカードの活用は、ICチップの中の電子証明書を利用するもので行政手続における特定の個人を識別するための番号の利用等に関する法律（マイナンバー法）で規定された税・社会保障・災害の各種手続にしか使えないマイナンバーの部分とは無関係である。

まず、本人確認については、マイナンバーカードは十分な機能を有する。券面には氏名、住所、生年月日と顔写真が記されている。しかも、住民票が所在する市区町村によって発行されたICカードでもある。

そこで、サービスID伝達機能をマイナンバーカードで対応できるようにするものがマイキープラットフォームである。この場合に、多くの様々な利用者カードの機能をマイナンバーカードで対応するためには、複数のサービ

220　第5部　地域活性化に資する情報システムモデル

スIDを一枚のマイナンバーカードで担当者に伝えることができるようにする必要があり、次の三つの方法が考えられた。

一つはマイナンバーカードの券面に書き込む方法である。しかし、多数のサービスIDを書き込める余地はないし、そもそも、マイナンバーカードにはそのような使い方は想定されていない。

二つ目は、マイナンバーカードのICチップの中に保存する方法である。このようなカードの活用方法は想定されたものでもある。この場合、発行済みのマイナンバーカードを含めて、様々なサービスIDの格納・伝達等の管理のためのアプリケーションをインストールする必要等がある。しかし、住所地の自治体によるサービスの利用者カードとして活用するだけでなく、全国各地の様々なサービスを受けるため、複数かつ多数のサービスIDを保存するには、やや無理があると思われた。

そこで、三つ目の方法としてマイキープラットフォームというWeb上の管理システムを構築し、マイナンバーカードでの利用を希望する利用者本人が、複数かつ多数のサービスIDを登録できるようにする。そして、図書館や病院などの窓口で必要な時にマイナンバーカードを活用して、当該施設の窓口で必要なサービスIDをマイキープラットフォームから手元に呼び出して窓口に伝達できる方式を採用することとした。

利用者は、貸し出しサービスを受けたい図書館や、利用したいスポーツ施設、あるいは、診察を希望する病院などに、最初に出向いたときに、利用登録を行い、サービスIDの付与を受けるのであるが、これらのサービスIDをマイキープラットフォームに登録しておけば、マイナンバーカード一枚で、様々なサービスの提供を受けられることになる。利用者側はマイナンバーカードのICチップの中にアプリケーションをインストールする必要もないし、サービス提供側も、コストをかけて利用者カードを発行する必要もなく、ただ、窓口の端末にインターネットを介してマイキープラットフォームと特定通信ができるよう設定し、マイキープラットフォームに端末の登録をすればよい。マイキープラットフォーム側で正当な端末の認証を行い、暗号化された特定通信で接続するので、高いセキュリティが実現できる。

なお、利用者の住所や氏名等の属性情報をマイキープラットフォームは取得しない。これらの情報は従来通り、図書館等のシステムで分散管理されるだけである。マイキープラットフォームと図書館等の窓口端末と図書館等の

管理システムとがそれぞれ必要なデータだけを保有し、高いセキュリティを確保しながら、全体として必要なサービスを提供する事業モデルである。このような仕組みは、通信コストの急激な低下により可能となってきたものである。窓口側で特別にシステム構築する必要がなく、利用者カードを独自に発行しなくてもよいこと等を含め、全体としてコストを低く抑えることが可能となる点もマイナンバーカードを利用者カードとして活用する利点である。

6 マイキープラットフォーム等の稼働開始

2017年9月25日より、マイキープラットフォーム構想による次の二つのクラウドシステムが実証稼働している。

(1) マイキープラットフォーム

前述のように、希望者が作成するマイキー IDについて、各人が登録する様々なサービスIDを対応させて管理することにより、マイナンバーカード一枚で様々なサービスを利用することができるようにするシステムである。

① 希望者が基本的な口座番号として「マイキー ID」を作成・登録する。マイナンバーカードのICチップに中の利用者証明用電子証明書を活用し、これに対応する実在する人がウェブ上で重複のないIDを1個だけ作成できる。なお、利用者証明用電子証明書が再発行された場合にも、本人が破棄しない限り、自動的に新たな電子証明書に対応してマイキー IDは継続して有効である。

② 様々なサービスのサービスIDを登録できる。これらのサービスIDは、マイナンバーカードを活用して当該サービスを利用する際に窓口の端末に通知される。例えば、図書館の利用者カードの利用者番号や診察券の患者番号等が想定される。

なお、住民票が移動した場合には、その旨を窓口の端末に通知する設定も可能である。この機能により、図書館などの側で利用者の住所変更の有無等

222　第5部　地域活性化に資する情報システムモデル

がわかる。従来、利用者に住所変更がないか等を確認するため、年に1回程度、利用者に図書館の窓口に出向いてもらい、本人確認を行うような取扱いが行われていたが、このような事務も簡略化できる。

(2) 自治体ポイント管理クラウド

「マイキープラットフォーム」ではそのサブシステムとして「自治体ポイント管理クラウド」が構築されている。

自治体ポイント管理クラウドは、マイキーIDを口座番号として、全ての自治体ポイントについて、その付与、使用、残高確認等の事務を管理できるものである。

自治体ポイントとは、ボランティア活動や健康づくり運動などを行った場合に、各自治体から付与されたポイント（行政ポイント）で、当該自治体が利用可能と指定した実店舗やオンライン販売等での決済で活用できるものである。

さらに、自治体ポイント管理クラウドでは、クレジットカード会社等のポイントや航空会社のマイレージなどをそれぞれの「自治体ポイント」に合算して使えるようなシステムが構築され、先行自治体で実証稼働中である。各「自治体ポイント」が具体的に何に使えるのかは、各自治体で定められることになるが、現在のところは、①地域の商店街での買い物や美術館等の公共施設の入場料等に使う、②観光地で使う、③オンラインで全国の地域特産品等を購入する、等に使えるようになっている。

また、クレジットカード会社のポイントや航空会社のマイレージ、あるいは携帯電話会社や電力会社等のポイントは、相当程度使われていないようである。これらのポイントやマイレージを「地域経済応援ポイント」に変換し、それをそれぞれの「自治体ポイント」に合算して使えるようにすれば、消費者にもポイント等の使途が広がるとともに、各自治体にとっても、地域の商店街等での活用や全国の消費者に地元の名産品等を訴求する等もでき、それにより、地域での消費を拡大し、地域の活性化につながることが期待される。また、今後キャッシュレス社会の拡大とともに、地域経済応援ポイントに変換可能なポイントなども激増する可能性も指摘されている。

7 マイキーIDの実際の活用

⑴ 自治体ポイントの付与

　現在、マイキーIDを活用して自治体ポイントを付与する方法が二つある。一つは、クレジットカードのポイントや航空会社のマイレージなどを自治体ポイントに変換する方法である。この場合を地域経済応援ポイントと呼んでおり、その協力企業は現在のところ、次のようになっている。

＊地域経済応援ポイント協力企業
　　i　クレジットカード会社（三菱UFJニコス、三井住友カード、JCB、クレディセゾン、UCカード、オリエントコーポレーション）
　　ii　航空会社（日本航空、全日本空輸）
　　iii　流通等（サイモンズ、青山キャピタル、ローソン等）
　　iv　銀行（大垣共立銀行、ゆうちょ銀行、りそなホールディングス）
　　v　電力・通信（NTTドコモ、中部電力、関西電力）

　二つ目は、各自治体が自己財源によって対象者に自治体ポイントを付与する方法であり、次のようなものがある。

　　i　ボランティア等の景品としての行政ポイントを付与するもの
　　　・神奈川県相模原市の例
　　　　「さがみはらポイント」（地域活動ポイント）…防災・防犯・交通安全・環境美化・地域福祉などの安全・安心なまちづくりに資する活動をけん引した住民に付与。「さがみはら健幸ポイント」…歩いた歩数等に応じてポイントを付与
　　ii　自治体の給付に活用
　　　・三重県津市の例
　　　　高齢者外出支援事業（市内に在住の65歳以上の人を対象に1ポイント1円相当でバスの乗車運賃に利用できるポイントを年間2000ポイント（2000円）を上限としてオリジナルICカードを交付し付与）

224　　第5部　地域活性化に資する情報システムモデル

⑵　利用者カードとしての活用

　マイキー IDと他のサービスIDを対応させることにより、マイナンバーカードを利用者カードとして活用するもので、2019年4月末現在、35自治体において図書館利用者カードとして運用が始まっている。

⑶　ID連携機能の活用

　自治体ポイントの口座番号としてのマイキー IDと他のサービスIDとを連携させて、自治体ポイントをオンライン連携で活用したり、オンラインで自治体ポイントへの交換を行ったりする機能がある。

　　ⅰ　オンライン購買、オンラインクラウドファンディングに自治体ポイントを活用するサイト（名物チョイス、セキュリテ）

　　ⅱ　ポイント交換に活用（セゾン、日本航空、中部電力、NTTドコモ、ローソン）

第15章 クラウドによる自治体ポイントの管理

1 いわゆる行政ポイントとしての自治体ポイントとは何か

　いわゆる行政ポイントとして自治体内で決済手段などとして活用できるポイントを導入している自治体が増加している。

　例えば、住民活動として名所旧跡の清掃をボランティアで行った住民に対して、その行為の公共性を認め、参加へのインセンティブを付加するため、例えば、1回の参加ごとにボランティアポイント50ポイントを付与し、その旨をポイントカードに記し、10回参加すればポイントカードが満点となり、地元の商店街や公共施設の入場料等に500円の商品券として活用できるといった方式などがある。

　ポイントを付与する事業としては、名所旧跡等の清掃ボランティアなどへの参加のほかに、手話奉仕員養成講座、認知症サポーター養成講座、普通救命講習など、公益的意義の大きな講座への参加などがある。また、特定検診や各種健康づくり事業への参加、ラジオ体操やスポーツ大会への参加など、介護予防や医療費削減にもつながることを目的としたものもある。さらには、出生祝い、結婚祝い、又は転入祝いとしてポイントを付与する例もある。これらだけでなく、自治体として望ましい住民の活動の公共性を認知し、参加のインセンティブを付与するものとしては、様々なものが考えられる。

　ただ、課題もある。自治体ポイントの使途は自治体が定めるのであるが、住民は付与されたポイントを何に使えるのかである。たまったポイントに応じて景品と交換するものもあるが、景品に魅力と多様性がなければインセンティブとしては長続きしない。

　そこで、付与されたポイントを地域の商店街などでの買い物や美術館など公共施設の入場料など幅広く使えるようにすれば、その自治体ポイントの魅力が増して、自治体の健康政策等の推進と地域活性化策との一石二鳥が期待される。（資料15-1、15-2）

　ただ、自治体ポイントが商店街振興策等に効果を発揮するには二つの留意点がある。

226　第5部　地域活性化に資する情報システムモデル

資料15－1　マイキープラットフォームなどの活用例：
　　　　　相模原市（「さがみはらポイント」付与・利用事業の詳細）

(1)「地域活動ポイント」付与ポイント数
　○1活動　200ポイント（基本）
　○活動の企画・立案・運営を行う立場の
　　会員はポイントを割増
　　　リーダー　　　　600ポイント（基本×3倍）
　　　サブ・リーダー　400ポイント（基本×2倍）

(2)「健幸ポイント」付与方法
　○平成30年度に貯めたポイントを、従来の商品券、社会貢献（寄付）に加えて
　　さがみはらポイントも選択可能とする

(3)「地域経済応援ポイント」協力会社
　・三菱UFJニコス　・クレディセゾン　・全日本空輸(ANA)　・関西電力　・大垣共立銀行
　・三井住友カード　・ユーシーカード　・日本航空(JAL)　・サイモンズ　・ゆうちょ銀行
　・ジェーシービーカード　・オリエントコーポレーション　・中部電力　・NTTドコモ　・青山キャピタル

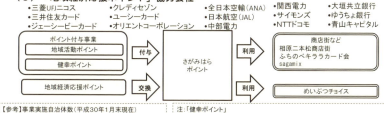

【参考】事業実施自治体数（平成30年1月末現在）
　　　　ポイント付与：1団体　ポイント利用：35団体（延べ）

注：「健幸ポイント」
　市から配布する歩数計を持ってウォーキングしたり、指定した健康づくり教
　室に参加したり、健康診断を受けたりするなど、健康づくりに向けた行動を実
　践してポイントを獲得

出所：総務省「自治体ポイントの活用可能性と運用上の課題に関する検討会
　　　（中間報告）」（2018年）

資料15－2　「地域活動ポイント」とは

→第1弾として、地域活動の中心的役割を担う、自治会（連合会）、（地区）社会福祉協議会、老人クラブ
（連合会）などの活動のうち、市の政策と関連が深く、公益性の高い防災・防犯・交通安全・環境美化・地域
福祉など、安全・安心なまちづくりに資する活動をけん引する方にポイントを付与します。

○付与対象活動（次の活動の企画・運営等を行う方に付与）

分野	活動名	活動団体	活動内容
防災	地区防災訓練	地区連合自主防災隊	企画・立案・運営
防犯	安全・安心まちづくり旬間 年末年始特別警戒	安全・安心まちづくり 推進協議会　等	啓発チラシ、物品配布 青色防犯パトロール車での啓発活動
交通安全	交通安全運動（春、秋） 交通事故防止運動（夏、年末） 九都県市一斉自転車マナーアップキャンペーン 飲酒運転根絶強化月間		
環境美化	路上喫煙防止 ごみのポイ捨てキャンペーン きれいなまちづくりの日キャンペーン	地区自治会連合会 廃棄物減量等推進員　等	清掃活動、啓発チラシ、物品配布
地域福祉	友愛活動（高齢者の見守り活動）	市老人クラブ連合会	企画・立案・運営
	福祉コミュニティ形成事業（通年）	地区社会福祉協議会	地区ボランティアセンターやサロン等を開催
自治会 加入促進	自治会加入促進キャンペーン	市自治会連合会	啓発チラシ、物品配布

○付与ポイント数

※1ポイント＝1円　　※1活動＝200ポイント

役職	ポイント数
基本	200p
サブリーダー	400p
リーダー	600p

出所：総務省「自治体ポイントの活用可能性と運用上の課題に関する検討会
　　　（中間報告）」（2018年）

一つは、同一の自治体において、健康事業でたまる健康ポイントは健康増進課の所管で、ボランティアポイントは市民共同参画課の所管というように、各行政ポイントを付与する担当部署が異なるからといって、付与されたポイントも別々のものとして、別々に用意された景品との交換になるといった縦割りの運用とならないように留意することである。ポイントを付与される住民側としては、同じ自治体から付与された共通のポイントとして合算して使用したいところである。また、ポイントの使途として、その自治体内の商店街で使えるようになっていた場合に、自治体ポイントと引き換えに商品を販売した商店側は、後でその自治体ポイント相当の精算金を自治体に請求して支払ってもらわなければならない。その手間を考えると、健康ポイントであってもボランティアポイントであっても、同様に取り扱えるようにした方が簡便であるし、合算してより多額の購入等に活用できる方が経済効果もより期待できることになる。

　二つ目としては、一般に、それぞれの行政ポイント付与プロジェクトごとに参加申請を行い、ポイントカードを受け取るようであるが、それでは、カードの種類が多くなり、住民にとって不便であるとともに、それぞれのカードの魅力が減じ投資効果が得られないことになりかねない。ボランティアポイントとか、健康ポイントとかごとにポイントカードが複数発行されるため、その管理が手間であるとともに、ポイントカードの持参を忘れたり、紛失したりして、再発行等の手間がかかることも多いようである。例えば、ボランティアポイントも10回分貯まってはじめて500円分の商品購入に使えるといった満点方式の場合、満点になるまで買い物等には使えないのに、そのポイントカードを管理し続けなければならないのである。

2　自治体ポイント管理クラウドとは何か

　そこで、自治体の中には、各部各課で付与している行政ポイントを当該自治体ポイントとして共通化し、デジタルポイント化して「1自治体ポイント＝1円分」として1ポイントからでも使えるようにした上で、商店街の店舗等との精算業務も容易にするため、独自に自治体ポイント管理システムを導入するところも出てきた。

しかし、ポイント管理システムとともに、住民がデジタル化されたポイントを使うための共通カードとしてのICカードを、希望する全ての住民に用意しなければならないため、各自治体で、人口規模にもよるが相当程度の導入コストと維持経費が必要となってくるようである。本来は、これらのコストをできるだけ減らし、政策目的を有する行政ポイント原資に係る予算を豊富にすることが望ましい。

　そこで、この自治体ポイントの共同システムが検討された。ポイント管理システムは、希望する住民ごとにポイント管理の口座を設定し、ポイントの付与、使用、残高に関する事務を管理するものであり、共同システムに馴染みやすいものである。マイキープラットフォームのサブシステムとしてマイキーIDを口座番号として活用するものであれば、全自治体が参加可能なシステムとしても比較的容易に構築できる。また、ポイントカードとして活用するICカードの導入については、マイナンバーカードを活用すれば追加費用は発生しない。インターネット回線を活用したクラウドサービスとして提供すれば、自治体ごとにローカルシステムを構築する必要もない。さらに、地域経済応援ポイントをポイント原資として活用することで、各自治体が財政上予算として確保すべき政策資金以外の資金を活用して、経済対策にもつなげられると考えられた。そこで、マイキープラットフォームのサブシステムとして自治体ポイント管理クラウドが構築されることとなった。

3　いわゆる行政ポイントとして自治体ポイントを付与する業務の支援機能

　自治体ポイント管理クラウドでは、二つの業務支援システムを準備された。各自治体は自治体ポイント管理クラウドの「トップメニュー」の「業務支援システムのソフトウェアダウンロード」及び「持ち歩き用ポイント付与アプリのダウンロード」をクリックすることで、これらのシステムをダウンロード・インストールすることができる。

　各自治体では、「自治体ポイント管理クラウド」と、自治体で用意されたパソコンにインストールされた「業務支援システム」と、マイナンバーカードの読み取りに対応したスマートフォン等にインストールされた「持ち歩き用ポイント付与アプリ」を活用していわゆる行政ポイントとしての自治体ポ

イントを付与する業務を行うことができる。なお、クラウドサービスと現場での業務用デバイスを連携させて、このような現場での業務支援を充実させていくことは、様々な分野で大きく期待できる手法である。

① 自治体ポイント管理クラウドへの登録

自治体の担当者は、自治体ポイント管理クラウドにログインし、ポイント付与事業登録では、「ポイント付与事業名」、「担当部署」、「一回の付与ポイント数」を登録する（下記②の業務支援システムと同期して登録し、同システムを介して、下記③の持ち歩き用ポイント付与アプリにも登録）。

② 業務支援システムへの登録（各自治体内に置かれたパソコン）

各ポイント付与事業に参加申請した住民のマイキーIDに係る「名前」、「住所」等の属性情報は自治体内のパソコンの業務支援システムで管理する（これらの情報は自治体ポイント管理クラウドと持ち歩き用ポイント付与アプリには保有しない）。

③ 持ち歩き用ポイント付与アプリへの登録

例えば、福祉サポーター養成講座が実施される会場に持ち歩き用ポイント付与機（スマーフォン等モバイル端末。業務支援システムとこの端末をペアリングしておく）を自治体の担当者が持参し、その会場で参加者自身がマイナンバーカードをその端末にかざすことでマイキープラットフォームからマイキーIDを読み取り、ポイントを付与することができる。このために必要な当該ポイント付与事業（福祉サポーター養成講座など）に参加申請された対象者のマイキーIDを予め業務支援システムから取得して付与事業対象者名簿に登録しておくとともに、このマイキーIDに対応する利用者証明用電子証明書の発行番号をマイキープラットフォームから取得しておく。

4 地域経済応援ポイントを自治体ポイントへ加算

(1) ポイントについて

ポイントといえば、クレジットカードで買い物をした場合に付与されるポ

イントや航空機に搭乗した場合に付与されるマイレージなどがある（企業ポイント）。これらのポイントやマイレージなどは、2014年度でも少なくとも1兆円程度付与されており、毎年増加傾向にあるようだ。

　特に、クレジットカード発行会社は、消費者に対するカード利用促進策としてポイントを付与しており、ポイントの魅力を高めるために他企業が発行するポイントと交換できるようにしている。自社の発行するポイントの魅力が高まればよい訳で、消費者を囲い込み特定の商品・サービスを購入させたいという動機が少ない。また、2016年にはクレジットカード支払いが50兆円を超えたので、一般的なポイント還元率0.5％程度とすると、クレジットカードの分だけでも2500億円分程度のポイントは発行されている。キャッシュレス化の進展とともに、クレジット決済額は大きく伸びておりポイントも増加しているが、発行されるポイントのうち、3割程度は有効期限切れなどで活用されていないという推計もあるようだ。

(2)　地域経済応援ポイントについて

　いわゆる行政ポイントとしての自治体ポイントとは、ボランティア活動や健康づくりなど、当該自治体が望ましいと位置づける活動を行う住民等に対する「インセンティブ」としてポイントが付与され、当該自治体ポイントが使える場所を地元商店街での買い物や地域の美術館の入場料等に指定することにより、併せて地域活性化を図ろうとする事業である。このため、商店街での買い物や美術館の入場料等に利用された自治体ポイントは、後日、現金に交換されるが、その原資は政策資金として当該自治体で予算措置されることになる。

　クレジットカード会社のポイントや航空会社のマイレージなどの企業ポイントは、当該企業から顧客へのサービス、いわば「おまけ」ということになる。厳密に言えば、クレジットカード会社のポイントの原資は、クレジット決済を行う商店等がクレジット会社に支払う手数料に含まれており、航空会社のマイレージの原資も航空運賃に含まれることにはなる。しかし、既に顧客層には認知されており、昨今の急速なキャッシュレス化の動きが始まる前の2016年10月5日の株式会社野村総合研究所のNews Releaseでは、「ポイント・マイレージの年間発行額は2022年度に約1兆円1,000億円に到達」と予想されていた。（資料15-3）

自治体ポイント管理クラウドは、この企業ポイントを地域経済応援ポイントとして自治体ポイントに変換することにより、各自治体の「インセンティブ」と各企業の「おまけ」を合算して、地域経済政策への活用の実証を図るものである。

　地域経済応援ポイントの応援ポイント協力会社としては、クレジットカード発行会社だけでなく、航空会社や携帯電話会社、電力会社など増加中である。協力会社としても地域経済応援ポイントへの参加は企業のCSR（Corporate Social Responsibility＝企業の社会的責任）になるとともに、企業ポイントの利便性向上にもつながるとの一定の判断をしているものと思われる。

資料15－3　国内業界別に見た2014年度のポイント・マイレージ年間最少額と算出の背景

業界	ポイント付与基本指標・数値		ポイント適用率1)	ポイント還元率2)（％、円／マイル）	2014年度年間発行額3)（億円）	2015～22年度年平均成長率
	指標（単位）	2014年度数値				
クレジットカード（業界全体）	ショッピング取扱高（億円）	462,663	100.0%	0.5%	2,313	6.5%
家電量販店（主要8社）	売上総計（億円）	42,509	80.0%	6.4%	2,173	0.1%
携帯電話（主要3社）	売上総計（億円）	98,741	100.0%	1.1%	1,079	-0.5%
航空（主要2社）	有償旅客マイル4)（億人・マイル）	835	50.0%	1.5円／マイル	626	1.0%
ガソリン（主要3社）	売上総計（億円）	149,822	65.0%	0.6%	604	2.1%
コンビニエンスストア（主要4社）	売上総計（億円）	88,193	60.0%	0.9%	473	8.0%
総合スーパー（主要5社）	売上総計（億円）	87,487	80.0%	0.6%	401	1.0%
インターネット通販（主要3社）	売上総計（億円）	32,499	100.0%	1.0%	325	10.0%
百貨店（主要7社）	売上総計（億円）	45,376	60.0%	1.0%	272	0.5%
ドラッグストア（主要7社）	売上総計（億円）	24,659	80.0%	1.0%	192	0.2%
外食（主要7社）	売上総計（億円）	7,039	60.0%	0.8%	36	1.0%
				合計	8,495	3.2%

出所：野村総合研究所「2014年度の国内11業界のポイント・マイレージ年間最少発行額」
　　（2016年10月5日　野村総合研究所　News Release）

5 自治体ポイントの魅力向上への取組

クレジットカード等のポイントや航空会社のマイレージ等が地域経済応援ポイントして、自治体ポイントに交換されて、地域の消費拡大につながるためには、クレジットカード等のポイントやマイレージを保有する消費者にとって自治体ポイントが交換したいほどに魅力的なポイントであるかが重要である。以下のような諸点の検討が必要であろう。

(1) 身近な需要の顕在化

ほとんどの住民はその生活の大半を地域の中で過ごしている。毎日の生活に必要なものを地域の商店等で購入する場合に自治体ポイントが使えることは魅力である。なお、一般に商店街等で独自のポイントが発行される場合は、100円の商品支払いに対して1円分（1ポイント）発行されるような場合が多い。この1円分の原資は、売上代金の中から各商店が負担している。さらに、ポイント原資以外にシステム運営費などを加えると、1円分のポイントを発行するために2円以上の負担をすることになるようである。

一方、地域経済応援ポイントは、自社でポイント等を発行したクレジットカード会社等が一種の景品として自治体ポイントを購入し、当該クレジットカード会社等のポイント等と引き換えに自治体ポイントを消費者に引き渡すといった関係にある。したがって、クレジット会社等から自治体ポイントのいわば購入代金として精算金が当該自治体に支払われる。この自治体ポイントが地元商店等で使われれば、その分の精算金が当該自治体から地元商店等に支払われることになる。地元商店等としては、自ら原資を負担しないポイントを販売に活用できるわけであるし、自治体としても、自ら原資を負担せずに、地域活性化施策に活用できるものである。もちろん商店街等の独自ポイントと自治体ポイントを合算して使うことができる。また、当該自治体の中の商店街等が自治体ポイントを地域の共通デジタル商品券として活用することもできる。

また、消費者にとっても、クレジットカード会社等のポイントやマイレージは景品の一種として受け取ったものであるから、それを身近な需要に還元できればお得感が増すことは十分期待できるところである。

第15章　クラウドによる自治体ポイントの管理　233

さらに、いわゆる行政ポイントだけで地域の消費拡大策として効果的な規模を確保することは困難であろう。そこで、いわゆる行政ポイントの公共性とそこに複数のクレジットカード会社等の地域経済応援ポイントが合算されることにより、経済対策的な効果も付加されることで、地域活性化施策と地域経済好循環の拡大とが相乗効果をもたらすことが期待される。

このためには、身近な需要の受け皿として、地元の商店等、美術館・博物館等の入場料等のある公共施設、あるいはバス等の地域の公共交通機関などで、積極的な取組が求められる。

(2)　大都市等の需要の取り込み

身近な需要に対応するのは、地元の住民の保有するクレジット会社等のポイントやマイレージ等である。しかしながら、ポイントやマイレージ等はより消費活動が盛んな大都市圏に需要が遍在する傾向もあるようである。この大都市圏の需要をいかに取り込んでいくのかの取組も重要である。一つは大都市圏からの観光客による需要であり、一つは、「めいぶつチョイス」等、自治体ポイントを活用してオンライン販売等ができるように準備されているサイトを活用した地域名産品等の販売である。ふるさとチョイスの基盤を活用して構築された「めいぶつチョイス」という新たなサイトでは、各自治体において、当該自治体ポイントを利用して購入できる地元企業の商品を選定しておき、その後、当該企業が名物チョイスへの商品の登録を行い、当該自治体が商品掲載の承認をした後にサイトに掲載される。

この場合、重要なのは各自治体におけるプッシュ型の地道なプロモーションである。例えば、熊本県小国町の場合、同町出身の北里柴三郎の知名度を活用するため、まず、自治体ポイントの名称を「小国町北里柴三郎ポイント」とする手続きが執られた。すると、北里柴三郎氏と縁の深い団体や大学等との連携の可能性がでてくる。

需要の取り込みのために必要なのは、名産品等の価値であることは言うまでもない。ただし、価値があるからといってサイトに掲示するだけで、ポイント等の交換を経て購入していただけるものでもないであろう。自治体ごとの特色を生かした、こつこつと具体的な取組が期待される。

特別寄稿

キャッシュレスの動向と地域経済

決済サービスコンサルティング株式会社　代表取締役　宮居雅宣
<small>みや い まさのり</small>

1　日本のキャッシュレス化の概況

　日本のキャッシュレス決済比率は約20％と海外諸国より低い。経済産業省は2018年4月に「キャッシュレス・ビジョン」でキャッシュレス決済比率40％の達成を2025年に前倒しするとし、国を挙げてキャッシュレス決済比率の向上を推進している。

　図1はキャッシュレス推進協議会が「キャッシュレス・ロードマップ2019」で公表した主要国のキャッシュレス決済比率である。お隣の韓国が96.4％、英国が68.6％、米国が46.0％に対して日本は19.9％と、キャッシュレス決済比率が格段に低いことが分かる。

【図1】各国のキャッシュレス決済比率の状況

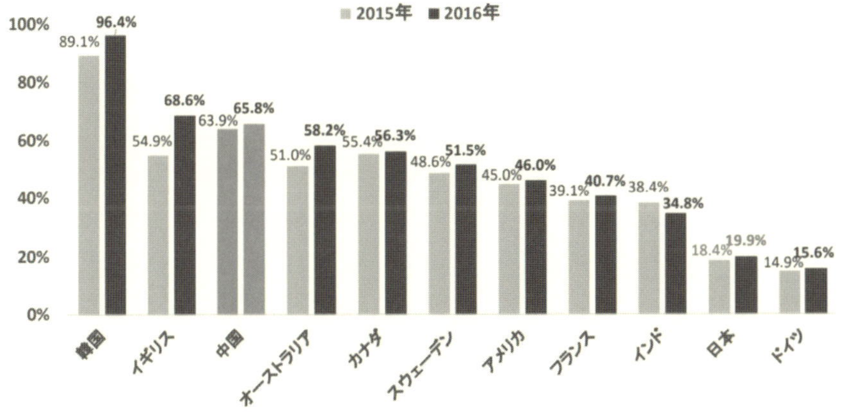

出所：キャッシュレス・ロードマップ2019[1]

　ただし、同ロードマップには給与受取口座から出金される額の約4割は口座振替や振込であるとの金融庁資料もある（図2参照）。キャッシュレス決済以外は全て現金で支払われている訳ではなく、むしろ現金（45.6％）に近い割合（クレジットカードとデビットカードを除くと39.6％）で口座振替や

振込が使われている。消費者が容易に金融機関に口座を開設でき、金融機関の信頼性が高い日本の特徴として、キャッシュレス決済よりも口座振替や口座振込がよく使われているということにも注意が必要である。

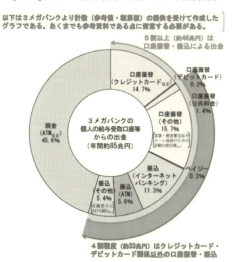

【図2】個人の給与受取口座からの出金状況

出所：キャッシュレス・ロードマップ2019

　キャッシュレス決済には、クレジットカードとデビットカードと電子マネーが含まれる。クレジットカードは、Visa、Mastercard、American Express、JCBなどの国際ブランドがついたカードで、日本では約1ヶ月間の利用代金を一括後払いで支払う方法が主流である。デビットカードには、同じく国際ブランドがついたカードで買い物した代金を即時口座振替する「ブランドデビット」と、金融機関のキャッシュカードで店頭にて買い物し暗証番号入力して即時口座振替する「J-Debit」が含まれる。電子マネーは、プリペイド方式の非接触IC型電子マネー主要8種類（楽天Edy, nanaco, WAON, Suica, PASMO, ICOCA, SUGOCA, Kitaca）の合計額であり、国際ブランドのマークのついたプリペイドカードやギフトカードなど他のプリペイド方式や、同じ非接触ICでもiDやQUICPayなどの後払い方式は含まれていない。キャッシュレス決済比率はこの3種類の決済サービスの年間取扱高を分子、一般消費者の買い物額と考えられる家計最終消費支出額を分母として算出される。

最新の取扱高でみると、2018年はクレジットカードが約67兆円[*2]、デビットカードが約1兆4千億円[*3]、電子マネーが約5兆5千億円[*3]の計約74兆円であり、キャッシュレス決済の約9割を後払いのクレジットカードが占めている。キャッシュレスと聞くと使い過ぎが心配と思われがちなのは、クレジットカードの印象が強いことが原因と考えられる。

2 決済サービスの仕組みと特徴

　キャッシュレスの仕組みは、世界中で利用できるクレジットカードで理解することができる。まず決済サービスを利用する消費者を「ユーザー」や「会員」などと呼ぶ。消費者に決済サービスを提供するのが決済手段となるカードの発行者で「イシュア」と呼ばれる。他方、その決済サービスを使える小売店を「加盟店」と呼ぶ。そして「加盟店」と決済サービスを取扱う契約を交わす加盟店契約者を「アクワイアラー」という。「イシュア」と「アクワイアラー」が同一企業であれば、その企業が加盟店で利用された金額を利用者に請求すればよいだけで非常にシンプルである。ハウスカードと呼ばれる決済サービスがこれにあたる。しかし海外旅行でクレジットカードが使えるように、イシュアとアクワイアラーが別の会社や別の国でも使えるケースでは、イシュアとアクワイアラーの間を接続して全体を管理する会社がいる。これがその決済サービス全体を管理するスキームホルダーで、「ブランド会社」と呼ばれ、VisaやMastercardが代表格である。

　言い換えると、VisaやMastercardのカードは、どこの国のイシュアが発行したカードでも、どこの国のアクワイアラーが契約したVisaやMastercardの加盟店で決済するこができる。ブランド会社はアクワイアラーが設置した加盟店端末とイシュアをつなぐネットワーク会社であり、当該ブランドで決済されたデータを管理するスキームホルダーなのだ。彼らのネットワークに誤ったデータなどが入り込まないようルールを整備し、イシュアやアクワイアラーはこれを遵守することで、安全安心な決済サービスが提供されている。仮にアクワイアラーが倒産して、ブランド会社を通してイシュアから受取済のカード取扱代金を加盟店に支払うことができなくなったとしても、あらかじめ決められた条件を満たしていればブランド会社が責任を

特別寄稿　キャッシュレスの動向と地域経済　　237

持って対応してくれる。「何かあったら入金されません」というのでは、加盟店は安心してカードを取り扱うことができず、VisaやMastercardを扱う店は居なくなる。さらにイシュアは会員のカードが第三者に不正使用されていないか、アクワイアラーは加盟店が正しくカード利用代金を計上しているか、ブランド傘下でブランドルールに基づき日々運用を行っている。それが安全安心な決済サービスとして世界中で利用される所以である。加盟店手数料には、このセーフティネットの維持手数料が含まれる。金融機関が担うので、システミックリスクや他の本業の業績が決済サービスの安定提供に影響するリスクも少ない。

電子マネーやQRコード決済など他の決済サービスも基本的には同じ構造をしている。ただし不正使用が発生した場合の責任の所在や、アクワイアラーが倒産した場合の取扱代金の補償など、細かな運用ルールは決済サービス毎に異なる。消費者は会員規約を、小売店は加盟店規約をよく読んで理解したうえで決済サービスを利用する必要がある。

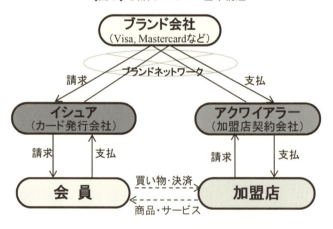

【図3】決済サービスの基本構造

3　キャッシュレスのメリット

これまで消費者は、まず金融機関窓口やＡＴＭへ行って並んだうえ、口座から現金を引出して財布に入れ、店に行って商品を購入し、財布から現金を

出して店に渡していた。現金を受け取った店舗はレジに現金を入れ、一日の営業が終わると現金を数えて、伝票や帳簿と現金残高が合っているかどうかを確認して記録を残し、現金を金融機関の夜間金庫に運んで保管する。金融機関から出金された現金は、消費者から店舗に渡される中で煩雑な業務を伴い、紛失や盗難のリスクを乗り越えてまた金融機関に戻るのだ。そもそも金融機関の現金も、日本銀行から金融機関の本店、さらには支店やATMへと運ばれる度に現金と記録の照合作業が行われ、警備会社がガードして紛失や盗難などの危険に備えるなど業務やコストの負荷が大きい。

経済産業省が2018年に公表した「我が国におけるFinTech普及に向けた環境整備に関する調査検討*4」によると現金決済インフラの直接的な社会コストは年間約1.6兆円、みずほ銀行が2018年2月に経済産業省のキャッシュレス検討会第9回で発表した資料*5によると小売や外食産業を含めた現金の取扱いに伴うコストは約8兆円という。これらの社会的コストの削減だけでなく、消費者や小売店など関係各所でもキャッシュレス導入によって様々な具体的メリットが見込まれる。

駅では券売機に立ち寄ることなく、Suicaに代表されるIC乗車券アプリの入ったICカードやスマホを改札にタッチすることで、現金より安い運賃を支払って乗車する風景が日常化した。いつどこに行って幾ら払ったかはIC乗車券の利用履歴を見れば一目瞭然であり、そのデータは勤務先の経費精算にも活用できてサラリーマンや会社の業務効率化にも役立つ。鉄道事業者も、駅員の人件費や改札機のメンテナンスコスト、改札機から切符を回収したり券売機利用者を手助けする業務などを大幅に効率化することができる。高速道路をよく使う人は、料金所で停車して財布から現金を取り出してETCよりも高い通行料金を支払い、お釣りをもらって財布にしまう一連の作業など、もはや考えられないのではないだろうか。

さらに、キャッシュレスは公的機関の業務コスト削減にも寄与する。とかく加盟店手数料ばかりが問題視されやすいキャッシュレスであるが、例えば税金の徴収などにおいて、平日昼間の業務時間中に未納者の自宅へ回収に訪問しても、共働き世帯が就労世帯の7割に迫る状況*6のなか回収できる見込みは極めて低く、職員が残業や休日出勤で訪問しても相手も仕事以外の所用対応に追われていて不在の可能性は高い。しかし決して支払うお金が無い訳ではないので、クレジットカードなどキャッシュレス決済が利用できれば

回収率は格段に向上する。残業や休日出勤を伴う人件費や付随業務にかかる
コストと加盟店手数料を比較して費用対効果が出る可能性は高く、キャッシュレスの導入は有効といえる。

　海外では、子供手当や生活保護支給のほか災害時の義援金などでもブランドプリペイドが活躍する。米国のハリケーンやイタリアの地震などの災害の際には、家や持ち物が流されたりした被災者に$2000などが入ったプリペイドカードが配布され、配布時点から渡したカードの番号と被災者の紐づけ管理を開始することで本人や銀行残高を証明する書類が無くても速やかに支援が開始される。店にはスマホの決済端末と太陽光充電器を配布すればキャッシュレスで買い物できるようになり、略奪が発生しかねない一方的な物資の配給よりも安全で、被災者の心理も改善して復興が促進するという。

4　キャッシュレス社会の展望と地域経済

　2020年の東京オリンピック・パラリンピックに代表されるような国際イベントや日本の観光政策の下、クレジットカードやブランドデビットなど世界中で利用できる国際ブランド決済サービスを日常利用する訪日外国人やQRコード決済を多用する中国人観光客の訪日はますます増加する。訪日外国人の約7割がクレジットカード等を利用できる場所が今より多かったら「もっと多くお金を使った」「おそらくもっと多くのお金を使った」と言っており*7、国際ブランド決済サービスを取り扱うことで訪日外国人による消費の拡大を見込むことができる。中国系QRコード決済と相互利用できるQRコード決済サービスであれば、中国人観光客の消費増も期待できる。人口減少が急速に進む日本において、訪日外国人の消費額を拡大することは小売店や地域の生死を分けると言っても過言ではない。端末不要で操作を覚える必要もなく、利用者が自分のスマホを操作してキャッシュレス決済をしてくれる店舗表示方式のQRコード決済を導入してキャッシュレスに一歩踏み出した小売店には、ついでにクレジットカードや電子マネーの取扱いを始める店も少なくない。これまで何となくキャッシュレスを避けてきた小売店も、一歩キャッシュレス化に踏み出せばその利便性を実感する象徴的な例である。その一歩を、単にそのお店の売上拡大や業務効率化に留まらず、地域のキャッシ

ュレス化を推進し、やがて地域経済の好循環を創り出す第一歩としなければ
ならない。

　国内の消費者においても、キャッシュレス決済比率を高めて業務を効率化
すること、デジタル化するサービスの利用においてシームレスに課金できる
ことは非常に重要である。すでに複数社の飲食店やプロスポーツチームのス
タジアムなどでは、キャッシュレスのみで現金を扱わない店や施設が登場し
ている。子供や高齢者が不便だとの声も聞かれるが、現場に足を運べば子供
はサッカーチームの電子マネーカードの配布を受けて大いに喜び、短いハー
フタイムに楽しくスピーディに買い物を済ませている。高齢者は電子マネー
カードを一枚ポケットに入れて散歩に行き、途中のスーパーやコンビニで飲
み物を購入しており、他の年齢層よりも利用頻度が高い。

　地方の金融機関においてもキャッシュレスの取組みは活発化している。都
市部や海外に地域の名産品をネット販売したり、モノ消費からコト消費への
変革を上手く捉えて地域への来訪や体験ツアーを提供することで消費を活性
化する取組みも見られる。しかし時々来訪する観光客だけを当てにした政策
は一時的な盛り上がりで終焉する可能性もある。大切なのは、地域内で発生
している日常的な金銭的価値の授受を地域経済活動の基盤として整備・活用
し、その上にプラスアルファの効果やイベント企画などの起爆剤やカンフル
剤として観光客消費や域外消費などを上乗せるする取組みであろう。行政サ
ービス、公共サービスや医療、交通や通信、地元スーパーや地域商店街とい
った流通分野など、あらゆる経済活動は金銭的価値の授受を伴う。金銭その
ものでなくても、地域のボランティア活動や健康支援活動、名産品購入の販
売促進などに地域のポイントやクーポンなど金銭に準じる手段を付与したり
活用したりすることで、様々なサービスや地域活動の間で金銭的価値の横連
携を促し、そこに観光客など域外消費を促進するイベント企画や、場合によ
っては公費のカンフル剤的投入などを上手く掛け合わせることによって、地
域経済が好循環する仕組みを創ることができるはずだ。

　様々なサービス利用に伴う金銭的価値をデジタルで移転することができ、
金銭的価値の動きを可視化することのできるキャッシュレスは、このように
地域経済活動の活性化や好循環する仕組みの構築にも上手く活用され始めて
いる。キャッシュレスは消費者に特典や利便性をもたらすのみならず、事業
者の生産性向上にも寄与し、地域経済の活性化をはじめ経済全体に大きなメ

特別寄稿　キャッシュレスの動向と地域経済　　241

リットをもたらす可能性を秘めている。

以上

＊1　https://www.paymentsjapan.or.jp/wordpress/wp-content/uploads/
2019/04/Cashless_Roadmap_2019.pdf

＊2　https://www.j-credit.or.jp/information/statistics/download/toukei_
02_b_190328.pdf

＊3　https://www.boj.or.jp/statistics/set/kess/release/2019/kess1905.pdf

＊4　https://www.meti.go.jp/meti_lib/report/H29FY/000187.pdf

＊5　https://www.meti.go.jp/committee/kenkyukai/shoryu/credit_carddata/
pdf/008_04_00.pdf

＊6　http://www.stat.go.jp/data/roudou/index.html

＊7　https://www.jtb.or.jp/wp-content/uploads/2016/10/DBJJTBF-report1-28.pdf

宮居　雅宣（みやい　まさのり）

決済サービスコンサルティング株式会社　代表取締役
1990年JCB入社。カード業界代表幹事としてETCカードを実現するなど、業界のIC化を牽引。不正使用検知・対策などセキュリティをはじめ業務全般に精通。
2005年NRI入社。電子マネーはじめ新決済サービスの立上げや事業・業務コンサルティングなど、実務経験に基づくコンサルティングや実行支援に従事。2019年1月に独立。
著書に『カード決済＆セキュリティの強化書2019』（共著、TIプランニング、2019年）、『キャッシュレス革命2020 電子決済がつくり出す新しい社会』（共著、2014年、日経ＢＰ社）、『月刊消費者信用』（きんざい）への寄稿、TV出演に「ホンマでっか!?TV」など。講演・執筆多数。

第16章 キャッシュレス決済サービスによる地域経済政策の可能性

1 地域経済好循環拡大の必要性

　経済のグローバル化や情報通信革命の進展の中で、日本の経済や企業を取り巻く環境は、かつての高度成長期とは大きく異なっている。かつて、1ドル360円の固定相場制（1973年に変動相場制に移行）のもと、全国各地に大規模工業地帯を形成して、日本の企業は、大量生産によって市場シェアを拡大し、価格支配力を発揮することによって収益を確保してきた。しかしながら、為替の自由化や東西冷戦の終了などを経て、新興諸国の市場経済化に伴って低コストでの供給力が飛躍的に拡大し、世界の市場がますます一体化していく中にあっては、日本の企業が、コストの面での優位性を維持し、価格支配力を発揮することはもはや困難であることは明らかになっている。

　従来、地域経済は多かれ少なかれ公共事業や企業の生産拠点誘致などに依存しながら発展を遂げてきたという面がある。しかしながら、経済や財政を巡る環境が大きく変化しつつある中で、こうした従来型の対応では限界がある。財政改革の必要性もある中で、従来のような公共投資による地域経済の振興に多くを期待することは困難でもあり、また、中国や東南アジアなどの労働力の安価な地域に生産拠点がシフトしていったことも、経済のグローバル化の中での大きな流れとして受け入れていかざるを得ない。

　今後は、地域経済においても、従来の枠組みにとらわれず、自律的な経済の好循環拡大を目指していくことが重要になっているのではないか。

　一つは、海外からの観光客の大幅な増加に代表されるように、中国をはじめとするアジア諸国の台頭を「脅威」としてではなく、新たな市場の拡大という意味での「チャンス」として前向きに捉えて対応していくことが求められる。アジア諸国等の経済発展は、輸出の増加などにつながるビジネスチャンスにもなる。ただ、外国人に人気の観光資源の所在については偏在傾向も

資料16-1　都道府県別65歳以上人口と指数（平成27（2015）年＝100）

地　　域	総人口（1,000人）							指数（平成27(2015)年＝100）	
	平成27年(2015)	平成32年(2020)	平成37年(2025)	平成42年(2030)	平成47年(2035)	平成52年(2040)	平成57年(2045)	平成42年(2030)	平成57年(2045)
全　　国	33,868	36,192	36,771	37,160	37,817	39,206	39,192	109.7	115.7
北 海 道	1,565	1,696	1,724	1,732	1,729	1,749	1,714	110.6	109.5
青 森 県	394	420	425	421	412	403	385	106.6	97.7
岩 手 県	389	410	413	408	399	395	382	105.1	98.4
宮 城 県	600	665	696	709	716	733	729	118.3	121.6
秋 田 県	346	362	361	350	334	320	301	101.2	87.0
山 形 県	346	363	366	360	349	342	330	104.1	95.5
福 島 県	549	594	612	613	605	602	582	111.7	105.9
茨 城 県	780	855	879	883	887	907	895	113.2	114.7
栃 木 県	511	557	572	573	574	588	583	112.1	114.0
群 馬 県	545	585	593	595	601	618	612	109.1	112.2
埼 玉 県	1,804	1,980	2,034	2,080	2,163	2,298	2,335	115.3	129.4
千 葉 県	1,611	1,754	1,791	1,819	1,875	1,973	1,989	112.9	123.5
東 京 都	3,066	3,215	3,272	3,422	3,675	3,996	4,176	111.6	136.2
神 奈 川 県	2,178	2,356	2,424	2,526	2,684	2,868	2,923	116.0	134.2
新 潟 県	688	729	733	724	713	712	695	105.2	101.0
富 山 県	326	340	337	331	328	335	329	101.6	101.0
石 川 県	321	339	343	343	344	355	353	106.8	109.8
福 井 県	225	237	240	240	238	241	236	106.5	104.8
山 梨 県	237	252	257	261	264	266	257	110.0	108.5
長 野 県	631	659	663	664	668	682	673	105.3	106.7
岐 阜 県	571	601	603	602	600	613	603	105.3	105.5
静 岡 県	1,029	1,100	1,119	1,125	1,134	1,161	1,143	109.3	111.1
愛 知 県	1,782	1,909	1,950	2,006	2,093	2,238	2,285	112.5	128.2
三 重 県	507	532	534	537	539	554	547	105.8	107.9
滋 賀 県	341	371	383	394	405	427	433	115.3	126.9
京 都 府	719	759	762	766	777	808	807	106.5	112.3
大 阪 府	2,319	2,441	2,428	2,445	2,519	2,653	2,657	105.4	114.6
兵 庫 県	1,502	1,607	1,634	1,659	1,698	1,770	1,764	110.4	117.4
奈 良 県	392	418	421	420	419	424	410	107.0	104.7
和 歌 山 県	298	304	300	293	287	286	274	98.5	92.0
鳥 取 県	170	180	182	180	176	177	174	105.7	101.8
島 根 県	225	233	231	225	217	215	209	99.8	92.8
岡 山 県	551	576	579	573	569	587	583	103.9	105.9
広 島 県	783	829	835	831	832	860	855	106.0	109.1
山 口 県	451	467	459	442	427	425	411	98.1	91.2
徳 島 県	234	245.1	244.5	239	232	230	222	102.1	94.9
香 川 県	292	305.6	306.0	300	296	301	298	102.8	101.8
愛 媛 県	424	445	446	440	431	432	420	103.7	99.0
高 知 県	240	245	240	233	223	221	213	97.2	88.9
福 岡 県	1,321	1,446	1,492	1,509	1,531	1,586	1,601	114.2	121.2
佐 賀 県	231	248	254	253	250	250	245	109.8	106.4
長 崎 県	408	436	442	437	425	417	399	107.0	97.8
熊 本 県	514	550	562	561	551	548	536	109.1	104.2
大 分 県	355	376	379	372	362	361	353	104.7	99.3
宮 崎 県	326	350	358	354	344	339	330	108.7	101.1
鹿 児 島 県	485	518	531	527	514	506	491	108.6	101.2
沖 縄 県	282	330	362	384	407	436	448	136.2	158.9

注）指数とは、平成27（2015）年の65歳以上人口を100としたときの65歳以上人口の値のこと。

出所：「日本の地域別将来推計人口」表Ⅱ－11（平成30年推計、国立社会保障・人口問題研究所）

あり、遠方の客を対象としたマーケティングも必要で、当然、新たな困難性とリスクがあることは否めない。

　そこで、人口の高齢化や環境問題の重要性の高まりの中で、医療・福祉サービス、環境関連ビジネスなど、地域においても潜在的に大きな需要が見込まれる分野が存在することに着目すべきではないか。医療・福祉サービス自体も、雇用吸収力の大きな労働集約型産業であるが、それらに関連するクリーニングや食材、バス・タクシー等の地域交通など、地域関連産業の振興による若い世代を含めた仕事づくりが期待できる。さらに、長距離の移動を好まない高齢世帯の需要を地域で確実に取り込むことにより、商店街の再生などにもつながる新たなビジネスが発展するチャンスは大いに残されているものと思われる。この場合、留意すべきなのは、既に2025年を過ぎると地方では、高齢者人口ですら減少期を迎えていくということである（資料16−1）。このような中にあっては、医療・介護に係る設備投資ですら躊躇する場合も考えられる。したがって、関連産業を含め、地域で自律的な経済循環が促進される仕組みづくりが重要である。このことは、増大し続ける首都圏の高齢者へのサービスの受け皿としても、当該地域が着目されることにもつながる。

　このような場合に、地域の共通デジタル商品券として、使用できる地域や場所が限定されている自治体ポイントは、地域経済好循環拡大につながる手段の一つとなる可能性を有している。

2　自治体ポイントを地域経済政策に活用

⑴　様々な政策資金を地域の消費拡大の原資としても有効活用

　各自治体がいわゆる行政ポイントとして個別に運用している各種健康ポイントやボランティアポイント等を、オンラインで設定可能なクラウド型の自治体ポイント付与システムに移行して活用すれば、自治体側のコスト削減分をポイント原資の増加に振り替えることが可能となる。地域活性化に資する住民などの活動を促す手段として自治体ポイントを活用することは、特定の活動を促す政策目的が同時に地域経済循環拡大の取組につながり、しかも、管理クラウドを利用すれば初期投資負担が不要である等の利点がある。地域

エネルギー事業の原料となる廃油や放置竹材等を持参した住民に対する対価として自治体ポイントを活用するアイデアをはじめ、いわゆる行政ポイントとしての自治体ポイントの可能性は多様である。

さらに、各種公的給付などへの活用を検討すれば、個人のマイキーID口座に給付額を設定できる上に、確実に地域の生活消費に回るので経済対策としても有効となることも期待される。

⑵　自治体等への支払手段として活用

学校の教材費や給食費などの支払いに活用できれば、記録の手間や現金の保管責任等が省けて便利ではないかと考えられる。

⑶　ビジネスカードとしてのマイナンバーカードの活用

商店街のポイントカード等もそのIDを登録しておけば、マイナンバーカード一枚で多数の利用者カードの機能を使うことが可能である。さらに、例えば、不在の際の荷物の受取に係る本人確認など、様々なビジネスにも応用可能であると思われる。

⑷　地域のキャッシュレス決済インフラとしての活用

医療・介護をはじめ、日常生活における様々な支払いの手間は、特に高齢世帯において、大きな負担となっている。さらに、キャッシュレス化の中でコスト圧縮などを図るため、各金融機関において、支店やATMを廃止していく動きが出てきており、特に人口の少ない地方では、従来の決済のやり方のままでは、困難が増える地域も出てくるものと思われる。これらに対して、地域総合決済サービスの構築が可能であれば、高齢世帯の利便性向上と地域経済の好循環拡大に資するものと期待できる。

このような場合に、自治体ポイントが、基礎的な地域のキャッシュレス決済インフラとしての機能を果たしうることも想定される。

3 地域総合決済サービスの可能性

(1) 高齢世帯の医療・介護等の決済に係る課題

　例えば、「京都大原記念病院グループ」では、2000年の介護保険制度開始当初より、総合請求一本化というサービスが行われている。それは、高齢世帯にとって、病院や介護施設、介護サービスの支払いへの対応は大きな負担となっているからである（資料16-2）。同グループの介護サービスに係る請求は総合請求で一本化されており、利用者負担9億円のうち、8億円が総合請求による口座振替によって行われている（資料16-3）。生活用品も病院内の売店で準備すればまとめて支払いができる。しかし、病院への支払いや同グループ外のサービスについては、別決済となってしまう（資料16-4）。総合決済のニーズは確認できているが、十分に対応するには至っていないようだ。

　一方、高齢化に伴う支出増に対して、年金や貯蓄、あるいは不動産の流動化等による財源確保や煩雑な決済手続きについても、核家族化により高齢者

資料16-2　京都大原記念病院グループの総合請求

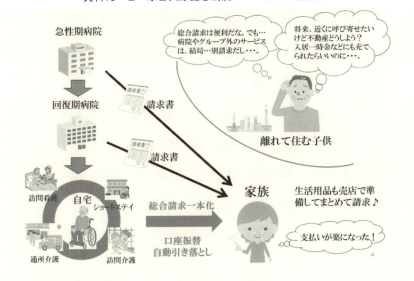

出所：京都大原記念病院グループ提供資料

資料16-3　京都大原記念病院グループの決済状況

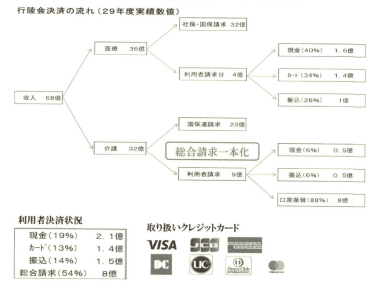

出所：京都大原記念病院グループ提供資料

資料16-4　通常の支払い・決済の実情（イメージ）

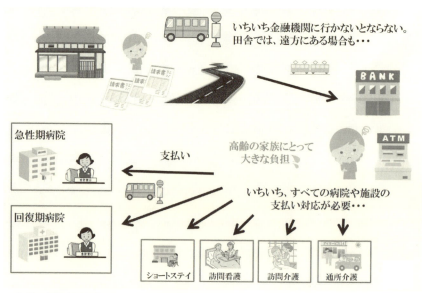

出所：京都大原記念病院グループ提供資料

が家族と同居していない場合が多いうえ、適切な医療介護サービスの選択と、その財源確保及び決済手続き支援をサポートする体制が不十分であると思われる。(資料16-5)

日本では金融資産のうち、約1000兆円が60歳以上の高齢者に集中しているといわれ、また、個人の保有する資産の半分は不動産であり、その価値合計は金融資産に匹敵するといわれている。しかし、この不動産の資産価値を流動化させる手法（リバースモーゲージ等）はあまり普及していないようであり、金融資産と併せて、これらの活用による地域での高齢者の利便性向上の余地があるものと思われる。

例えば、高齢者に係る適切な資産管理の下、利用可能な資金の活用により、医療・介護や、その周辺サービスであるクリーニング、買い物支援、タクシー利用等についても一括決済が可能で、かつ、遠方の親族を含め、利用者側が適切にサービス利用と決済状況等の確認ができる体制が確立できれば、高齢者の生活の質の向上と地域経済の活性化にも資する仕組みとなりうる可能性があるのではないか。(資料16-6)

また、現在の状況が続けば、相続の際、個人資産の首都圏集中が起こり、地域経済の更なる疲弊が懸念されていることや、認知症患者の資産の活用が事実上不可能となり、資金の凍結が懸念されていること等にも、総合決済サービスは有効に対応できる可能性があるのではないか。

(2)　地域総合決済サービスの担い手

例に挙げた京都大原記念病院グループの総合請求においては、利用者側と金融機関側それぞれのサービスの窓口になっているのは、介護事業者たる同グループである。したがって、利用者側の希望サービス等を調整し、金融機関との連携を図るのは介護等の事業者が考えられる。一方、金融機関においては、依頼された諸決済を実行するだけでなく、利用可能な財源等に係るコンサルティング業務や不動産等の資産の信託機能も求められることが想定される。すなわち、利用者（親族を含む）と介護等の事業者と金融機関との三者の関係が発生するものと思われる。(資料16-7)

さらに、この地域の総合決済サービスに自治体ポイントを活用すれば、各種福祉等の支援財源を効果的に決済にも活用しつつ、域内経済循環の大きなエネルギー源ともなりうるものと思われる。

資料16-5　高齢化社会がもたらす、都市部・地方を問わず全住民が直面する生活資金管理の課題

- **高齢化に伴う支出増**（老人ホーム等の介護費や医療費負担等により、2ヶ月に1回の年金収入ではやがて賄えなくなる。）
- **煩雑な決済手続き負担の発生**（支出は医療・介護・生活費・家の管理など多岐に渡る一方、収入は年金、貯金の切り崩し、不動産収入[リバースモーゲージ]などを組合せて調達。）
- **サポート人材の不足**（核家族化が進み都会で働く子供に生活資金管理を任せられない。医療機関や金融機関も人手が不足。）

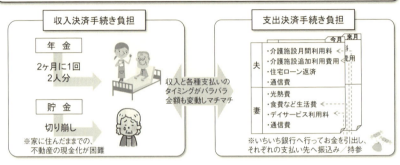

出所：決済サービスコンサルティング㈱作成

資料16-6　医療・介護・金融機関・自治体等の連携の下、生活資金管理を容易にし、地域経済の活性化にもつながる仕組みを構築

- **本人が対応できる仕組み**（煩雑な収入決済手続き負担と支出決済手続き負担を可視化したうえで、容易に対応可能な仕組み。）
- **周囲が支援できる仕組み**（本人が指定することで、遠隔地の子供や自治体などが適宜支援できる仕組み。）
- **地域サービス事業者が参加できる仕組み**（クリーニングやタクシー、買い物支援など、様々な地域の事業者も参入可能な仕組み。）　※介護事業者等の決済負担の軽減

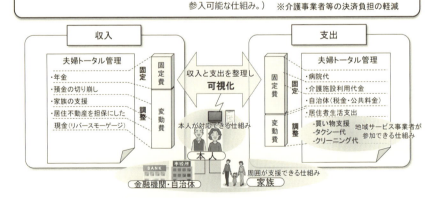

出所：決済サービスコンサルティング㈱作成

資料16-7　金融機関による決済スキーム　イメージ

三者契約に基づき、金融機関と京都大原記念病院グループが直接決済
将来的にグループ外の病院等も含めて決済を一本化

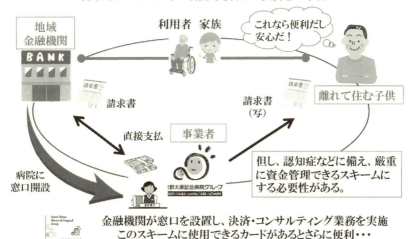

出所：京都大原記念病院グループ提供資料

主な参考文献

宮川公男、上田泰　編著　『経営情報システム〈第4版〉』2014年、中央経済社
杉本英二　『インターネット時代の情報システム入門〈第5版〉』2016年、同文舘
　　　　　出版
岡村久道　編『クラウド・コンピューティングの法律』2012年、民事法研究会
岡本敏雄　監修『改訂新版 よくわかる情報リテラシー』2017年、技術評論社
林雅之　『イラスト図解式 この一冊で全部わかる クラウドの基本〈第2版〉』
　　　　2019年、SBクリエイティブ
大和総研フロンティアテクノロジー本部　『エンジニアが学ぶ金融システムの
　　　　「知識」と「技術」』2019年、翔泳社
岡嶋裕史　『いまさら聞けないITの常識』2019年、日本経済新聞出版社

椿正明　『データ中心アプローチによる情報システムの構築』2000年、オーム社
高安厚思　『システム設計の謎を解く〈改訂版〉』20017年、SBクリエイティブ
三輪一郎　『はじめての上流工程をやり抜くための本』2008年、翔泳社
渡辺幸三　『業務システムのための上流工程入門』2003年、日本実業出版社
中山嘉之　『ITアーキテクチャのセオリー』2018年、リックテレコム
細川義洋　『システムを「外注」するときに読む本』2017年、ダイヤモンド社
水田哲郎、松本隆夫『「なぜ」で始める要件定義』2015年、日経BP社
佐藤大輔、畑中貴之、渡邉一夫『システム開発のための見積りのすべてがわかる
　　　　本』2018年、翔泳社
西村泰洋『デジタル化の教科書』2019年、秀和システム

日経 xTECH/日経コンピュータ　編『決定版 実践！RPA』2018年、日経BP社
西村泰洋　『図解入門 最新 RPAがよ〜くわかる本』2018年、秀和システム
進藤圭　『いちばんやさしいRPAの教本』2018年、インプレス
RPAビジネス研究会　『60分でわかる！RPAビジネス最前線』2018年、技術評論社

大和総研　編著『FinTechと金融の未来』2018年、日経BP社
吉田繁治　『仮想通貨 金融革命の未来透視図』2018年、ビジネス社
中島真志　『アフター・ビットコイン』2017年、新潮社

岡田仁志　『電子マネーがわかる』2008年、日本経済新聞出版社

岡田仁志　『決定版　ビットコイン＆ブロックチェーン』2018年、東洋経済新報社

桜井駿　『超図解ブロックチェーン入門』2017年、日本能率協会マネジメントセンター

木ノ内敏久『仮想通貨とブロックチェーン』2017年、日本経済新聞出版社

キャッシュレス研究会　『60分でわかる！キャッシュレス決済最前線』2019年、技術評論社

ITpro、日経コンピュータ、日経SYSTEMS、松山貴之　編　『まるわかり！AI開発 最前線2018』2017年、日経BP社

柳川範之　編著『人工知能は日本経済を復活させるか』2017年、大和書房

松尾豊、NHK「人間ってナンだ？超ＡＩ入門」制作班　編著　『超AI入門』2019年、NHK出版

松尾豊　『人工知能は人間を超えるか』2015年、KADOKAWA

梅田弘之　『エンジニアなら知っておきたいAIのキホン』2019年、インプレス

巣籠悠輔　『ビジネスパーソンのための人工知能入門』2018年、マイナビ出版

本橋洋介　『人工知能システムのプロジェクトがわかる本』2018年、翔泳社

野村直之　『最強のAI活用術』2017年、日経BP社

岡田陽介　『AIをビジネスに実装する方法』2018年、日本実業出版社

韮原祐介　『いちばんやさしい機械学習プロジェクトの教本』2018年、インプレス

大西可奈子『いちばんやさしいAI〈人工知能〉超入門』2018年、マイナビ出版

AIビジネス研究会　『60分でわかる！AIビジネス最前線』2016年、技術評論社

宿輪純一　『決済インフラ入門〔2020年版〕』2018年、東洋経済新報社

著者紹介

猿渡　知之（さるわたり　ともゆき）

熊本県出身、県立熊本高校・東京大学法学部卒業
1985年旧自治省（現総務省）入省

＜主な業務歴＞
○総務省自治行政局自治政策課理事官・情報政策企画官（2001年4月〜2003年8月）
○京都府総務部長・副知事（2003年8月〜2009年3月）
○総務省総合通信基盤局高度通信網振興課長（2009年4月〜2011年3月）
○総務省自治行政局地域政策課長（2012年4月〜2015年7月）
○総務省大臣官房審議官（地方創生・地域情報セキュリティ担当）（2015年7月〜2016年6月）
○総務省大臣官房審議官（地域情報化担当）（2016年6月〜2018年7月）
＊本書執筆時は地方職員共済組合理事

＜本書に関連する主な著作＞
『公的個人認証サービスのすべて―その制度とシステムの全貌』（共著、2003年、ぎょうせい）
「電子自治体の実践上の論点」（『地方財務』2005年10月号、11月号、ぎょうせい）
「行政経営改革の理論と実践」（共著、『地方財務』2007年11月号〜2008年3月号、2008年5月号、ぎょうせい）
「電子自治体―自治体クラウド」（岡村久道 編『クラウド・コンピューティングの法律』所収、2012年、民事法研究会）
「マイキープラットフォーム構想」（『地方財務』2017年7月号、ぎょうせい）
「自治体ポイントの活用可能性と地域のキャッシュレス化推進」（『金融財政事情』69巻17号、きんざい）

最新の動向と実務がわかる
自治体の情報システムとセキュリティ
──AI、RPA、ブロックチェーン、マイキープラットフォームから情報システム強靱性向上モデルまで

2019年11月5日　初版発行

著　者　猿渡知之

発行者　佐久間重嘉

発行所　学 陽 書 房

〒102-0072　東京都千代田区飯田橋1-9-3
営業／電話　03-3261-1111　　FAX　03-5211-3300
編集／電話　03-3261-1112　　FAX　03-5211-3301
振替　00170-4-84240
http://www.gakuyo.co.jp/

装幀／佐藤博　　DTP制作／みどり工芸社　　印刷・製本／三省堂印刷
© Tomoyuki Saruwatari, 2019, Printed in Japan
ISBN 978-4-313-15098-0 C0034
＊乱丁・落丁本は、送料小社負担にてお取替えいたします。

JCOPY〈出版者著作権管理機構 委託出版物〉

本書の無断複製は著作権法上での例外を除き禁じられています。複製される場合は、
そのつど事前に、出版者著作権管理機構（電話 03-5244-5088、FAX03-5244-
5089、e-mail: info@jcopy.or.jp）の許諾を得てください。